Theodore
Dalrymple

Copyright@ 2017. Permission for this edition was arranged through Gibson Square, London, United Kingdom (rights@gibsonsquare.com).
Todos os direitos reservados.
Copyright da edição brasileira © 2018 É Realizações
Título original: *The Knife Went In – Real-Life Murderers and Our Culture.*

Editor | Edson Manoel de Oliveira Filho
Produção editorial e projeto gráfico | É Realizações Editora
Capa | Angelo Allevato Bottino
Diagramação | Nine Design Gráfico / Mauricio Nisi Gonçalves
Preparação de texto | Fernanda Simões Lopes
Revisão | Mariana Cardoso
Imagem da capa | tttuna/iStock

Reservados todos os direitos desta obra. Proibida toda e qualquer reprodução desta edição por qualquer meio ou forma, seja ela eletrônica ou mecânica, fotocópia, gravação ou qualquer outro meio de reprodução, sem permissão expressa do editor.

CIP-Brasil. Catalogação na Publicação
Sindicato Nacional dos Editores de Livros, RJ

D157f
    Dalrymple, Theodore, 1949-
        A faca entrou : assassinos reais e a nossa cultura / Theodore Dalrymple ; tradução e notas André de Leones. - 1. ed. - São Paulo : É Realizações, 2018.
        246 p. ; 23 cm.

    Tradução de: The knife went in
    ISBN 978-85-8033-331-2

        1. Crime - Aspectos sociais. I. Leones, André de. II. Título.

18-48120   CDD: 364
                                                  CDU: 364:343.9

Leandra Felix da Cruz - Bibliotecária - CRB-7/6135
02/03/2018   05/03/2018

É Realizações Editora, Livraria e Distribuidora Ltda.
Rua França Pinto, 498 – São Paulo – SP – 04016-002 – Caixa Postal 45321 – 04010-970
Telefax (5511) 5572-5363 – atendimento@erealizacoes.com.br – www.erealizacoes.com.br

Este livro foi impresso pela Pancrom Indústria Gráfica, em março de 2018. Os tipos usados são da família Sabon Light Std e Frutiger Light. O papel do miolo é o Lux Cream 70 g, e o da capa cartão Ningbo C2 250 g.

Theodore Dalrymple

A FACA ENTROU

ASSASSINOS REAIS E A NOSSA CULTURA

Tradução e Notas de André de Leones

É Realizações
Editora

Sumário

Prefácio à Edição Brasileira:
Um doutor Johnson para os nossos tempos
   Martim Vasques da Cunha 7
A faca entrou 13

1. O declínio do assassinato moderno 19
2. Momento de decisão 33
3. Paus e pedras 45
4. Agentes penitenciários 57
5. O dinheiro das fraudes 69
6. Suicídios 83
7. Dr. Não 97
8. Pauladas encorajadoras 109
9. Regra Quarenta e Cinco 117
10. O frágil rabisco azul 143
11. Atividades recentes em homicídios 155
12. Fungos psiquiátricos 169
13. Nenhuma boa ação... 181
14. Prazeres ensurdecedores 187
15. Uma simples advertência 197
16. Estresse de bêbado 209
17. Personagens maus 219
18. Atenuantes maníacas 231

A arrogância precede... 241

Um doutor Johnson para os nossos tempos

Martim Vasques da Cunha

A Faca Entrou (The Knife Went In, 2017), o mais recente livro de Theodore Dalrymple (pseudônimo do psiquiatra inglês Anthony Daniels), lançado no Brasil pela É Realizações, é a síntese da sua experiência de vida – e uma maneira perfeita para você descobrir a obra de um dos escritores mais originais do nosso tempo.

Na primeira década dos anos 2000, Dalrymple era o mais obscuro e também o mais fascinante dos ensaístas com teor conservador que surgiram na imprensa. Além das colunas que ele tinha nas revistas *The Spectator* e *New English Review*, seus artigos mais pessoais eram publicados na *The New Criterion* – não à toa, sempre assinados com o nome de Anthony Daniels – e era impossível não ficar impressionado com a elegância do seu estilo e a sutileza da sua ironia. Ele não perdoava nenhuma vaca sagrada dos intelectuais progressistas, de todos os matizes e áreas do conhecimento, desde o arquiteto Le Corbusier até o historiador Eric Hobsbawm, passando pela escritora Ayn Rand.

No final de 2009, Dalrymple foi lançado no Brasil graças a uma revista que ajudei a criar, *Dicta&Contradicta*, com um ensaio intitulado "A pobreza do mal", também assinado como Daniels, igual ao que ele fazia na *The New Criterion*, uma das inspirações da publicação nacional. A partir daí, um texto se seguiu ao outro, sobre temas que ele sempre abordou em outros lugares (como a questão da legalização das drogas em "A síndrome da mentira") e vários assuntos que raramente lidava nas publicações internacionais – como os soberbos ensaios sobre a vida e a obra do historiador Paul Johnson e da carreira do terrorista italiano Cesare Battisti. Havia também pérolas mais meditativas a respeito dos "dilemas da igualdade" e da "estética da confusão", ambos fenômenos que, segundo sua visão, foram causados pelo descenso da sociedade ocidental com sua submissão ao relativismo moral pós-moderno.

O que era evidente nos escritos de Dalrymple não era apenas o rigor de pensamento, mas sobretudo a clareza da sua imaginação moral. Apesar de se considerar um agnóstico em termos religiosos, rejeitando aparentemente qualquer perspectiva metafísica, e de se autointitular um "doutor cético" – numa espécie de mistura entre a suspensão de juízo de Montaigne e a sabedoria prática de Samuel Johnson –, o fascinante no seu olhar era a reflexão sobre a natureza e a condição humanas, numa corajosa obsessão de encarar sem disfarces o problema do Mal Lógico.

Isso é registrado em cada página de *A Faca Entrou*. Neste livro, percebemos a sua vivência concreta como médico psiquiatra em hospícios, prisões e hospitais públicos ingleses. Mas também temos, em outros livros, as várias viagens que fez em países "nos confins do comunismo" (tema de outro relato antológico) e que lhe deram autoridade na hora de abordar não só o Mal como algo voluntário, mas como uma entidade que não tem nada de abstrata, e sim palpável, principalmente quando afeta a vida de um ser humano. Para Dalrymple, o Mal tem uma lógica idiossincrática, difícil de entender, e o máximo que ele pode fazer, seja como médico, escritor ou mera testemunha, é dar um pouco de sentido ao sofrimento das pessoas que foram atingidas por essa força destruidora.

Contudo seus ensaios não se refastelam no lodo da maldade – e muito menos ficam em elucubrações metafísicas. Ele vê essa manifestação do Mal Lógico nas engrenagens burocráticas e impessoais do Estado de bem-estar social, o *Welfare State* inglês, que reduz qualquer espécie de nobreza do espírito humano, enfraquecendo-o de tal forma que a pessoa se transforma no "homem carbuncular" dissecado por T.S. Eliot em *The Waste Land* (1922) – capaz de olhar somente para o rés do chão e jamais acima da linha do horizonte.

Outra variante desta catástrofe cultural, segundo o ensaísta inglês, é o detalhe macabro de que esse tipo de comportamento não é apenas sedimentado entre os membros da chamada "underclass" – a subclasse que insiste em ser uma "ralé" –, mas sobretudo entre os integrantes da elite intelectual. Para estes, o progresso social ampliado pelas supostas benesses do *Welfare State* ajudaria a melhorar a vida dessa mesma "ralé", contribuindo para a igualdade entre os cidadãos, graças, é claro, à criação do dinheiro fácil, sem sangue, suor e lágrimas, e que impediria a vontade de se firmar por meio do trabalho árduo e honesto.

A consequência disso é que, de acordo com Dalrymple, o governo da Inglaterra (e o do resto da Europa, por extensão) insiste em acentuar cada vez mais a inveja e o ressentimento entre a geração mais velha e a mais jovem, pois como esta última já vivia sempre à espera de algo que lhe era garantido, não poderia admitir para si mesma que, na verdade, as coisas existem para serem conquistadas. O choque é inevitável, não apenas no aspecto econômico ou político, mas principalmente cultural. Os extremos crescerão cada vez mais, graças ao discurso do politicamente correto que permitiu a entrada dos imigrantes com as mesmas garantias dadas ao povo local de cada país. Para completar, o supergoverno administrativo de Bruxelas, a União Europeia, colabora com esse cenário turbulento, na crença de que a igualdade social é o único projeto utópico que precisa dar certo, custe o que custar.

Se há uma tirania que Dalrymple combate em seus escritos, é a que o cientista político William Easterly chama de "a tirania dos especialistas". São os intelectuais de gabinete que, isolados da insegurança que é viver fora das suas torres de marfim, ficam igualmente obcecados por controle – e resolvem aplicar essa ideia fixa não em si mesmos, mas, como sempre acontece nesses casos, na população mais pobre. A "underclass" é a espécime perfeita para um "experimento contra a realidade" (maravilhosa expressão de Roger Kimball) que, no fim, afeta os valores morais da sociedade ocidental.

O *insight* perturbador proposto pelo psiquiatra em seus escritos é o de que os grandes intelectuais da modernidade – de Coleridge a Cesare Battisti, passando por Virginia Woolf e Sigmund Freud –, criaram um discurso que, para fazer sentido na realidade alternativa que viviam, era fundamental abolir o que o filósofo alemão Hans Jonas descobriu como sendo "o princípio responsabilidade". Trata-se do nexo causal que permite ao ser humano perceber a si mesmo como alguém objetivamente responsável tanto por suas ações como por seus pensamentos e emoções. O resultado dessa percepção não o paralisa de forma alguma. Pelo contrário: é quando a pessoa tem plena noção desse princípio que ela pode tomar conta da sua própria vida – e enfim redescobrir a liberdade que lhe foi negada pelos poderes e potentados deste mundo.

Porém Dalrymple relata todo esse processo não como se fosse um diagnóstico médico, frio e calculista, e sim com ternura pelos seus personagens. Ele adiciona um humor que os transforma em seres humanos concretos, de carne e osso, jamais como meros conceitos. De acordo com o "doutor cético", a cura para a recuperação do "princípio responsabilidade" será por meio da redescoberta do senso comum, o velho e bom *common sense* inglês, que pode ser reencontrado na educação formal e na leitura dos clássicos da literatura, em especial Shakespeare, Conrad, J.G. Ballard, e outros tantos que formam um novo tipo de governo – o da república invisível onde os gigantes conversam entre si e transmitem a imaginação moral necessária para escolhermos o Bem objetivo e vencermos os sombrios labirintos do Mal Lógico.

Assim, é natural pensar que a clareza de expressão é um dos princípios estéticos e morais da obra do autor de *A Faca Entrou*, pois ele acredita que o bom senso pode ser articulado e, mais, *comunicado* para ajudar o semelhante. Dessa forma, trata-se de um médico que dá o seu diagnóstico – mas também aplica sua higienização, às vezes com a ajuda da ironia, sem perder a integridade e a coerência neste universo moldado pelo "prazer de pensar".

Sob o disfarce despretensioso de um relato de memórias da época em que era médico psiquiatra nas prisões inglesas, *A Faca Entrou* retorna às obsessões que fascinam Dalrymple desde o início da sua obra: o confronto com o Mal Lógico por meio das conversas com os mais diversos tipos de criminosos; a denúncia sistemática dos efeitos nocivos do Estado assistencialista; a indignação diante da "tirania dos especialistas"; e, por último, o retorno ao "princípio responsabilidade", por meio da releitura dos clássicos da literatura universal, fundamental para a conquista da verdadeira autonomia interior.

Contudo se há uma diferença entre esse livro e os outros clássicos dele – como *Nossa Cultura...Ou O Que Restou Dela*, *Podres de Mimados*, *Evasivas Admiráveis* e o ainda inédito *Romancing Opiates* (a meu ver, sua obra-prima) – é que o ensaísta começa a ter uma consciência agridoce sobre a nossa impotência de conseguir mudar alguma coisa na corrente alucinada da história. Fazemos muito pouco, e o pouco que conseguimos realizar jamais é suficiente. Ainda assim, não podemos desistir. A atitude de Dalrymple diante das vicissitudes da vida parece ser semelhante à de um Hamlet ou a de Lear, quando o primeiro fala que "Estar pronto é tudo" e o segundo afirma que "A madureza é o que nos sustém". Mas, com a chegada do crepúsculo da idade, podemos ver um toque de Próspero na profilaxia de Dalrymple, ao admitir "aquele objeto das trevas que reconheço como meu".

Não à toa que esse sucessor de Samuel Johnson jamais deve ser classificado como conservador ou liberal. Na verdade, como bem observou Maurício G. Righi em seu ambicioso livro sobre o escritor inglês (*Theodore Dalrymple – A Ruína Mental dos Novos Bárbaros*, 2015), ele não é uma coisa, nem outra. É simplesmente um "shakespereano". Sua preocupação maior é com a "pesquisa dos movimentos mentais" que o ser humano pode fazer consigo mesmo, seja para escapar das prisões que ele escolheu voluntariamente, seja para se destruir cada vez mais, contaminando a linguagem com tal seriedade que não lhe resta nada mais, exceto usar a voz passiva e afirmar que, em vez de ter matado o seu semelhante, foi "a faca que entrou".

Seu objeto de conhecimento não é apenas a natureza humana em geral, mas a sua *própria* natureza como homem e como indivíduo, sempre em busca da maldade que o corrói por dentro. Com o relato das histórias narradas em *A Faca Entrou*, que podem ser vistas como espelhos de sua consciência repleta de uma lucidez dolorida, Theodore Dalrymple registra a progressiva cura que o médico fez em si mesmo para vencer o monstro que há dentro dele – e em todos nós.

A faca entrou

Conheci um número considerável de assassinos quando atuei como clínico geral e psiquiatra em uma penitenciária. Era um médico muito jovem quando encontrei meu primeiro, um homem no final da meia-idade que tinha estrangulado a esposa porque (disse ele) não o deixava em paz para ler seu jornal vespertino quando voltava do trabalho e, ao falar, seus brinquinhos chacoalhavam do jeito mais irritante. Sem antecedentes criminais, pensava-se que era louco e devia ser mandado para o hospital em vez da prisão. Eu me senti honrado por apertar a mão de um homem tão mau, nunca antes tendo encontrado alguém tão perverso.

Calhou de ser, talvez, o único assassino que conheci que lembrava vagamente o tipo descrito por Orwell no ensaio "O Declínio do Assassinato Inglês", que os ingleses tanto gostavam de ler no período entreguerras. Esse tipo de assassino era respeitável, até mesmo religioso, de classe média ou média baixa, levando algo como uma vida dupla e impelido ou por cobiça pelo seguro de vida que arrancara da vítima ou para acobertar um caso ilícito. Os dois únicos assassinos que conheci que mataram pelo seguro de vida esperaram menos de duas semanas após o montante segurado ser aumentado dramaticamente para eliminar suas vítimas, dando assim uma pista de sua motivação.

No entanto observei um fenômeno peculiar na penitenciária onde comecei a trabalhar vinte anos atrás – o uso da voz passiva pelos prisioneiros como forma de se distanciar das próprias decisões e persuadir os outros da falta de responsabilidade por suas ações. A princípio, notei o fenômeno ao falar com assassinos que tinham esfaqueado alguém até a morte e, invariavelmente, diziam "a faca entrou", como se a faca tivesse guiado a mão em vez de a mão guiar a faca. Um assassino desses pode ter cruzado a cidade levando a faca consigo para confrontar a exata pessoa de quem guardava um sério rancor. Ainda assim, foi a faca que entrou. Quando compartilhei essa observação com minha esposa, também médica, ela achou que estava exagerando. Mas, certo dia, ela estava em sua clínica e perguntou a uma viúva idosa como seu marido viera a falecer. "A faca entrou", disse a paciente. Minha esposa, atônita, esperou que a consulta terminasse para me telefonar e contar.

Depois, notei que os prisioneiros usavam expressões similares com frequência, mas apenas para descrever seu mau comportamento, nunca o bom comportamento. "A cerveja despirocou" ou "a cerveja tomou conta" eram frases que os alcoólatras preferiam, como se fosse a cerveja que os bebesse, e não o contrário. Viciados em heroína, descrevendo como e por que começaram a usar a droga, quase invariavelmente diziam que "caíram na galera errada". Quando eu retrucava que achava estranho encontrar tantas pessoas que tivessem caído na galera errada, mas nenhum membro da galera errada propriamente dita, eles sempre gargalhavam. Tolice não é o mesmo que estupidez.

Claro, todos empregamos esse método de tempos em tempos. Somos como os assassinos no modo como buscamos nos livrar da responsabilidade por nossas piores ações, razão pela qual *A Faca Entrou* é o título deste livro — ou ao menos uma das razões.

A linguagem da prisão me fascina. Era sempre vívida e expressiva e, de certa forma, bela. "Minha cabeça groselhou"[1] significava que a pessoa se encontrava em um estado tão atormentado que não era totalmente

---

[1] Para traduzir algumas das gírias e expressões referidas por Dalrymple, procurei por termos equivalentes usados por criminosos e detentos brasileiros. Há vários glossários disponíveis na internet, compilados por advogados criminalistas, policiais e estudiosos, em portais como o http://<jus.com.br>. (N.T.)

responsável por seus atos. "Você não vai me descaralhar pra fora daqui, não, vai, doutor?" era uma pergunta receosa sobre se eu iria ou não enviar o prisioneiro para um hospital psiquiátrico (alas psiquiátricas no Serviço Nacional de Saúde são infinitamente piores do que a prisão). Um prisioneiro recém-condenado à prisão perpétua diria: "O juiz me desencarnou".

Os crimes cometidos pela maioria dos assassinos que encontrei eram meramente sórdidos. Uma briga sob efeito de álcool ou drogas e, a troco de nada, eis as circunstâncias da maior parte desses crimes. O pretexto mais fútil para um assassinato com que me deparei foi um comentário sobre a marca do tênis que o perpetrador usava, que ele considerou humilhante. Sem dúvida, isso é um testemunho poderoso dos egos sensíveis de alguns dos nossos concidadãos, inflamados por sua posição subalterna no mundo. Estamos bem longe da atmosfera social em que um homem no apartamento vizinho pode matar uma mulher e depois tocar *Mais Perto, Meu Deus, de Ti* em um harmônio[2].

Eu ainda tinha esperança de que algum dia seria chamado como *expert* em um assassinato estilo Agatha Christie, um pároco que envenenou um fidalgo em uma biblioteca, por exemplo, mas isso nunca aconteceu. Muito provavelmente porque não há muitos párocos que envenenam fidalgos em bibliotecas hoje em dia.

Tampouco foi George Orwell a primeira pessoa a notar o declínio do assassinato inglês – em sua qualidade, quero dizer, não na quantidade. O pai de Virginia Woolf, Sir Leslie Stephen, também o percebeu já em 1869, bem no início do que Orwell julgava ser a era de ouro do assassinato

---

[2] Em 13 de julho de 1912, em uma pensão na cidade de Herne Bay, Inglaterra, George Joseph Smith afogou sua esposa, Beatrice Constance Annie "Bessie" Mundy, na banheira. A motivação foi o seguro de vida. Smith ainda afogaria outras duas mulheres pelo mesmo motivo. Condenado pelo assassinato de "Bessie", ele foi enforcado na prisão Maidstone em 13 de agosto de 1915. Vizinhos que teriam ouvido as três esposas se debatendo enquanto ele as afogava também afirmaram que, pouco depois, ele se sentava ao harmônio e tocava *Mais Perto, Meu Deus, de Ti*. Fonte: Jay Robert Nash, *Crime Chronology: A Worldwide Record, 1900-1983*, (New York: Facts on File Publications, 1984). (N.T.)

inglês, quando a hipocrisia religiosa pequeno-burguesa, mesquinha e inconformada, dava o tom da época.

O último assassinato em que me envolvi foi uma briga degradante por uma dívida de dez libras, ou melhor, ele foi cometido em uma tentativa de reaver o dinheiro. Ainda há lugares em nossa sociedade – não tão pequenos, talvez, quanto gostaríamos de imaginar – nos quais se considera que, por somas como essa, vale a pena brigar e até mesmo matar.

Na cidade onde vivia, a vítima era um dos desempregados que formavam um tipo comum de clube informal de bebedores, no qual os membros escalonavam os dias em que recebiam o seguro-desemprego para que assim pudessem comprar bebida a semana inteira. Ela pegou dez libras emprestadas durante uma bebedeira e, depois, se recusou a pagar. Os outros quatro membros do clube, um deles uma mulher em torno dos trinta, foram arrancar o dinheiro dele. Foi ela que me pediram para examinar, em um caso de atenuantes psiquiátricas. Seu advogado sugeriu que ela talvez fosse deficiente mental.

Sua defesa era de que não tinha feito nada, que não passava de uma espectadora. Foram eles que mataram. Todos alegaram a mesma coisa, é claro. Mas quanta violência. Os quatro transformaram o apartamento da vítima em uma torre, em uma câmara de tortura. A vítima, além de alcoólatra, era deficiente, a um passo da falência cardíaca, somente capaz de se mover de e para a sua poltrona elétrica reclinável com dificuldade. Isso facilitou a tortura. Quebraram suas pernas, quebraram suas costelas (todas elas), fraturaram seu crânio. Ferveram água e despejaram sobre o seu corpo. Mesmo assim, nem sinal das dez libras.

Por fim, concluíram que ele realmente não tinha o dinheiro. Não estava só tentando "engambelá-los", como diz a gíria local, e os quatro saíram juntos do apartamento e foram beber, tendo já consumido o que havia por ali. Eles o deixaram vivo, mas por um fio. Deve ter morrido em menos de uma hora.

Espantosamente, não consegui desgostar por completo da acusada. Ficar sóbria na prisão fez maravilhas por ela.

Ela não sentia culpa, pois não passava de uma espectadora, mas tampouco parecia muito perturbada pelo que tinha testemunhado. Disse que não saiu e que não ligou pedindo socorro porque os outros não a deixariam. Mas e quanto à bebedeira depois de tudo?

— Eu tinha medo de não ir com eles.

A defesa sugeriu que ela talvez não fosse inteligente o bastante para acompanhar um julgamento, e, embora eu achasse que fosse, sugeri um teste formal de inteligência. Havia dois psicólogos que trabalhavam na penitenciária em que ela estava detida, mas eles se recusaram a realizar o teste. Com efeito, pareceram bastante incomodados em relação ao fato de eu pedir aquilo, como se fossem cirurgiões cardiovasculares chamados para cortar as unhas de um pé. Não eram pagos para isso, disseram, mas me deram o número de uma psicóloga particular. O problema foi que ela quis cobrar tão caro que nem a acusação nem a defesa arcariam com os custos.

Assim, eu mesmo testei a capacidade cognitiva da acusada. Entre outras coisas, perguntei se ela se lembrava de alguma notícia recente. Por coincidência, uma mulher particularmente cruel e psicopata tinha acabado de ser condenada à prisão perpétua por esfaquear três homens até a morte. Normalmente, são homens que cometem esse tipo de crime. – Sim, ela disse – teve aquela mulher terrível nos jornais que matou três homens.

E acrescentou: – Eu não sei onde é que esse mundo vai parar.

1. O declínio do assassinato moderno

Há uma tensão permanente entre considerar os homens indivíduos e membros da classe humana. Do fato de que garotos de Stratford geralmente não vão para Londres se tornar atores, alguém pode concluir que Shakespeare nunca foi um ator em Londres. E do fato de que sua obra é única na literatura mundial, alguém pode concluir que o autor não poderia jamais ter existido.

Assassinato é o pior dos crimes, obviamente, mas, de forma análoga, assassinos não são necessariamente os piores indivíduos. É desconcertante se ver gostando de uma pessoa que estrangulou alguém com as próprias mãos, mas isso aconteceu muitas vezes comigo em minha carreira como psiquiatra e médico prisional. Não é que eu tenha pensado: "Mas lá pela graça de Deus eu vou". Nunca quis estrangular ninguém, embora já tenha perdido a calma. Mas a maioria das pessoas não é inteiramente definida pelo pior ato isolado que cometeu na vida, o qual, no entanto, talvez seja seu único ato de alguma relevância pública – sempre há mais nelas do que isso.

Alguns assassinos estão fora do alcance da simpatia natural, por certo. Lembro-me de um homem que, doze anos atrás, empalou três crianças em uma grade porque faziam muito barulho; estava tomando conta delas, mas queria assistir à televisão. Um homem de imaginação limitada não conseguia perceber, mesmo depois de muitos anos preso, que tivesse feito qualquer coisa errada. Ele ameaçou de morte um colega meu que se recusou a lhe prescrever comprimidos para dormir. Era, evidentemente, um prisioneiro que jamais seria libertado e, à medida que não teria nada a perder ao cometer outro assassinato, sua ameaça não foi subestimada (ele foi rapidamente transferido para outra penitenciária).

Um homem desse tipo levanta importantes questões metafísicas que até hoje seguem sem resposta e, sendo essencialmente filosóficas, talvez sejam irrespondíveis. É quase certo que ele fosse o que outrora designaram "moralmente insano"; um século depois, seria chamado de "psicopata" (termo cunhado pelo psiquiatra alemão J. Koch no final do século XIX); depois, de "sociopata"; nos dias de hoje, seria tido como alguém que sofre de "transtorno de personalidade antissocial" – psiquiatras acham que estão progredindo no conhecimento e na compreensão quando mudam a terminologia.

Desde o primeiro instante em que foi capaz de agir por vontade própria, ele invariavelmente escolheu fazer coisas que certamente afligiam, enojavam ou assustavam quem estivesse por perto. Ele seria, por exemplo, cruel com animais, colocando gatos em máquinas de lavar e encharcando cachorros com gasolina. Ele mentiria quase por uma questão de princípio, e roubaria daqueles a quem mais devia respeito. Se inteligente, conseguiria evitar as consequências dos seus atos, mas, de qualquer forma, nenhum castigo o teria corrigido ou desencorajado a repetir suas ações.

Esse padrão de comportamento tem sido reconhecido há bastante tempo, muito antes de ser rotulado pelos psiquiatras. A mãe de Ricardo III, a Duquesa de York, diz a ele[1]:

Vieste tornar um inferno as minhas horas,
Sempre foste um fardo bem pesado:
Criança, foste mal e malcriado;

---

[1] O trecho é, claro, da peça *Ricardo III* (ato 4, cena 4). Para todas as citações de William Shakespeare no decorrer do livro, usei a tradução de Barbara Heliodora do *Teatro Completo* (São Paulo: Editora Nova Aguilar, 2016). No caso de *Ricardo III* (que integra o *Volume 3* da referida edição), Heliodora teve Anna Amélia de Queiroz Carneiro de Mendonça como cotradutora. (N.T.)

> Na escola, intolerável e violento,
> Na juventude, audaz e turbulento;
> Quando chegaste, enfim, a ser adulto,
> Ficaste traiçoeiro e sanguinário,
> Mais manso na aparência e, no entanto,
> Mais perigoso no ódio e na vingança.

Não é que o psicopata, ao menos do tipo mais inteligente, desconheça a linguagem da moralidade; é mais que a própria moralidade não encontra eco nele. Ela tem tanto significado para ele quanto os costumes curiosos de uma tribo distante e obscura têm para o leitor de um texto de antropologia.

Exceto quando ele se vê como objeto de algo que encare como uma injustiça, em relação à qual pode ser extraordinariamente sensível e usar como justificativa (para si mesmo e os outros) para futuros crimes e contravenções. Ricardo III explica a sua maldade pelo fato de que veio a este mundo antes do tempo, quase pelo meio, e tão coxo e fora de moda que os cães ladravam para ele nas ruas se deles se aproximava; e assim, uma vez que não poderia ser um amante, estava determinado a se mostrar um vilão[2]. No entanto, em um curto espaço de tempo, seduz uma mulher cujos marido e sogro ele foi recentemente responsável por matar. Tanta coisa por sua deformidade impedi-lo de ser um amante.

Simon Baron-Cohen, eminente professor de psicopatologia desenvolvimental, sugere que homens persistentemente maus devem ter algum tipo de dano ou déficit neurológico, apresentando exames cerebrais para provar isso. Mas isso deixa o problema filosófico em larga medida intocado. Pessoas más (ou, na linguagem menos emotiva de Baron-Cohen, a quem falta empatia) podem ter exames cerebrais do tipo X; mas isso significa que pessoas com exames cerebrais do tipo X são más? O fato de que taxistas londrinos tenham exames cerebrais alterados depois de memorizarem o mapa das ruas da capital não significa que seus exames cerebrais

---

[2] Dalrymple parafraseia e às vezes usa termos e expressões de uma fala do personagem (ato 1, cena 1) na peça de Shakespeare sem recorrer às aspas. (N.T.)

alterados são a causa de seu conhecimento de Londres ou o motivo pelo qual escolheram tal carreira.

Além disso, como qualquer outra pessoa, Baron-Cohen é reduzido à linguagem da moralidade. O subtítulo de seu livro é *Uma Nova Teoria da Crueldade Humana*. Obviamente, como todo mundo, ele acredita que a crueldade é moralmente indesejável. Mas nenhum peneiramento de exames cerebrais, quantidade alguma de análises científicas, nada disso jamais resolverá a questão sobre o que é moralmente desejável ou repreensível. Não podemos colocar um homem em um *scanner* e descobrir se a mentira que ele contou foi ou não justificada. Baron-Cohen fala em empatia "apropriada" ou a sua falta, mas "apropriabilidade" não é uma qualidade mensurável do mundo físico. Não há instrumento, não importa o quão sensível, que possa determinar algo assim. Se alguém tem empatia, digamos, por Mengele[3], nós o colocaríamos em um *scanner* para descobrir se ele está certo ou errado por sentir isso?

É fácil se meter em uma terrível confusão em matéria de psicopatia. A dificuldade reside em transpor conclusões generalizadas sobre transtornos mentais, tiradas de resultados de testes científicos, às especificidades de uma situação real, particularmente uma na qual alguém cometeu um crime.

Certa vez, fui contratado como perito pela acusação no julgamento de um jovem de intelecto limitado e que vivia em uma espécie de albergue, que ocupava diversos andares de um prédio dilapidado. Como os demais moradores, ele bebia demais e abusava de calmantes, sobretudo Valium® (diazepam).

Ele teve uma discussão com outro morador, a quem acusou de roubar a corrente de ouro que usava no pescoço. Certa noite, bêbado

---

[3] Josef Mengele (1911-1979) foi um oficial nazista alemão e médico no campo de extermínio de Auschwitz, onde ajudava a selecionar aqueles que seriam enviados às câmaras de gás e realizava experimentos desumanos nos prisioneiros. Ao fim da Segunda Guerra, conseguiu fugir para a América do Sul. Viveu escondido na Argentina, no Paraguai e, por fim, no Brasil. Morreu afogado em Bertioga, no litoral paulista, e foi enterrado com um nome falso. Seu corpo foi exumado em 1985 e exames forenses confirmaram sua verdadeira identidade. (N.T.)

como sempre, esse morador foi cedo para a cama, no último andar da casa. Havia uma festa no térreo, da qual o acusado participava. A bebida avivou seu ressentimento contra o outro morador e ele subiu as escadas estreitas e ruinosas para lhe aplicar uma surra, situação depois da qual retornou para a festa.

Inflamado por mais bebida, ele de novo subiu as escadas para dar uma surra ainda pior, agora com resultados fatais. Ele voltou à festa outra vez, e, se tinha ou não consciência de que o outro morador estava morto, não pôde ser determinado com nenhuma certeza.

Foi aceito pela defesa que o acusado *havia* subido as escadas e *havia* surrado o homem até a morte – quanto a isso, não havia dúvida possível. As únicas questões que restavam eram se ele estava ou não realmente capacitado para formar a intenção de matar e, então, se ele dispunha ou não de alguma anormalidade mental que reduzisse substancialmente a responsabilidade por seus atos. (Na verdade, pela lei naquela época, bastava provar que ele tinha a intenção de ferir gravemente, porque, se um homem morresse dos ferimentos causados por alguém que apenas tivesse a intenção de assim machucá-lo, o réu ainda era culpado de assassinato. Isso significa que assassinato era uma acusação mais fácil de provar do que tentativa de assassinato, em que era necessário provar que havia a intenção de matar em vez de simplesmente ferir.)

A acusação me pediu que preparasse um relatório apenas sobre se o jovem fora capaz de formar a intenção de matar quando, de fato, matou, e sobre nenhuma outra questão. O advogado da acusação, um eminente *Queen's Counsel*[4], disse-me que o relatório era o mais curto que já tinha lido, e não acho (ao menos é o que digo para mim mesmo) que ele tenha afirmado isso como uma crítica. Escrevi aproximadamente como se segue:

"O fato de que o acusado subiu por duas vezes as escadas e surrou gravemente o único homem no local contra quem nutria um ressentimento sugere que ele era capaz de formar a intenção de matar."

---

[4] *Queen's Counsel* (QC, Conselheiro da Rainha): posição legal conferida pela Coroa e assim reconhecida nos tribunais; espécie de título honorífico dado a advogados proeminentes na Inglaterra e em outros países da *Commonwealth*. (N.T.)

Se ele realmente fez isso, não cabia a mim dizer, é claro; era assunto para o tribunal.

Eu estava presente no julgamento apenas para o caso de precisar refutar o testemunho do perito da defesa. Na tentativa de provar que o acusado não era totalmente responsável por seus atos, a defesa chamou um conceituado professor que fizera dos psicopatas e da psicopatia os objetos de estudo de sua vida.

Pela lei inglesa, todo homem é são e está em controle de suas faculdades até que se prove o contrário (segundo um equilíbrio das probabilidades). O ônus da prova, de que ele não estava sob controle naquele determinado momento, cabe à defesa; a acusação não tem de provar nada, nem mesmo que o acusado tinha um motivo, ainda que muitas vezes isso sirva de grande ajuda para o caso quando é possível estabelecê-lo. Um crime sem motivação levanta suspeitas de insanidade, mas, em casos de assassinato, os motivos geralmente são óbvios.

O professor foi ao banco das testemunhas. Era uma figura imponente, alta, ereta e confiante. Tudo correu bem com seu testemunho quando foi questionado pelo advogado que o chamara. Ele foi capaz de expor sua opinião sem se contradizer, tendo, antes, discorrido sobre suas impressionantes qualificações, experiência, pesquisas e publicações.

Tudo caiu por terra durante o contrainterrogatório. Calmamente e sem qualquer sinal externo de hostilidade, o advogado da acusação o destruiu em dois ou três minutos.

– O senhor afirma, professor, se eu entendi corretamente, que o acusado é um psicopata, que a psicopatia é uma doença congênita, e que por isso a responsabilidade dele é reduzida?

– Sim, está correto.

– Qual é a evidência de que ele é um psicopata?

– Seu crime foi o de um psicopata.

– E fora o crime?

O professor ficou paralisado e pareceu um pouco nervoso que colocassem sua palavra em dúvida. Eu me dei conta de que ele não examinara com cuidado nem o processo nem o acusado. Não havia evidência de que ele tivesse sido violento antes ou exibisse qualquer uma das características definidoras de um psicopata.

Após um silêncio embaraçoso que pareceu durar uma eternidade, durante o qual cobri os meus olhos, o advogado continuou:

– Não há evidência, há? Com efeito, o que o senhor está dizendo é que nós sabemos que ele é um psicopata por causa do que fez, e ele fez o que fez porque é um psicopata.

O professor proferiu um som que, graças à boca seca e à sua confusão, parecia, mas não era bem uma palavra.

– Obrigado, professor – disse o advogado, com a pitada certa de desprezo.

A defesa tinha outro perito para testemunhar no caso. Era um psicofarmacologista mundialmente famoso, também professor, e um homem de presença e personalidade expansivas. Ele, também, foi confiantemente ao banco das testemunhas. Usava um terno trespassado por riscas de giz, do tipo que só certa espécie de pessoas vestiria, e uma chamativa gravata-borboleta amarela. *Solicitors* usam ternos com listras finas e *barristers*[5], com riscas de giz – os rapazes dos bastidores e os artistas. Eles também usam sapatos diferentes. *Solicitors* que lidam com direito penal não dão a mínima para os calçados, com frequência baratos e desgastados, ao passo que os calçados dos *barristers*, mesmo os dos ainda jovens e aspirantes, são cuidadosamente lustrados e brilhosos. O professor tinha um peito largo e um ar imponente: ele se destacaria em qualquer circunstância.

Ao testemunhar, o psicofarmacologista declarou categoricamente que o acusado devia estar tão bêbado e descoordenado por causa dos comprimidos que tomou, ou que disse ter tomado, que não poderia ter subido as escadas estreitas até o quarto da vítima sequer da primeira vez,

---

[5] No direito inglês, *solicitor* e *barrister* dizem respeito a duas classes distintas de advogados. *Solicitors* são aqueles que representam os clientes nas instâncias inferiores e em casos intermediários, oferecem conselhos legais, elaboram documentos, firmam acordos, etc. Quando um caso vai a julgamento, é o *barrister* quem assume. Este tem permissão para atuar nas instâncias superiores. As duas categorias também diferem quanto às indumentárias: nos tribunais, o *solicitor* usa terno e gravata, ao passo que o *barrister* ostenta toga e peruca. (N.T.)

que o dirá uma segunda, depois de ingerir ainda mais álcool e tomar ainda mais comprimidos.

— Deixe-me ser absolutamente claro, professor — disse o advogado da acusação. — Seu testemunho é de que o acusado não poderia, por razões farmacológicas, ter subido as escadas?

— Sim — disse, confiante, o professor.

— Obrigado, professor, não tenho mais perguntas.

Ele deixou o banco das testemunhas, as asas da gravata-borboleta batendo, por assim dizer. Não acho, e certamente espero, que ele tivesse a menor ideia do quão tolo pareceu aos olhos dos outros: por afirmar que algo que a defesa já havia admitido que acontecera não poderia e, de fato, não teria acontecido.

Como e por que o *status* desses dois homens, ambos brilhantes em suas respectivas áreas, foi tão facilmente destruído no banco das testemunhas pelo advogado adversário? Por duas razões, a primeira a de que simplesmente por se tratar de homens tão ocupados, sempre fazendo malabarismos com as demandas administrativas e do ensino, da pesquisa, da escrita, das palestras e das viagens, não tiveram tempo nem inclinação para dominar e guardar na memória (mesmo temporariamente) a papelada relativa a um caso que era, afinal, de um assassinato comum e totalmente desprovido daquilo que Sherlock Holmes chamaria de "ponto de interesse".

A segunda razão (presumo) referia-se ao fato de que os professores se tornaram por demais habituados à própria eminência. Cabia a eles pontificar e, aos leigos, acreditar piamente.

Encontrei o segundo dos professores, o psicofarmacologista, em outro caso. Nós nos vimos fora da sala de audiências, antes que fôssemos chamados. Fui até ele imediatamente. Era o tipo de homem que se gostaria de encontrar em um jantar, uma fonte de histórias divertidas, interessantes e afiadas, e que claramente também usufruía com gosto dos prazeres da mesa. Ele era maior que a vida e bastante divertido.

O caso era o de um jovem que tinha ido a um edifício-garagem e lá estrangulado uma mulher. Espantosamente, fizera isso fora da linha de visão das câmeras do circuito interno. É espantoso porque praticamente tudo o que acontece fora de nossas casas (ao menos na Grã-Bretanha) é, nos dias de hoje, flagrado por uma câmera. A pessoa é uma estrela de cinema e nem sabe disso.

O acusado sustentou que não era, nem poderia ser, o assassino porque, no dia em que a mulher foi morta, estava tão intoxicado de maconha que não teria condições físicas de matá-la. O professor, que era uma autoridade mundial sobre os efeitos da maconha, corroborou essa defesa – isto é, desde que o acusado tivesse mesmo fumado tanta maconha no dia em questão quanto afirmava.

Dessa vez, fui chamado para refutar o contrainterrogatório do psicofarmacologista. O advogado da acusação não contestou diretamente as afirmações do professor ao questioná-lo. Ele deixou para que eu as refutasse. O professor tinha, então, deixado o banco das testemunhas com aquele ar de trabalho bem-feito. Não esperou para ouvir a minha réplica.

Seu testemunho fora de que o acusado, um jovem imprestável, tinha fumado tanta maconha que *devia* estar fisicamente incapacitado de cometer um assassinato, se é que não estivesse inconsciente.

O problema com esse testemunho era que havia um vídeo com o acusado caminhando pela rua pouco antes de o assassinato ser cometido. A qualidade do vídeo não era boa. Eu não conseguiria reconhecer o homem que aparecia nele como o acusado, mas me garantiram que a identidade fora indiscutivelmente estabelecida. Tendo assistido, eu disse que, embora não provasse que sua coordenação estivesse boa, o vídeo tampouco oferecia evidência de que ele estivesse tão grosseiramente descoordenado quanto o professor disse que deveria estar. O acusado caminhava de forma tão resoluta quanto qualquer homem que tivesse um compromisso a cumprir. E cabia à defesa provar que ele estava incapacitado e descoordenado, não à acusação provar o contrário.

Ademais, o testemunho farmacológico do professor era, na minha opinião, não só falho, mas obviamente falho (mesmo que o acusado tivesse fumado tanto quanto afirmava, do que não havia nenhuma prova além da sua palavra, dificilmente desinteressada). Salientei que a concentração do principal ingrediente ativo da maconha varia bastante, como em qualquer substância; que a quantidade de fumaça inalada pelo usuário varia bastante, como com qualquer substância; e que o efeito da droga em cada indivíduo varia bastante, conforme a experiência, as expectativas, as circunstâncias, o temperamento e outros fatores; de tal modo que não se pode concluir nada a respeito da conduta e do estado mental de um homem somente a partir da quantidade de maconha que ele fumou. O testemunho adicional foi, portanto, essencial; e o homem foi condenado.

Outro assassinato em um edifício-garagem foi a ocasião do meu encontro com uma espécie diferente de perito, dessa vez em entomologia forense, disciplina cuja existência até então ignorava. Ele me lembrou um pouco o psicofarmacologista, embora na realidade fosse bem mais autodepreciativo, e sua área fossem insetos, é claro, em vez de homens. O assassinato foi o desenlace de uma discussão entre dois vendedores da *Big Issue*, revista fundada para ajudar os sem-teto a se ajudarem, sobre direitos territoriais para se vender lotes na cidade. Nada é importante ou desimportante que não seja assim pelo nosso pensamento[6].

Eu estava do lado de fora da sala de audiência, esperando para testemunhar, e um homem com um bigode esplêndido se juntou a mim. Ele também usava um terno com riscas de giz. Começamos a conversar e perguntei o que ele fazia.

— Ah — ele respondeu —, sou apenas um homem-mosca.

Muito no caso dependia da idade do cadáver[7], que, surpreendentemente, permaneceu no estacionamento por um tempo considerável sem que ninguém o visse. Nunca mais consegui, desde esse caso, entrar ou sair de um desses estacionamentos sem pensar onde o corpo que ele talvez contenha está escondido, e até mesmo correr os olhos pelo lugar à procura dele.

O homem-mosca, como ele se autodenominava, explicou algo que, antes, eu apenas vagamente apreendera, que as espécies de larvas e outros indícios da invasão das moscas estabeleciam, onde as condições circundantes fossem levadas em conta, a provável idade de um cadáver. Moscas

---

[6] Paráfrase de uma fala de *Hamlet*. Diz o personagem-título (ato 2, cena 2): "Ora, não será assim então para vocês; pois não existe nada de bom ou mau que não seja assim pelo nosso pensamento. [...]". (N.T.)

[7] Isto é, precisar há quanto tempo a vítima estava morta. (N.T.)

colonizam um cadáver em uma sucessão ordenada e previsível de espécies, de acordo com o país, as condições, o clima. A existência de todo um novo mundo de erudição se tornou subitamente visível para mim.

Ele me explicou seu testemunho com clareza brilhante e óbvia autoridade, bem como o amor por sua área de conhecimento. Ele o fez sem condescendência direcionada ao ignorante, no caso eu. Enquanto falava, a sucessão de espécies de moscas habitando um cadáver era o assunto mais importante do mundo. E, ao mesmo tempo, ele conseguia expressar que moscas em um cadáver eram apenas um exemplo do que havia de fascinante e maravilhoso naquele mundo. Senti por ele uma afeição imediata.

Ele foi chamado à sala de audiência cedo demais para mim, pois eu o teria ouvido por horas. Nunca voltei a encontrá-lo, mas alguns dias depois recebi uma carta, publicada em um jornal, do Dr. Zakaria Erzinclioglu, entomologista forense, dizendo o quanto havia apreciado um artigo que eu escrevera e expressando sua concordância com ele. Entomólogos forenses não são muito numerosos, e me dei conta de que era o mesmo homem que encontrara dias antes.

Respondi de imediato, é claro, pois não havia nenhum outro homem de quem eu quisesse mais me tornar amigo. Mas não era para ser. Pouco tempo depois, abri o Times e meus olhos caíram no obituário do Dr. Zakaria Erzinclioglu, morto por um ataque cardíaco aos cinquenta anos.

Sua trajetória foi incomum. Nascido na Hungria, de pais turcos, cresceu no Sudão e no Egito, estudou zoologia e entomologia em Wolverhampton e foi parar em Cambridge. Sem que eu suspeitasse, pois não tenho televisão há décadas, ele vinha se tornando conhecido como uma personalidade televisiva, apresentando programas como The Witness Was a Fly [A Testemunha Era uma Mosca]. Ele sabia como saciar a sede popular por conhecimento, e era autor de alguns livros sobre assassinato e larvas, bem como de um manual de referência sobre moscas-varejeiras britânicas (que são fascinantes e estranhamente bonitas).

Seu obituário no Times foi escrito com um calor humano incomum, como se o autor lamentasse profunda e sinceramente o falecimento do Dr. Erzinclioglu, e foi bem-sucedido ao expressar o quão cativante era uma pessoa que se apresentava como "apenas um homem-mosca". Considerando que o encontrei apenas uma vez e nada recebi dele além de uma única carta, surpreendentemente senti uma pontada de dor ao tomar conhecimento de sua morte repentina, dor que sinto ainda hoje ao recordá-lo.

Alguns meses após o assassinato e o julgamento do caso da *Big Issue*, ao caminhar com minha esposa pelas ruas da cidade, um vendedor da revista me chamou.

– Olá, doutor, você se lembra de mim?

Eu o reconheci, embora não me lembrasse de seu nome. Fora um prisioneiro que estivera sob meus cuidados médicos na penitenciária. Eu o havia examinado quando ele chegara lá.

– Você não me deu nada pra tratar meu vício em heroína – ele disse. – E ainda cortou minhas pílulas.

– Sim – respondi –, mas eu não teria feito isso sem explicar por quê.

– Tá, mas cê foi duro, bem duro.

– É sempre mais fácil e rápido dar ao paciente o que ele quer – eu disse. – Só leva uns segundos para se escrever uma receita. Uma explicação leva bem mais tempo.

– De qualquer jeito, fui pra minha cela depois de te ver e no caminho eu pensei, "vou tentar". Foi duro no começo, mas depois ficou mais fácil. Agora tô sem usar nada faz mais de um ano e meio, a primeira vez que fico sem usar nada desde quando eu tinha dezesseis anos. E não me meti em confusão desde que saí.

Ele estava agora com trinta e dois, vivendo em um albergue e tentando ganhar um pouco de dinheiro por meios honestos pela primeira vez na vida. Fora criado em um orfanato e provavelmente recebera pouco amor ou afeição. Sua tentativa de levar uma vida melhor era louvável e até mesmo impressionante. De qualquer forma, fiquei comovido e, claro, comprei um exemplar da revista, pagando mais do que ele pediu. Agradeceu pelo que eu fizera por ele – bem pouco, para ser franco – ao negar as pílulas quando seria mais fácil prescrevê-las, e então trocamos um aperto de mãos. Eu lhe desejei sorte, mas as minhas palavras soaram ocas enquanto as pronunciava. Umas poucas palavras de encorajamento contra uma vida inteira de desolação, em uma cidade e uma cultura de desolação: quão débeis elas foram.

É fácil atribuir sucesso para si e fracasso para os outros. Como eu poderia saber se tivera mesmo o efeito benéfico sobre o vendedor da *Big Issue* que ele atribuía a mim?

O fato é que os prisioneiros amadurecem e, quando chegam aos trinta e tantos anos, bem poucos seguem na vida de crimes, independentemente do que fizeram ou não. Talvez, meu ex-paciente apenas estivesse, então, no processo de desistir do crime – afinal, ele decidiu dar uma chance à abstinência das drogas – e minha influência fosse mínima ou inexistente. Seu relato biográfico não foi suficiente para que eu me concedesse retrospectivamente o papel de redentor.

2. Momento de decisão

A administração moderna, tal como o é em uma penitenciária, lida inevitavelmente com classes de homens, e não com homens como indivíduos. Vi isso na forma como lidaram com um escritor profissional, um homem inteligente, simpático e longe de ser sentimental, que deu aulas semanais para seis prisioneiros que expressaram interesse em escrever.

Ele me disse ter notado um padrão entre os detentos. Quase sempre, seus primeiros esforços eram autobiográficos; não havia dificuldade em relatar as terríveis infâncias que tiveram. Mas, então, chegavam a um bloqueio narrativo, e era sempre ao atingir o ponto em que descreveriam seu primeiro crime grave. O fluxo cessava; eles não conseguiam continuar. Com o que imagino que fosse uma ótima tática, no entanto o escritor os encorajava e os persuadia a vencer o bloqueio, e eventualmente a maioria era capaz de narrar os crimes. Ele conseguia discretamente transpor o caminho estreito entre a autocensura e a exculpação.

Qual a origem do bloqueio que ele descreveu? Suspeito que era porque os detentos pensavam biograficamente pela primeira vez acerca de suas próprias vidas, o que os forçava a confrontar a verdade sobre o que fizeram, despindo-se das desculpas que davam a si mesmos. Sim, eles tiveram infâncias terríveis, cheias de crueldade e negligência; mas, ainda assim, não havia uma conexão simples, inescapável ou intrínseca entre suas experiências e o que tinham feito. Em outras palavras, eles *decidiram* fazer o que fizeram, e escrever suas narrativas os forçava a confrontar esse fato doloroso. Supus que tal confronto com sua própria verdade apressaria o abandono do crime.

Certo dia, o escritor veio até mim e disse que as verbas para seu trabalho – ele não era bem pago – estavam prestes a ser cortadas como medida de economia. Ele me pediu uma carta de apoio, a qual escrevi de bom grado. Tal como previ, ela não surtiu nenhum efeito. Ele não veio mais à prisão.

Só posso imaginar a resposta oficial para a minha carta de apoio. Um administrador devidamente qualificado declararia para seus colegas que meu apoio não constituía evidência "científica", que não havia estatísticas que demonstrassem que escritores reduzem a taxa de reincidência entre os prisioneiros, e que toda política e todos os gastos hoje em dia têm de ser "baseados em evidências".

Tais "evidências" são possíveis? Os participantes do grupo de escrita eram ínfimos, não mais do que um prisioneiro a cada duzentos e cinquenta. Além disso, eles se autosselecionavam. Eles se voluntariavam para a classe e era improvável que fossem prisioneiros típicos quanto a idade, caráter, inteligência, educação e até mesmo ficha criminal. Para qualquer conclusão válida, todos esses fatores, e sem dúvida outros, teriam de ser levados em conta. Ademais, a comparação deveria ser entre os que se inscreveram e foram aceitos e os que foram recusados (aceitação e recusa sendo alocadas aleatoriamente). É óbvio que uma comparação dessas não poderia ser feita e jamais seria viável – *ergo*, o escritor nunca deveria ser empregado pela prisão.

Mas, se o escritor a cada ano reduzisse a pena de um prisioneiro em um ano ou mesmo seis meses, o que está longe de não ser plausível, ele seria muitas vezes merecedor de seu salário exíguo, pelo menos se o custo anual para se manter alguém na prisão for crível (claro que, de acordo com os cálculos da administração científica, a margem de economia relativa a um único prisioneiro deve ser nula). A mim, parece uma aposta digna de ser feita.

Há outro argumento favorável à manutenção do escritor, embora ele não seja convincente nesses tempos gradgrindianos[1]. Ainda que eu esteja

---

[1] Alusão ao personagem Thomas Gradgrind, do romance *Tempos Difíceis*, de Charles Dickens, lançado em 1854. Gradgrind é descrito como "um homem de fatos e

muito distante de ser um penólogo liberal – acho que muitas sentenças deviam ser bem maiores do que são –, penso, contudo, que há o dever moral de tentar fazer algo pelos prisioneiros, mesmo que os esforços se mostrem infrutíferos. O trabalho do escritor pelo menos demonstrou que se tentava fazer alguma coisa, por menor que fosse, para além da inércia. Eu apreciava suas aulas porque era da minha convicção que o mundo cultural habitado pelos prisioneiros – a música, o entretenimento eletrônico – reforçava, se é que de fato não causasse, sua criminalidade.

Além disso, havia uma diferença muito evidente entre o rigor "científico" com que o valor do trabalho do escritor foi avaliado e o padrão questionável usado para analisar procedimentos administrativos largamente mais dispendiosos, que proliferavam e eram introduzidos quase diariamente no serviço.

O pressuposto da burocracia moderna é de que procedimentos novos e ampliados são sempre melhores que os antigos; e, mesmo que isso se revele indiscutivelmente falso em algum estágio posterior, bem – isso é burocracia, não amor, o que significa que nunca há necessidade de pedir desculpas.

Novos procedimentos significam novos formulários. Estes são invariavelmente mais longos e inclusivos do que os velhos, porque mais informação é sempre melhor do que menos. Coleta de informação é o processo que resolverá qualquer problema, de tal modo que, para cada problema, há um formulário adequado. Isso não resulta em nada, propriamente, mas mostra que você fez alguma coisa a respeito. Fé em formulários corresponde para nós à fé que as tribos africanas sujeitas às secas tinham nos fazedores de chuva.

Na minha época, o Serviço Prisional ficou preocupado com o número de suicídios nas penitenciárias – ou, melhor dizendo, com a publicidade dada ao número de suicídios nas penitenciárias àquela época. Assim, decretou-se o uso de um novo formulário a ser preenchido por qualquer funcionário sempre que se julgasse que um prisioneiro fosse suicida ou potencialmente suicida.

---

cálculos". Por meio dele e de outros personagens, o autor satiriza e critica os efeitos da Revolução Industrial. (N.T.)

O formulário era de tal complexidade que raramente o preenchiam da maneira correta (o que, devo explicar, vim a perceber como sua maior virtude e seu propósito principal aos olhos de quem o elaborou). Lembro-me de ser treinado para usá-lo por um agente que fora, ele mesmo, treinado para usá-lo e que nos evangelizava com o zelo de um convertido. O propósito de tamanho zelo é disfarçar o absurdo até mesmo para o próprio convertido. Assim se deu nesse caso, pois conhecia o agente em questão como uma pessoa perfeitamente razoável, e até mesmo cínica, antes de sua conversão. Dê a um homem algo absurdo para fazer, algo de que não possa se eximir, e ele logo se tornará um entusiasta.

O formulário, de muitas páginas, logo passou a ser usado em mais e mais casos, e se tornou mais fácil abrir do que fechar o que ficou conhecido como um "livro" sobre um prisioneiro, pois negligência jamais seria atribuída a quem "abrisse um livro", mas facilmente a quem "fechasse" ("Abri um livro sobre Smith, doutor", um agente poderia me dizer, mas jamais, "Fechei o livro sobre Smith, doutor").

Assim, prisioneiros colocados "em um livro" proliferaram até que uma elevada porcentagem deles assim estivesse. Muitos anos depois, um ingênuo agente penitenciário de ascendência africana admitiu, em uma investigação que conduzi sobre o suicídio de um prisioneiro, que, em suas rondas, ele sempre olhava primeiro nas celas daqueles que estivessem "em um livro", apenas para checar se não havia nenhum "dançarino". "É assim que a gente chama o preso que se enforca", ele disse, "dançarino". Um agente britânico teria guardado essa expressão para si; o africano demonstrou sua falta de malícia ao dizê-la.

Agora, a maior parte do tempo dos agentes penitenciários era gasto no preenchimento dos formulários. Não havia, é claro, qualquer garantia de que os preenchessem com honestidade: se você não pode confiar que um homem faça o seu melhor, não pode confiar que ele siga honestamente os procedimentos. O último suicídio antes da minha aposentadoria ocorreu quando havia uma equipe bem reduzida na prisão. Todos os demais estavam fora, participando de um "treinamento para conscientização do suicídio".

Algum tempo depois da introdução do formulário, fui chamado ao tribunal do legista[2] para depor sobre um prisioneiro que se enforcara. Diferentemente dos outros (na Grã-Bretanha), o tribunal do legista é mais inquisitorial que contencioso, mas as partes interessadas podem ser legalmente representadas. A família do falecido tinha contratado um advogado na esperança de provar algum malfeito ou negligência por parte da penitenciária, preparando, desse modo, as bases para um eventual pedido de indenização – ou "compo"[3], como era chamada.

O falecido em questão não era benquisto por seus familiares, que não o visitaram nos três meses em que estivera preso, embora morassem a uma pequena distância da penitenciária.

Eu não o conhecera bem e minha conexão com o caso era tênue. O advogado da família, um homem jovem, levantou-se para me questionar. Seu objetivo era tornar todos, exceto o próprio falecido, culpados pela morte.

– Não é verdade, doutor – ele perguntou com um tom ameaçador de falsa polidez –, que o 20/52 AG [a designação do formulário, AG significando "autoagressão"] não foi preenchido corretamente?

A implicação era que, se tivesse sido preenchido de forma correta, naturalmente o homem não teria morrido.

---

[2] No original, *coroner's court*. Optei por traduzir literalmente, mesmo porque não há, no Brasil, nada parecido. Trata-se de um tribunal de fato, e o legista-chefe tem poder para convocar testemunhas (que, caso não digam a verdade, podem ser acusadas de perjúrio) e emitir intimações, mandados de prisão, isolar jurados, etc. Para se qualificar ao cargo na Inglaterra e no País de Gales, deve-se ter formação e experiência na área médica e/ou legal. A função do tribunal é determinar a causa da morte de alguém quando ela ocorre de maneira suspeita, subitamente, no exterior e/ou sob custódia das autoridades. Em certos casos, o veredito do legista é importante para os procedimentos policiais e do Ministério Público, mas, em geral, sua atuação diz respeito a ações cíveis, como reinvindicações de seguro ou pedidos de indenizações. (N.T.)

[3] Forma coloquialmente abreviada de *compensation* (compensação, indenização, reparação). (N.T.)

– Sim, é verdade – respondi (ainda que, na verdade, não soubesse se o formulário fora ou não preenchido corretamente) –, mas também é verdade que o índice de suicídios na prisão aumentou desde a sua introdução.

Foi o fim dessa linha de questionamento, e o advogado só fez, então, outras duas perguntas triviais e inofensivas, apenas para evitar a impressão de um desastre completo.

Os próprios agentes penitenciários eram céticos quanto ao valor dos formulários que precisavam preencher, e não há forma melhor de diminuir o moral de uma equipe que impor tarefas que se acredita não terem sentido, e que são intrincadas e demoradas. Contudo a administração moderna aprecia o moral baixo, ao menos em situações em que seus interesses financeiros não estão diretamente envolvidos, porque ele torna a equipe resignada e, por isso, maleável.

Certa vez, um agente penitenciário que encontrei preenchendo a papelada perguntou se eu não gostaria de ver onde é que todos os formulários iam parar.

Ele me conduziu por um labirinto subterrâneo de corredores cuja existência eu até então ignorava. Entramos em um cômodo espaçoso onde havia inúmeras estantes de metal, nas quais se empilhavam enormes sacos plásticos transparentes, cada um deles repleto de centenas de formulários de suicídio, como eram chamados às vezes, os quais encontraram ali sua morada derradeira. Os sacos estavam indelevelmente marcados com datas escritas à caneta: "Jan. – Mar. 2001", por exemplo. Se qualquer documento específico se fizesse necessário, seria uma tarefa hercúlea encontrá-lo.

– Ali – disse o agente, com todo o desdém e desprezo de que foi capaz.

No caminho de volta pelo labirinto, fui pego por uma estranha melancolia. Cada um daqueles milhares e milhares de formulários representava esforço e trabalho consideráveis. A que custo? Vê-los todos guardados, empilhados e amontoados era um lembrete da miopia da administração moderna e da transitoriedade da existência.

Fui chamado ao tribunal do legista em outro caso de suicídio na penitenciária. Pela minha experiência, por alguma razão que não consigo explicar, os jurados daquele tribunal sempre me pareceram mais alertas e bem vestidos do que os jurados em julgamentos criminais. Não pode ser apenas por respeito aos mortos: jurados em julgamentos de homicídio não se vestem melhor do que aqueles em crimes menos importantes.

O homem se enforcara após dez dias na prisão e, de novo, eu não o conhecera bem. A testemunha à minha frente, um médico-administrador responsável pelos serviços médico-prisionais de toda a região, passou uma má impressão, sendo evasivo, como se quisesse assegurar que a culpa, se houvesse, era do membro mais reles da equipe. Os culpados fogem sem que ninguém os persiga[4].

Eu me encontrara com o morto apenas uma vez, ao examiná-lo imediatamente após sua chegada à penitenciária. Ele me contou que tinha sido chutado pela polícia durante e após a prisão e, no exame, encontrei evidência clínica de costelas fraturadas. Pedi uma radiografia e disse a ele que, embora não fosse necessário do ponto de vista do tratamento, ela poderia fornecer evidências caso quisesse prestar queixa contra a polícia. A radiografia não mostrou nada, mas, no exame *post mortem*, as fraturas foram encontradas exatamente onde suspeitei que estivessem.

Meu testemunho correu bem. Penso que o júri ficou favoravelmente impressionado por eu me lembrar das alegações do homem, pedir a radiografia e, por fim, ter o meu diagnóstico comprovado. Ao final do testemunho, o legista perguntou se o júri tinha alguma pergunta para mim. O representante dos jurados, um homem de aparência inteligente, de trinta e tantos anos, disse ter uma pergunta.

– Por que as fraturas não apareceram na radiografia?

– Elas com frequência não aparecem – eu disse – se suas extremidades não estiverem deslocadas. E a contração muscular impediria que elas se deslocassem.

Soou convincente, e o júri estava convencido.

Mas as minhas aparições no tribunal do legista não eram sempre tão confortáveis. Em um dos casos, foi inquirido pela mãe do falecido.

---

[4] Paráfrase de Provérbios 28,1: "O ímpio foge, ainda que ninguém o persiga, mas os justos têm a segurança de leão" (*Bíblia de Jerusalém*. Vários tradutores. São Paulo: Paulus, 2002). (N.T.)

Era um homem com cerca de trinta anos que havia muito desenvolvera o estranho hábito de se cortar, abrindo o abdome, e expor suas entranhas (em minha carreira, tinha visto um único caso parecido quase três décadas antes). Também era um ladrão contumaz. Era difícil cuidar dele na penitenciária e eu o alertei, depois que se cortou mais uma vez, que um dia desses seria impossível fechar a ferida e ele morreria de septicemia.

Eu sabia que meu aviso não teria qualquer efeito em seu comportamento. Pouco provavelmente um homem que se corte abrindo o abdome repetidamente é suscetível a uma avaliação racional das possíveis consequências disso. Ele não era suicida e não expressava nenhum desejo de morrer, mas era prisioneiro de uma compulsão mais forte do que o instinto de viver. Para piorar, não era um homem articulado, capaz de explicar, ou racionalizar, a si mesmo.

Retornou do hospital para a prisão certo dia, tendo recebido tratamento cirúrgico por sua autolaparotomia. Pedi que fosse observado continuamente por uma cela gradeada, isto é, uma cela sem uma porta de metal maciço. Ele brincou com o ferimento, contudo, para evitar que sarasse, e, além de amarrá-lo ou sedá-lo até que ficasse inconsciente, havia pouca coisa que pudéssemos fazer para impedi-lo.

Eu estava de plantão duas noites depois quando, por volta das dez, fui chamado para atendê-lo. De seu ferimento, agora escorria uma quantidade considerável de sangue. Não consegui ver a origem do sangramento e ele já tinha perdido muito sangue. Por isso, eu o mandei de volta ao hospital, onde morreu cerca de um mês depois de septicemia.

O inquérito sobre a morte foi presidido por um legista por quem eu já nutria um ligeiro rancor. Era um homem alto, inclinado a ser exigente e pedante (traços não de todo indesejáveis em um legista, talvez), com um bigode grisalho ridículo, parecendo uma escova de dentes, que de algum modo combinava bem com a sua personalidade. Em uma ocasião anterior em que estive em seu tribunal, eu descrevera o número de pacientes que atendia na prisão no tempo que me era concedido. "Isso soa", disse o legista, "como se o senhor não dedicasse muito tempo a cada paciente". O que, óbvio, era a verdade aritmética, mas ele fez soar como se fosse culpa minha, como se eu tivesse negligentemente criado as minhas próprias condições de trabalho. Eu, é claro, não disse nada, mas não me esqueci daquilo.

Ele permitiu que a mãe do falecido me inquirisse. Ela estava a um só tempo bastante ofendida e agressiva. Disse que ninguém, incluindo eu, tinha tentado ajudar seu filho. (Ainda que ele tivesse recebido toda espécie possível de terapia, das drogas à psicoterapia e terapia cognitiva-comportamental. Nada disso fez a menor diferença.)

— Você é um mentiroso — ela gritou. — Você matou meu filho!

O legista permitiu a ela continuar por mais um tempo nessa linha, até que exaurisse seu repertório evidentemente limitado de insultos. Jamais a repreendeu ou pediu que moderasse o linguajar. Eu quis retrucar: "Ele era seu filho, você o criou, não me admira que tenha se comportado daquele jeito". Claro que não disse tal coisa.

Na verdade, as origens de sua conduta, como as do mais complexo comportamento humano, permanecem um mistério impenetrável.

Quando desci do banco das testemunhas, o meirinho se aproximou.

— Acho melhor você sair pela porta de trás — disse ele. — A gente tem tido um bocado de problemas ultimamente com parentes atacando testemunhas.

Fiquei abalado com isso. Embora sentisse que não tinha feito nada de errado (o fracasso dos esforços do médico não é, em si, prova de malfeito, ainda que o público esteja cada vez mais disposto a encarar dessa forma), saí do tribunal feito um ladrão no meio da noite.

O que o meirinho disse me pareceu socialmente significativo. Por que o legista permitiu à mãe do morto fazer alegações de natureza tão grosseira e me insultar, aos berros, em público? O filho tinha absorvido imensas quantidades de esforço em seu favor. Correto até o extremo da meticulosidade, por que o legista não exigiu autocontrole da parte dela? Era gentileza, compaixão, covardia ou condescendência?

Suponho que ele diria ter permitido a ela falar, ou berrar, no tribunal porque de outro modo sua raiva e sua dor permaneceriam sem expressão e, por consequência, apodreceriam em seu íntimo, resultando em dano psíquico e doença mental. Isso para concordar com a visão hidráulica das emoções humanas, segundo a qual emoções que não são descarregadas crescem lá dentro e eventualmente, quando não podem mais ser contidas, causam uma explosão. Emoções, como líquidos, não são comprimíveis.

Seja qual for a verdade dessa visão das emoções humanas, o fato de que as explosões emocionais no tribunal sejam acompanhadas pelo aumento ao invés da diminuição do risco de violência sugere que ela não se sustenta.

O entendimento comum, segundo o qual diferentes instituições ou procedimentos têm funções diferentes, desapareceu; todos agora se banham em um tépido ensopado terapêutico, cujo primeiro e inescapável propósito é acalmar a psique dos que entram em contato com eles. O dever de cuidar é o dever da humanidade inteira, pois todos são frágeis feito ovos e podem ser feitos em pedaços à primeira exigência de se comportarem de forma comedida.

O legista parecia ter perdido de vista a diferença entre inquérito e terapia. É também possível que, sendo obviamente originário da classe média alta, tenha sentido que sua autoridade sobre uma mulher sem formação e de origem social mais baixa era moralmente ilegítima, e que, em vista das desvantagens dela, não tinha o direito de exigir nenhum padrão específico de comportamento.

Se for esse o caso, ele talvez sentiu que só teria tal direito naquele tipo de sociedade igualitária que nunca existiu e nunca existirá. Se minha suposição estiver correta, há algo de profundamente condescendente em sua atitude: de que há tipos ou classes de pessoas que são incapazes de um comportamento digno e decente em público.

Nunca tive essa postura. Nunca permiti que prisioneiros xingassem no meu consultório, embora não tivesse meios (que não a persuasão) de impedir que o fizessem. Se um paciente vinha a mim e reclamava de "uma dor de cabeça f....a", eu dizia:

– Espere um momento. Qual a diferença entre uma dor de cabeça e uma dor de cabeça f....a?

Acontece de existir algo como uma dor de cabeça pós-coito, mas não era disso que ele se queixava. O paciente respondia:

– Esse é o jeito que eu falo.

– Eu sei, e é disso que estou reclamando.

– Por que eu deveria mudar?

— Bom — eu replicava —, você não esperaria que eu dissesse a você, "aqui estão as p....s das pílulas, tome duas dessas b....s a cada quatro horas, c....o, e se essas m....s não funcionarem, volta aqui nessa b....a e eu te darei outras dessas p....s", esperaria?

O paciente tendia a concordar.

Sem dúvida, havia muita metafísica questionável no que eu dizia, mas surtia efeito e, na verdade, nossas relações melhoravam em vez de deteriorar. Alguém pode até mesmo sugerir que, ao usar linguagem chula, ele estava me testando para saber se eu tinha confiança no papel que desempenhava em sua vida. Se não tivesse, seria facilmente manipulado ou intimidado. A falha do legista em controlar a mãe do homem que morrera era um sintoma da decomposição da cultura pública.

Certa vez, testemunhei um sintoma similar no fórum criminal. Fui chamado em defesa de um rapaz de inteligência abaixo da média que tinha acariciado uma jovem em uma estação de trem. O tribunal se reuniu e o escrivão e os advogados estavam presentes. Perto de mim, sentou-se uma dupla de policiais à paisana. Todos esperávamos a entrada do juiz. O namorado da vítima, um jovem de aparência perversa, estava na galeria.

— Vou matá-lo quando sair — ele disse com todas as letras, a quem quisesse ouvir.

Ninguém fez nada. O acusado ouviu e ficou claramente apavorado. Ele vivia em um ambiente no qual ameaças desse tipo não eram vãs. Os policiais se entreolharam e então voltaram a conversar em voz baixa. O juiz entrou e o episódio foi esquecido — exceto, talvez, pelo acusado.

Pela lei inglesa, proferir uma ameaça crível de morte é considerado um sério delito. Mesmo assim, bem no coração do sistema penal, um jovem (em quem Lombroso[5] não teria problemas para discernir as pro-

---

[5] Cesare Lombroso (1835-1909) foi um médico italiano, considerado o criador da chamada antropologia criminal. No caldo positivista de sua época, e partindo de uma leitura enviesada do darwinismo e de pesquisas empíricas, Lombroso desenvolveu uma espécie de fisiognomia criminal. Segundo ele, loucos e criminosos teriam características físicas específicas e facilmente identificáveis, diferindo, assim, das pessoas "normais". (N.T.)

pensões criminosas) cometeu tal delito e se safou sem receber sequer uma palavra de advertência. Todos – incluindo eu – fingimos não ter ouvido nada a fim de evitar a inconveniência de precisar fazer alguma coisa a respeito. Tudo que é necessário para o mal triunfar, como se diz que Burke afirmou (embora ninguém saiba quando ou onde)[6], é que os homens bons não façam nada.

---

[6] Edmund Burke (1729-1797) foi um filósofo e político irlandês, membro do Parlamento Britânico. Sua obra mais célebre é *Reflexões sobre a Revolução na França* (1790). A frase citada por Dalrymple é tida por muitos como uma falsa atribuição, mas, no ensaio "Thoughts on the Cause of the Present Discontents" (1770), sobre o nepotismo do Rei George III e a influência nefasta da realeza na Câmara dos Comuns, lê-se: "[...] quando maus homens se unem, os bons devem se associar; de outro modo, eles cairão, um por um, um sacrifício inclemente em uma luta desprezível" (em *Select Works of Edmund Burke*. Indianápolis: Liberty Fund, 1999). O ensaio completo (em inglês) pode ser encontrado em <oll.libertyfund.org>. (N.T.)

3. Paus e pedras

Um prisioneiro prestes a ser libertado me disse que a primeira coisa que faria ao sair seria matar a namorada, ou melhor, a ex, pois, enquanto cumpria a sentença (por agredi-la), ela lhe escrevera o que no linguajar da prisão era chamado de "Querido John", uma carta de uma namorada para um prisioneiro dizendo que o estava deixando por outra pessoa. Em cartas desse tipo, geralmente se lê: "Querido X, eu te amo e sempre vou te amar, mas estou esperando faz muito tempo e o Dwayne, que morava ao lado, mudou aqui pra casa...".

Muitas das emoções dos prisioneiros eram fortes e violentas, mas também rasas e passageiras. As mais duráveis correspondiam a ressentimento e *amour proper* – uma preocupação profunda e permanente consigo mesmos. A instabilidade de seus relacionamentos com mulheres dava origem aos ciúmes, amiúde insensatos, pois onde não pudesse haver presunção de fidelidade não poderia existir confiança. Promiscuidade, predação sexual e o desejo pela posse exclusiva do outro são parceiros de cama mal-amanhados. Violência arbitrária é uma forma comum de homens ciumentos fazerem a quadratura do círculo. Isso os ajuda (mas apenas por um curto período; é geralmente malsucedido a longo prazo) a manter a posse da mulher – elas se preocupam tanto com o problema de como evitar a violência, tentando descobrir suas causas, que lhes sobra pouco tempo ou energia para ir atrás de outros homens.

Muitas vezes, esse prisioneiro em particular atribuía sua violência aos "acessos", uma espécie de fenômeno epiléptico no decorrer do qual quase matava a mulher estrangulada ou a arrastava pelos cabelos pelo cômodo.

Por estranho que pareça, a mulher com frequência aceitava essa justificativa para o seu comportamento, ao menos por um tempo. Ela achava que devia ter alguma coisa errada com ele porque, em suas palavras, "os olhos dele simplesmente somem". O homem, por sua vez, afirmava ter "perdido" ou "entrado numas", a natureza exata do que teria perdido ou de onde teria entrado permanecendo obscura.

A mulher concordava com o prisioneiro de que ele não sabia o que estava fazendo. Mas uma simples pergunta a dissuadia dessa ideia: "Ele faria isso na minha frente?", eu perguntava. Tudo ficava claro e ela percebia que a violência dele era mais estratégica que impulsiva, e, o mais importante, que vinha enganando a si mesma.

O prisioneiro que ameaçou matar a namorada descreveu a si mesmo como estando na prisão "por causa dela". Fez parecer que, ao agredi-la, tivesse assegurado uma vantagem inestimável sobre ela.

O que queria dizer, é claro, era que ela o havia denunciado. De maneira similar, quando uma mãe me disse que tivera um bebê "pelo" seu namorado, atual ou ex, que ela era sua "mãe-bebê" e ele era seu "pai-bebê", não havia a implicação de qualquer dever subsequente imposto sobre o namorado. Esse dever era do Estado. "Independência" para a mãe era se livrar do pai.

Perguntei ao prisioneiro, quando ameaçou matar a namorada, se estava sendo literal. Ele disse que sim, e que iria "direto pra cima dela" e a mataria.

Não tive escolha senão notificar a polícia, que logo chegou para interrogá-lo. Ele admitiu ter proferido a ameaça e que era para valer. Foi acusado, julgado e sentenciado a mais cinco anos de prisão.

Até hoje, contudo, não sei ao certo se não era isso que ele queria o tempo todo, preferindo continuar preso a reaver a liberdade. Bem cedo em minha carreira na penitenciária, descobri algo que não esperava de jeito nenhum: que uma parcela espantosa dos detentos prefere a prisão à vida "lá fora".

Continuei a me perguntar por que era assim, pois as condições na prisão, embora cada vez menos severas, ainda não eram tais a ponto de atrair a maioria das pessoas.

Eu me interessava por um aparente paradoxo. Via no hospital vizinho à penitenciária, no qual também trabalhava, muitos pacientes que eram roubados, às vezes mais de uma ou duas vezes. Em praticamente nenhum dos casos, a polícia pegava o ladrão ou sequer fazia um esforço nesse sentido. A polícia era considerada tão ineficaz que, às vezes, as vítimas nem se davam ao trabalho de registrar queixa. Era inútil, a não ser por causa do seguro, e a maioria era pobre demais para fazer qualquer tipo de seguro, em todo caso. Mas, à tarde e à noite, eu via muitos ladrões que tinham sido mandados para a prisão naquele mesmo dia.

Como explicar o paradoxo? Suspeitei que pelo menos alguns dos assaltantes se colocassem à disposição para ser presos, por assim dizer. Eles queriam ser mandados para a cadeia.

Depois que comecei a pensar se era esse o caso, puxava de lado velhos reincidentes (que ainda eram, claro, homens jovens) quando chegavam à penitenciária por algum novo delito e lhes perguntava, na mais estrita confidencialidade, se preferiam a vida na prisão à vida lá fora. Muitos admitiam que sim, preferiam, ao menos por um tempo; quando perguntava por quê, a maioria respondia que se sentia "mais segura" na prisão do que fora.

Mas seguro em relação a quê?

Na maior parte dos casos, em relação a si mesmos. Eles não sabiam o que fazer com a liberdade e, quando uma escolha se apresentava, sempre optavam pela alternativa mais superficialmente atrativa e obviamente autodestrutiva. Causavam caos e sofrimento ao redor, e estavam com frequência sob a ameaça de inimigos que sua própria conduta criava.

Na prisão, eles não tinham escolhas para fazer, a rotina era fixa e a vida não era muito difícil desde que se fizessem discretos e não dessem trabalho para as autoridades. O prisioneiro esperto chamava isso de "manter a cabeça baixa e ficar pianinho". Para esses tipos, a prisão se tornara a casa de repouso da subclasse[1].

---

[1] *Underclass* no original. Conforme atesta a tradutora Márcia Xavier de Brito em nota na página 16 de *A Vida na Sarjeta – O Círculo Vicioso da Miséria Moral* (São Paulo: É Realizações, 2017), do próprio Dalrymple, não há equivalente exato na língua portuguesa. Trata-se da "classe composta por desempregados, jovens não

Outra vantagem para eles era que não havia mulheres na prisão, exceto por um número cada vez maior de agentes do sexo feminino. As mães das crias não os atormentavam pedindo dinheiro para comprar sapatos para as crianças (sempre parecia que o dinheiro era necessário para os sapatos), e não havia nenhum ex ou futuro namorado da mulher com quem se preocupar. Para eles, a prisão não era necessariamente algo a temer.

Certo dia, perguntei a um dos meus pacientes, alguém sentenciado havia pouco e que parecia profundamente aborrecido, quanto ele tinha pegado.

– Três meses – respondeu com raiva.

– Três meses – repeti. – Isso não é um bom placar?

No linguajar dos prisioneiros, "bom placar" é uma sentença mais curta do que esperado.

– Três meses não servem pra mim – disse ele, ainda furioso. – Esperava pegar pelo menos uns doze.

Em um grande número de casos, a penitenciária era quase literalmente um *spa*. Era o único lugar no qual os prisioneiros procuravam ou recebiam algum tratamento médico. Embora fossem majoritariamente homens jovens que deviam estar no auge da forma, eles com frequência estavam indispostos ou sofriam com ferimentos ao chegarem à prisão. Em um dado momento, cogitei escrever uma paródia de um artigo médico intitulada "Ferimentos Resultantes de Tentativas de Fuga da Polícia". Alguns deles chegavam com arranhões por todo o corpo causados por espinhos de amoreira: eles se jogavam na árvore mais próxima em uma tentativa de despistar os perseguidores. Foi só depois de notar esses arranhões que também percebi algo que vira, mas não observara antes, a saber, que nos terrenos baldios da cidade havia amoreiras – cujo fruto, aliás, embora fosse uma dádiva gratuita da natureza, ninguém que vivesse na área, por mais pobre que fosse, se dava ao trabalho de colher, talvez porque a maioria das pessoas tenha perdido por completo o hábito de fazer comida, não ingerindo nada que não seja industrialmente processado.

---

empregáveis por falta de qualificação profissional e/ou dependência química, subempregados, doentes crônicos, idosos e pessoas com deficiência física, mães ou pais solteiros, minorias étnicas, etc.". (N.T.)

Os viciados em heroína estavam em um estado particularmente alarmante sempre que chegavam à prisão. Com frequência, tinham veias com trombose (obstruídas) nos braços. Procurando uma veia funcional, avançavam dos braços para a virilha, o tornozelo, o pescoço, sempre nessa ordem, e em uma ocasião conheci um viciado que tinha experimentado o olho como porta de entrada da heroína em seu corpo.

Os viciados eram tão magros que poderiam servir como figurantes em qualquer filme sobre um campo de concentração. Após algum tempo, eles voltavam a aparentar saúde. Lamentavelmente, retornavam meses depois de soltos na mesma condição cadavérica. Alguns até mesmo imploravam aos magistrados e juízes para que os mandassem para a prisão, pois assim poderiam ficar "limpos" de novo, como diziam, isto é, livres das drogas. Mas, tão logo eram soltos, a ânsia por ficar limpo não era igual à força de vontade para resistir à tentação das drogas.

Foi por causa do meu trabalho na prisão que passei a duvidar do que pode ser chamado de visão oficial sobre o vício em heroína, qual seja, de que é uma doença ("uma doença cerebral crônica e reincidente", de acordo com o Instituto Nacional de Abuso de Drogas, dos Estados Unidos) como qualquer outra.

Prisioneiros que chegavam à prisão eram mantidos em uma sala de espera antes de, um por um, serem examinados pelo médico. Sem que soubessem, eu com frequência os observava antes de começar a examiná-los. Eles então estavam animados, rindo e brincando uns com os outros. Mas, tão logo entravam na minha sala, dobravam-se de dor, alegando sofrer os efeitos da abstinência de heroína.

"Tô cacarejando", eles diziam, ou "tô fazendo meu cacarejo".

Queriam dizer que estavam virando *peru frio*[2], visto que um dos efeitos da abstinência é a contração do músculo liso dos folículos capilares, dando à pele uma aparência de ave depenada. Perus, é claro, grugulejam em vez

---

[2] Grifo meu. No original, "going cold turkey". Em inglês, *cold turkey* se refere ao ato de interromper repentinamente o uso de drogas e/ou à abstinência e aos seus sintomas. Há quem afirme que a expressão se origina de outra, "talk turkey", isto é, falar sem rodeios, diretamente, indo direto ao ponto. A título de

de cacarejar, mas "tô grugulejando" ou "tô fazendo meu grugulejo" não tem a mesma elegância expressiva que ressoa em "tô cacarejando" ou "tô fazendo meu cacarejo". Por sua vez, tampouco "tô virando galinha fria" tem a mesma elegância que "tô virando peru frio". Às vezes, uma metáfora mista é melhor.

Dobrar-se de dor sugere cólicas abdominais, outro sintoma de abstinência.

– É estranho – eu dizia. – Você parecia bem agora há pouco, quando te observei na sala de espera.

Alguns deles se endireitavam, riam e diziam: – Bom, não custava tentar.

Outros alegavam que eu não teria como saber o quão grave era o seu estado porque nunca passara por aquilo.

– Também nunca tive malária cerebral ou câncer no intestino – eu dizia –, mas sei que é grave.

Os viciados tentavam obter de mim sedativos ou, melhor ainda, opioides. Quando percebiam que o jogo tinha acabado, que eu não seria ludibriado, alguns aceitavam bem e outros reagiam com a fúria dos justos.

Minha garantia de que os sintomas da abstinência seriam verificados regularmente e, se necessário, eles receberiam remédios para aliviá-los não apaziguava a todos, é claro. Mais vale uma pílula na mão hoje do que duas amanhã. Além disso, pílulas de qualquer tipo eram moeda corrente na penitenciária e podiam ser usadas para comprar o que quer que os outros prisioneiros tivessem. Em um mundo fechado, a menor distinção, privilégio ou posse se tornam enormes.

Praticando medicina, nunca vi quaisquer consequências mais graves da abstinência de heroína – nem uma sequer em centenas de casos. As dramáticas representações em livros e filmes são exageros brutais. Mas a tradição está tão firmemente enraizada que é, ao que parece, inerradicável; literatura e cinema se digladiaram com a verdade farmacológica e emergiram triunfantes. Quando digo aos leigos e até mesmo para alguns médicos que a abstinência de heroína não é grave, que dirá perigosa, eles

---

curiosidade: em português, alguns usam coloquialmente a palavra "gelado" para se referir àquele que se afastou (por vontade própria ou não) do vício. (N.T.)

acham difícil acreditar em mim. O horror do *peru frio* é um artigo de fé da humanidade moderna.

Em contrapartida, abstinência de álcool pode ser muito grave e, em alguns casos, se não for tratada, fatal. Se, ao chegar à penitenciária, um alcoólatra parecia prestes a sofrer de abstinência, eu prescrevia sedação profilática a fim de prevenir o desenvolvimento de sintomas graves e perigosos.

Por estranho que pareça, contudo, alcoólatras, em contraste com viciados em drogas, nunca tentaram me induzir a lhes dar medicação, e não pediam por isso nem mesmo quando era necessário. E outra coisa estranha era que o Serviço Prisional (e o Ministério do Interior) tinha bastante experiência no tratamento de viciados, mas nenhuma, em absoluto, com alcoólatras em abstinência, embora *delirium tremens* tenha um índice de mortalidade entre cinco e dez por cento quando não tratado. Concentrar-se no trivial (ou isso é publicidade?) à custa do mais grave representa a marca da burocracia moderna.

Também descobri – ou, melhor, vim a saber o que outros descobriram – que a relação entre crime e heroína não é tão simples quanto comumente se supõe.

A maioria dos viciados em heroína que ia para a prisão tinha uma longa ficha criminal desde antes de começar a usar a droga. Para muitos deles, a prisão vinha antes da heroína; a maior parte desses detentos tinha sido condenada em cinco ou dez oportunidades antes de ser pega com droga pela primeira vez; e vários me confidenciaram ter cometido de cinco a vinte vezes mais delitos do lhes eram, de fato, imputados.

Segue-se que muitos, senão a maioria, tinham cometido entre vinte e cinco e duzentos crimes antes de usar heroína pela primeira vez, logo, a necessidade de "alimentar o vício", como se diz, não poderia explicar de todo a sua criminalidade. Ela, quando muito, reforçou a conduta criminosa. No que se refere à suposta relação causal entre heroína e criminalidade, seria mais o caso de a última levar à primeira, e não o contrário. O mais provável é que o que quer que os tivesse atraído para a vida no crime igualmente os atraiu para a heroína.

Penso ser importante que o viciado não se prive do autocontrole para atribuí-lo a uma substância inanimada. Usuários de drogas injetáveis tomam heroína, em média, por dezoito meses antes de se tornaram fisicamente viciados. Além disso, usuários de drogas injetáveis têm muito a aprender, como a preparar e injetar a droga. Precisam superar uma inibição natural contra enfiar uma agulha em si mesmos. Ademais, eles conhecem as consequências do vício, pois a maioria vem de áreas onde isso é comum.

Não só viciados em heroína, mas também muitos outros prisioneiros pedem medicamentos ao doutor tão logo chegam à penitenciária. Lembro-me de um homem que perguntou se eu lhe daria ou não diazepam, um calmante muito valioso e procurado na prisão.

– Não – respondi.

– Não? – ele repetiu. – Como assim, não?

– Sinto muito – falei. – Eu realmente não consigo pensar num jeito mais simples de dizer isso.

Expliquei minhas razões para não prescrever, a despeito do fato de que a abstinência de diazepam pode levar a convulsões epilépticas e (muito raramente) a algo parecido com *delirium tremens*. Minha explicação não impressionou o prisioneiro.

– Assassino! – ele exclamou. – Você não é um médico, você é um assassino!

E ele se levantou e gritou: – Assassino! Assassino! Assassino!

Como estávamos na parte mais antiga e vitoriana do lugar, com espaços largos e muitas peças de ferro fundido, sua voz ecoou e reverberou por toda a penitenciária.

– Já chega – eu disse. – Você pode ir.

Dois agentes escoltaram-no para fora, enquanto ele virava a cabeça para trás e gritava na minha direção: – Assassino!

Os prisioneiros que vieram depois dele para ser examinados pareciam cordeirinhos. Não exigiram nada e pude lhes prescrever apenas o que achava que precisavam, sem qualquer queixa ou protesto da parte deles.

No dia seguinte, eu caminhava pela prisão quando cruzei com o prisioneiro que me chamara de assassino.

– Sinto muito por ontem à noite, doutor – disse ele. – Pisei feio na bola.

– Ah, não se preocupe – eu disse. – Não tem importância.

– Não, eu não devia ter te chamado de assassino.

– Já me chamaram de coisa pior.

– Mesmo assim, sinto muito.

– Na verdade – eu disse –, você teve um efeito maravilhoso nos outros presos. Eu nunca os vi tão calmos e bem-comportados como ficaram depois. Você não poderia vir hoje à noite e fazer a mesma coisa, poderia?

Nós nos despedimos amigavelmente. Minha ligeira ansiedade de que ele de fato precisasse de diazepam para evitar a abstinência foi dissipada. Apenas tentara "ganhar" as pílulas de mim. Se eu as tivesse prescrito, ele me tomaria por um tolo.

Uma porcentagem bem alta dos prisioneiros estava usando drogas psicotrópicas de um ou outro tipo quando chegava à prisão. Não porque precisassem delas ou porque lhes fizessem algum bem do ponto de vista médico, mas porque clínicos gerais e especialistas não souberam como reagir à sua exigência de pílulas a não ser prescrevendo-as. Muitos eram do tipo de pacientes que, se não conseguiam o que queriam, tornavam-se ameaçadores, e doutores fora da prisão não têm guardas para ajudá-los a prescrever de acordo apenas com as mais estritas indicações médicas.

A atitude dos prisioneiros em relação às pílulas era estranha.

Se as encontravam, tomavam sem o mínimo conhecimento do que eram e de quais seriam os efeitos. O que queriam era uma mudança em seu estado mental. Queriam se sentir diferentes, não necessariamente melhores.

Uma mudança era tão boa quanto uma cura. Dois prisioneiros que dividiam uma cela se depararam com uma provisão de pílulas brancas deixada pelo ocupante anterior, um epiléptico que não tomara sua medicação conforme o prescrito. Eles dividiram as pílulas entre si e tomaram todas de uma vez. Logo ficaram zonzos, nauseados e sem coordenação, e tiveram de ser levados ao hospital.

O ocupante anterior, o epiléptico, não tomava as pílulas porque preferia ter uma convulsão de vez em quando, visto que, depois, era levado ao hospital, onde sua namorada podia visitá-lo sempre que quisesse. Isso também quebrava a monotonia da vida na prisão.

Ser levado para um hospital fora dali – a penitenciária tinha uma ala hospitalar própria – tinha outra vantagem para alguns prisioneiros. Era mais fácil escapar do hospital que da prisão. De fato, as únicas fugas nos quinze anos em que trabalhei lá foram do hospital externo.

No começo desses quinze anos, os pacientes-prisioneiros ainda eram acorrentados às camas, mas depois consideraram isso degradante e as correntes foram removidas. Isso tornou as fugas bastante promissoras, especialmente se os pacientes eram tratados no térreo. O único detento que tentou escapar de um andar mais alto escorregou ao correr descalço pelas escadas e quebrou o tornozelo, necessitando de uma operação.

Pelo menos dois prisioneiros escaparam do térreo. Um deles era magro feito uma doninha e deu um jeito de se espremer pela janela do banheiro, o que antes foi checado e considerado impossível pelo departamento de segurança da penitenciária. Outro prisioneiro, simulando inconsciência, plausível em vista de sua condição médica, embalou os guardas que estavam junto à cama em uma falsa sensação de segurança, levantou-se de repente e mergulhou de cabeça pela janela que ficava acima do leito. Conseguiu escapar, embora a camisola de hospital deva ter chamado a atenção enquanto ele corria pelas ruas.

Em ambos os casos, os fugitivos retornaram para o último endereço conhecido, onde foram presos quase imediatamente.

Em uma dessas mudanças semânticas que revelam muito sobre o modo como vivemos hoje em dia, a palavra "abuso" tem sido substituída no vocabulário dos médicos e de outros que "tratam" viciados pela palavra "uso". Certa noite, um prisioneiro se queixou de dores no peito. Era um assaltante de banco. O exame não mostrou nada, e os sintomas não se pareciam com nenhuma doença que eu conhecesse. Não faziam qualquer sentido do ponto de vista médico.

Mas, no passado, o prisioneiro tinha sofrido tanto de embolia quanto de abscessos pulmonares, complicações sérias e potencialmente fatais de seu abuso de drogas intravenosas. Por segurança, decidi mandá-lo ao hospital vizinho para fazer mais exames.

Depois que tomei a decisão, o diretor em exercício da penitenciária veio me ver.

– É realmente necessário mandá-lo hoje à noite para o hospital, doutor? – ele me perguntou.

— Bem — retruquei —, a única doença que o colocaria em imediato risco de vida (*embolia pulmonar*) poderia ser tratada aqui até amanhã, quando o levaríamos ao hospital.

— Veja, doutor — disse ele —, temos informações de que os comparsas dele vão ajudá-lo a fugir do hospital.

— Nesse caso — eu disse —, vou cuidar para que ele seja levado a outro hospital.

Seria interessante saber como essas "informações" foram colhidas: sem dúvida, isso envolveu alguma conexão nebulosa — mas necessária — entre os mundos do crime e da justiça criminal. Mas não me competia perguntar. Mesmo que, então, já trabalhasse havia vários anos na penitenciária, eu não fazia a menor ideia de muita coisa que acontecia por lá. Mas, se eu tivesse dito ao diretor que o prisioneiro precisava mesmo ser levado àquele hospital e naquele momento, ele teria dado um jeito, por mais inconveniente que fosse, uma vez que confiava em meu discernimento.

As informações foram confirmadas no dia seguinte de maneira inesperada. O prisioneiro estava sendo levado ao hospital em uma ambulância e, quando percebeu que não estava a caminho daquele onde seus amigos o esperavam, exigiu que a ambulância desse meia-volta e o devolvesse à prisão. Até onde lhe concernia, não havia mais necessidade de ir ao hospital; mas a regra inexorável, para sua irritação, era que uma ambulância não podia ser desviada de seu destino uma vez que se colocasse a caminho.

4. Agentes penitenciários

"O mais provável é que seja repreendido."

O suicídio ainda se constitui um grave problema entre os prisioneiros – tal como o é, embora com bem menos publicidade, entre os agentes penitenciários que, em uma tentativa de elevar seu *status*, há muito deixaram de ser chamados de carcereiros. Lembro-me de meu primeiro encontro com o oficial médico sênior na penitenciária em que eu viria a passar mais tempo que muitos ladrões. Fui visitar um paciente meu do hospital vizinho que tinha sido preso. Encontrei o OMS (como era chamado) sentado à mesa e segurando a cabeça com as mãos, com um livro de Schopenhauer[1] à sua frente.

– Qual é o problema, Dr. S.? – perguntei.

– Acabamos de ter um suicídio – ele respondeu. – Não sei o que é pior, o suicídio ou a papelada que a gente tem que preencher depois.

Pode-se pensar que Schopenhauer desenvolveu seu senso de humor na prisão. Certas pessoas, a fim de manterem em suas próprias cabeças a reputação de virtuosas, ficariam chocadas ou ofendidas com essa aparente insensibilidade, tendo perdido a consciência de que a ironia é uma defesa necessária diante da tragédia.

Na verdade, eu conhecia o Dr. S. de outra penitenciária, onde trabalhara como substituto de um amigo por algumas semanas e na qual ele fora

---

[1] Arthur Schopenhauer (1788-1860), filósofo alemão célebre pelo pessimismo cuja obra-prima é *O Mundo como Vontade e Representação* (1819). (N.T.)

OMS antes de ser transferido para essa prisão muito maior. Ele sabia que eu era razoavelmente confiável e competente por conta daquelas semanas e perguntou se gostaria de trabalhar ali. Aceitei, e assim começaram meus quinze anos de serviço, em catorze dos quais trabalhei uma noite e um final de semana a cada três ou quatro.

Não percebi, então, que estava no fim de uma era (quem percebe esse tipo de coisa?), onde qualquer um podia ser recrutado de modo tão informal, uma maneira rica em possibilidades de corrupção, nepotismo e tapinhas nas costas, mas, ao mesmo tempo, tão simples e eficaz. Isso sugeria confiança no discernimento da pessoa que contratava sem a intermediação de um processo, que se supõe perfeitamente justo e no qual muitos elementos consomem tempo e são relacionados a dúvidas quanto à capacidade do candidato de fazer o trabalho. O OMS me conhecia, eu era bom o bastante, e comecei a trabalhar.

Eu respeitava e gostava do OMS. Era um homem imparcial, que não tinha medo de fazer as coisas a seu modo. Ele me ensinou uma lição muito valiosa sobre como lidar com a administração moderna.

Certo dia, ele me mostrou um formulário, enviado pelo Ministério do Interior, sobre o regime de troca de agulhas na prisão. Havíamos decidido entre nós que não montaríamos tal regime em nossa penitenciária, por meio do qual viciados em drogas injetáveis poderiam trocar velhas agulhas por novas, sendo o compartilhamento de agulhas um dos meios de propagação de vírus como os da hepatite C (que pode levar à cirrose e ao câncer no fígado) e do HIV (causa da Aids). Nossa decisão de não implementar uma política oficial foi muito refletida. Embora tivéssemos centenas de prisioneiros que injetavam, nunca houve uma overdose de heroína na penitenciária e jamais encontramos agulhas e seringas descartáveis, o que aconteceria se os viciados continuassem a injetar depois de presos. O OMS e eu assim decidimos contra o que poderia ser chamado de pacificação preventiva.

O OMS pegou o formulário do Ministério do Interior e o segurou com o polegar e o indicador, como se fosse alguma espécie de inseto nocivo que se debatesse, e então o soltou na cesta de lixo ao lado.

– Se eu assinalar qualquer coisa nesse papel e enviar de volta – disse ele –, isso não acabará nunca. Mas, se eu apenas jogar fora, tudo o que acontecerá é que eles enviarão outro daqui a uns seis meses.

Ele estava muito certo, é claro. Isso se prolongou por vários anos, o computador zelosamente gerando outro formulário a cada seis meses.

O OMS não se envolvia muito com o trabalho clínico. É bastante comum, e cada vez mais, que os médicos, tendo chegado a certos tempos de serviço e idade, sintam que já viram pacientes demais na vida, retirando-se para trabalhos administrativos. No entanto o OMS assistia às minhas rondas na ala hospitalar. Sentava-se a uma mesa próxima, mas era eu quem fazia todas as perguntas e exames. Os pacientes, a maioria em regime ambulatorial, eram trazidos um por um.

Quando as rondas aconteciam depois do almoço, o Dr. S. quase sempre estava sonolento e, de fato, chegava a cochilar. Certa vez, ele dormia pacificamente quando um paciente, que acreditava ser Jesus, foi trazido. Delírios desse tipo já foram comuns, mas, com o declínio das crenças religiosas, os pacientes agora tendem a se ligar a outros temas.

O jovem que pensava ser Jesus estava bastante exaltado, e andava frustrado quanto ao fato de ninguém acreditar nele. A prisão, para ele, fazia parte de seu martírio.

— Como é que você sabe que é Jesus? — perguntei.

— Meu pai, que está no Céu, mo contaste — ele disse, empregando uma linguagem que não é ouvida com frequência na prisão, e socou a mesa, o que acordou Dr. S. com um susto.

— E sua mãe? — perguntei.

— Oh, ela vive em South Shields[2].

Consegui manter a compostura. Além do mais, por que a Mãe de Deus não poderia viver em South Shields? Deus não escolheria essa cidade em vez de, digamos, Aspen, Colorado, onde há menos necessidade desse tipo de acontecimento, e ilustrando o que os teólogos da libertação costumavam chamar de "opção preferencial pelos mais pobres"?

No começo, quando fui trabalhar na prisão, os agentes desconfiavam de mim, como se eu fosse uma espécie de estrangeiro intrometido. Eles presumiam, até prova em contrário, que toda pessoa instruída

---

[2] Cidade localizada no Nordeste da Inglaterra, na foz do Rio Tyne, próxima de Newcastle. Tem cerca de oitenta mil habitantes. (N.T.)

ficava do lado dos detentos contra a prisão, mais ou menos *ex officio*[3], porque sentiria necessidade de carregar sua compaixão pelos pobres e ser oprimida com eles.

Eu não era desses, mas estava ciente da necessidade de manter minha independência de julgamento em toda e qualquer situação e de não me identificar totalmente com a equipe em uma instituição tão abrangente quanto uma penitenciária. Prisioneiros, é óbvio, mentiam e trapaceavam, adulavam e enganavam, mas isso não significava que não necessitassem de apoio ou que não caíssem gravemente doentes.

A visão comum dos agentes penitenciários é de que eles são homens (e mulheres) sem instrução e de inclinações sádicas, que apreciam exercer um poder desmedido sobre aqueles confiados a eles pelo Estado. E seria inútil negar que havia alguns entre eles que se encaixavam nessa descrição ou que as oportunidades para praticar o mal com impunidade são excepcionalmente numerosas em uma instituição desse tipo.

Mas a maioria não era assim. Em geral, eles não eram altamente instruídos, é claro. Contudo isso não significa que fossem insensatos, como alguns, orgulhosos da própria educação, poderiam pensar. Demonstravam um entendimento prático daqueles de que eram encarregados, entendimento perspicaz, inteligente e penetrante, e que não devia ser ignorado.

Presenciei muito mais atos de gentileza que de sadismo e descobri que, no geral, eles eram melhores observadores do que as enfermeiras psiquiátricas porque suas cabeças não tinham sido recheadas com teorias rígidas que distorcessem suas percepções.

Os agentes tinham uma camaradagem que surgia de sua situação peculiar e servia para acalmá-la. Eram, de certa forma, tão prisioneiros quanto os próprios presidiários. Podiam ser transferidos de um lado a outro do país sem aviso prévio e qualquer justificativa, assim como os prisioneiros, mas, quando chegavam ao novo posto, encontravam condições e vida social bem parecidas com as que tinham acabado de deixar.

---

[3] Expressão latina que significa "de ofício" ou "por lei", referindo-se a algo que a pessoa faz em razão do trabalho que exerce e/ou do cargo que ocupa. (N.T.)

Trabalhar no que o sociólogo norte-americano Erving Goffman[4] chamou de "instituições totais", que são um mundo em si mesmas, como o exército, internatos, prisões e manicômios, tem suas compensações – *esprit de corps*, uma vida social pré-fabricada, uma sensação de propósito e até mesmo um sentimento de superioridade em relação ao resto do mundo, que nada sabe da vida ali dentro.

Os agentes ainda mantinham o hábito agradável (para mim) de sempre se dirigir uns aos outros como Sr. Smith ou Sr. Jones, ao menos dentro da prisão, e nunca pelos prenomes, mesmo que fossem próximos. Em contrapartida, chamavam os prisioneiros pelos sobrenomes, Smith ou Jones, até que veio a ordem lá de cima de que eles também deviam ser chamados de "senhor". Não teria me importado com isso se as ordens no hospital ao lado não fossem precisamente o oposto, isto é, que Sr. Smith e Sr. Jones dali em diante deviam ser chamados pelos seus primeiros nomes ou mesmo por diminutivos, como Bill e Jack, supostamente porque assim seria mais amigável. Desse modo, enquanto os pacientes deviam ser infantilizados, os prisioneiros seriam especialmente respeitados. A inversão distópica entre crime e doença era exatamente como aquela em *Erewhon*, de Samuel Butler[5].

O humor dos agentes era daquela distinta casta do patíbulo. Nos dias de aplicação da pena capital, a expressão não era meramente metafórica. (Contava-se – ainda que a história seja apócrifa, pelo que pode não ter

---

[4] Erving Goffman (1922-1982) foi um influente sociólogo canadense-americano. A "instituição total" é definida (p. 11) por ele como "um local de residência e de trabalho onde um grande número de indivíduos com situação semelhante, separados da sociedade mais ampla por um período considerável de tempo, levam uma vida fechada e formalmente administrada" (em *Manicômios, Prisões e Conventos*. 2. ed. Trad. Dante Moreira Leite. São Paulo: Perspectiva, 1987). (N.T.)

[5] *Erewhon (or, Over the Rage)* é uma sátira distópica da sociedade vitoriana. Foi primeiro publicada anonimamente em 1872. Nela, o inglês Samuel Butler (1835-1902) descreve um país fictício (que dá título ao romance) onde não há máquinas (tidas como perigosas pelos locais) e, como ressalta Dalrymple, os criminosos são tratados como doentes e os doentes, como criminosos. O título é (ou devia ser) entendido como *nowhere* ("lugar nenhum") escrito ao contrário (ainda que as letras "w" e "h" estejam invertidas). (N.T.)

acontecido de fato – que um prisioneiro, a caminho do que era conhecido como "a cobertura do estábulo", disse aos agentes que o acompanhavam que o tempo não estava muito bom. "Está bom pra você", disse um dos agentes, "que não vai voltar".)

Certo dia, chegou um prisioneiro que tinha muitos *piercings*. Tatuagens e outras formas de automutilação decorativa são estatisticamente associadas à criminalidade, e isso há bastante tempo: Lombroso assinalou isso há cento e vinte e cinco anos. Mais de noventa por cento dos criminosos britânicos de cor branca são tatuados (apenas fumar é mais comum entre eles), ainda que o teor das tatuagens tenha mudado no decorrer dos quinze anos em que trabalhei na prisão.

A princípio, as tatuagens eram predominantemente amadoras, monocromáticas, feitas com nanquim. Eram autoinfligidas ou feitas por um companheiro, com frequência ali mesmo na penitenciária (onde tatuar era considerado um delito), alguém sem nenhum talento especial. Consistiam de umas poucas palavras – por exemplo, "Made in England" ao redor de um mamilo, ou "AMOR" e "ÓDIO" nos dorsos dos dedos de ambas as mãos. As iniciais favoritas que tatuavam eram "TMEC", que representavam as palavras "Todo Meganha É Cuzão", a não ser que o sujeito fosse levado à delegacia, onde elas representavam "Trago Minhas Escrituras Comigo". Ocasionalmente, via em um antebraço a tatuagem grosseira de um policial enforcado em um poste, o que, imagino, não era muito vantajoso para alguém que estivesse preso. "VAMS" e "FODR" eram outras iniciais tatuadas nos dorsos dos dedos, de tal modo que, ao se colocar as mãos juntas, lia-se "vamos foder". Isso era mostrado para mulheres nos *pubs*, e eu perguntei ao homem que trazia as letras se esse método de sedução tinha funcionado alguma vez. Às vezes, ele respondeu; e, quando funcionou, fez todo o esforço valer a pena.

Outro desenho favorito na indústria caseira de tatuagens era uma linha pontilhada ao redor do pescoço ou pulso com os dizeres "CORTE AQUI", e, em alguns casos mais elaborados, com a imagem de uma tesoura. "SEM MEDO" em grandes letras azuis em um dos lados do pescoço era outra favorita, vista muitas vezes em sujeitos pequenos ou magrelos para quem, em um mundo onde a hierarquia social era decidida pela violência, não valia muita coisa. Infelizmente, essas palavras eram com frequência encaradas mais como uma provocação do que um aviso, e aqueles que as exibiam eram às vezes atacados por nenhuma outra razão; um dos meus pacientes sofreu um traumatismo craniano como consequência remota da tatuagem.

Mais recentemente, as tatuagens entraram com tudo na moda, ascendendo na escala social mais rápido do que qualquer alpinista social jamais conseguiu. E os prisioneiros, seguindo a moda (supondo que não foram eles que a estabeleceram), foram da variedade grosseira a nanquim para a elaborada e multicolorida "body art" do tatuador profissional. Por estranho que pareça, a maioria dos desenhos dessa arte se assemelha bastante àqueles dos prisioneiros quando começaram a desenhar ou pintar na prisão, de tal modo que a estética criminal *kitsch* parece ter se espalhado por toda a sociedade.

A nova *body art* nos diz algo acerca da vida emocional dos prisioneiros. Eles têm o nome da namorada tatuado no braço, por exemplo, e geralmente com um coração e algumas folhagens e trespassado por uma flecha, sinal de sua devoção imortal por ela. Lamentavelmente, a devoção imortal com frequência morre e é substituída por uma emoção muito duradoura chamada ódio. O nome da ex-amada é, então, incorporado em outra tatuagem, tornando-se quase ilegível, ou, em alguns casos, meramente erradicado por linhas cruzadas. Quanto ao dever paternal, ele é demonstrado – e poderia ir mais longe? – pela inscrição dos nomes das crianças, geralmente no outro lado do braço. Cada vez mais, prisioneiros de pele escura também são tatuados, imitando seus iguais brancos, ainda que a pele escura não seja favorável às tatuagens. Eis aqui um ótimo exemplo de integração e aculturação.

Mas voltemos ao prisioneiro cheio de *piercings*. O Ministério do Interior decretou que todo detento poderia ter um *piercing*, mas não mais do que isso. Não legislaram sobre qual parte do corpo aquele único *piercing* tinha que estar; isso deixaram para o prisioneiro decidir. "Se pudesse fazer do meu jeito, doutor", disse um agente quando o prisioneiro cheio de *piercings* chegou, "eu pendurava todos eles pelos brincos". Agentes penitenciários com frequência expressam opiniões que deixariam horrorizados aqueles (em número cada vez maior) que acham que tudo significa exatamente o que é dito, ao pé da letra. Outro agente, em vias de se aposentar, disse para mim que eles, os prisioneiros, deviam receber nada três vezes por dia, e bastante disso.

Não obstante essas expressões de desprezo por aqueles sob seus cuidados, a maioria dos agentes era devotada ao dever a ponto de se dispor a arriscar a própria vida para salvar a dos prisioneiros. Uma nova ala hospitalar foi construída a um custo enorme na penitenciária, mas era algo típico da arquitetura moderna, que, diferentemente da vitoriana, não leva em conta o problema da ventilação em caso de incêndio. Certo dia, pouco depois de a nova ala ser inaugurada, um prisioneiro mais exaltado ateou fogo ao colchão em sua cela. Pareceu que anos de pesquisa caíram em descrédito com o velho ditado segundo o qual "onde há fumaça, há fogo", pois, finalmente, um colchão comprovava que, uma vez aceso, emitiria uma fumaça densa e sem chamas. Era do tipo que navios de guerra costumavam liberar para despistar perseguidores.

Uma fumaça escura e acre começou a sair pelo vão da porta trancada da cela do prisioneiro. Vendo isso, um agente correu para abri-la. Uma nuvem escura saiu, e o agente correu para dentro da cela a fim de trazer o prisioneiro para a segurança. Ao fazer isso, ele provavelmente salvou a vida do detento.

Cheguei ao local em seguida. O prisioneiro sofria por ter inalado fumaça, assim como o agente, embora em menor escala. Enquanto eles esperavam pela ambulância que os levaria ao hospital, elogiei o agente por sua bravura e disse que ele provavelmente receberia uma condecoração do diretor. Por natureza um homem quieto e reservado, ele respondeu apenas com um sorriso irônico.

Ele retornou ao trabalho alguns dias depois. Perguntei se o diretor já o havia condecorado.

– O mais provável é que seja repreendido.

– O quê? – eu disse, genuinamente espantado. – Mas você salvou a vida de um homem.

– Sim – disse ele –, mas não segui o procedimento.

O procedimento correto, aparentemente, cuja falha em seguir justificava a repreenda, seria chamar a brigada de incêndio e esperar que ela chegasse. Talvez o homem morresse como resultado disso, mas ao menos o procedimento correto teria sido seguido. Eis aqui a administração moderna em seu *reductio ad absurdum*[6]: ela é tão temerosa de deixar qualquer iniciativa a cargo dos funcionários, pois eles podem cometer um erro ou exercer a própria inteligência, que prefere que as próprias regras sejam seguidas até as consequências mais extremas.

O agente foi devidamente repreendido e uma marca preta (por desobediência), colocada em sua ficha por ter salvado a vida de um prisioneiro da maneira errada, isto é, arriscando a própria vida. Mas eu conhecia o homem: se tivesse que fazer de novo, ele o faria. Alguns anos depois, após minha aposentadoria do serviço, mas ainda fazendo um pouco de trabalho médico-legal, pediram que eu investigasse um enforcamento na penitenciária. Perguntando por que não correra à cela e cortara a corda, um agente respondeu:

— Eu podia perder o meu emprego por salvar a vida de um homem.

Graças à arquitetura da nova ala, levou dias para que a fumaça da cela se dispersasse. Era como se tivesse sido projetada com a intenção de sufocar os prisioneiros; como algo a ser feito em vez de evitado. Na parte vitoriana da prisão, a fumaça teria se dispersado rapidamente.

Agentes penitenciários com frequência precisam encarar coisas que poucos de nós teríamos de enfrentar, quanto mais aceitar. É verdade que alguns prisioneiros saúdam os agentes como velhos e saudosos amigos ao retornar pela enésima vez ao "Casarão", mas outros exibem uma hostilidade implacável contra eles e os insultam terrivelmente. É raro que eles respondam na mesma moeda, e inúmeras vezes testemunhei agentes levando cusparadas na cara sem reagir com violência. Na vasta maioria dos casos, demonstram um autocontrole admirável, do tipo que poucos de nós somos instados a exibir, ao menos não repetidamente e quase todos os dias.

Um agente penitenciário que se aposentara após muitos anos de serviço achou que sentia falta do trabalho e retornou em regime de meio

---

[6] Literalmente, "redução ao absurdo". Diz respeito a um argumento lógico no qual, partindo-se das premissas, chega-se a uma conclusão absurda. Daí, deduz-se que pelo menos uma das premissas esteja incorreta. (N.T.)

expediente. Pouco depois disso, membros de duas gangues de traficantes rivais começaram a brigar no pátio de exercícios. (Com o delírio de grandeza típico desses sujeitos, chamavam a refrega de "guerra".) Agentes correram para separar, entre os quais aquele que se aposentara. Na confusão, ele foi chutado e socado e se machucou bem feio. Teve folga por alguns dias e, então, retornou. Sua atitude era bem diferente daqueles que usam as desculpas médicas mais esfarrapadas para faltar ao trabalho. Disse a ele o quanto estava surpreso por vê-lo de volta tão cedo, e sua resposta ficou gravada na minha cabeça como um exemplo de modesto estoicismo.

— Fui ferido três vezes em trinta anos — disse ele. — Não acho que seja tão mal, você acha, doutor?

É claro que não quero transformar os agentes em santos, e eles mesmos não desejariam um retrato tão absurdo. Eram, em sua maioria, homens que bebiam muito e não se arrogavam nenhum grande refinamento. Além disso, como mencionei, quando eram maus, eram maus de verdade.

Agentes penitenciários e homens desse tipo eram difíceis de demitir por dois motivos. Primeiro: quando se comportavam mal, eles o faziam em segredo. As leis trabalhistas modernas tornam difícil demitir alguém com base em uma mera suspeita, não importa quão forte ela seja; a prova do malfeito é necessária. Segundo: defender uns aos outros era muito importante entre os agentes.

Havia entre eles, por exemplo, um valentão de quem suspeitávamos fortemente que violava o equipamento emergencial de ressuscitação. Toda vez em que o equipamento era inspecionado ou usado, faltava uma peça pequena, mas importante, embora soubéssemos que ela fora substituída naquele ínterim. Em outras palavras, um membro da equipe — achávamos que era sempre o mesmo — tinha removido a peça, presumivelmente com o objetivo de fazer as tentativas de ressuscitação falharem. A pura maldade disso nem precisa ser ressaltada. (Muitos anos depois, preparando um relatório sobre uma morte na prisão, eu me deparei com um caso similar em uma penitenciária a trezentos e vinte quilômetros de distância. Não poderia ser o mesmo homem, que naquele meio tempo tinha se aposentado.)

Outro agente era ainda pior — supondo que o violador do equipamento fosse uma só pessoa. Com treinamento em enfermagem, ele foi designado para a ala hospitalar. O treinamento duplo, como agente penitenciário e enfermeiro, deu-lhe oportunidades adicionais para as práticas sádicas.

Certa vez, eu visitava um prisioneiro em uma cela e era acompanhado por ele. Assim que chegamos, o prisioneiro caiu no chão e teve uma convulsão epiléptica.

– Você não faça isso na frente do doutor – disse o enfermeiro com severidade para a figura inconsciente que se sacudia no chão.

– Na verdade, agente – eu disse –, ele está sofrendo uma convulsão epiléptica.

Algum tempo depois, um prisioneiro sofreu um sério ferimento em um dos olhos, que o cegou. Suspeitou-se de que o agente-enfermeiro tivesse injetado ali algum composto químico prejudicial, mas a vítima se recusou a testemunhar contra ele por temer uma retaliação. Penso que o medo era injustificável – em um caso desses, nem mesmo seus agentes--irmãos o defenderiam –, mas compreensível.

Posteriormente, o agente foi demitido por uma infração administrativa na qual reincidiu, algo sempre mais fácil de provar que os malfeitos graves. Assim, a ostensiva necessidade de leis trabalhistas e justiça perfeita produz algo bem diferente, a exemplo das regras burocráticas que proliferam buscando o aperfeiçoamento.

5. O dinheiro das fraudes

A penitenciária mudou nos quinze anos em que trabalhei lá, em geral para melhor. Cheguei não muito depois que sanitários completos foram instalados nas celas; até então, havia a prática diária a que se dava o nome de "despejo", o esvaziamento de um balde usado para aliviar os chamados da natureza que ocorriam durante a noite. Agora me parece inacreditável que tais condições tenham persistido até a década de 1980, com raros protestos.

Não sou desses que acham que as condições na prisão devem ser tão ruins que, por si sós, sejam dissuasivas, ainda que eu tampouco seja, de forma alguma, um penólogo liberal. Condições brutais atraem brutalidade para aqueles que as administram. O que se considera brutal evolui com o passar do tempo – o que é privação hoje seria tido como luxo no passado. Além disso, a punição não é automaticamente justificada por sua eficácia. Não há dúvida de que a execução pública de quem estaciona em fila dupla desencorajaria esse tipo de coisa, mas poucos – imagino – seriam a favor disso.

A melhora das condições foi sobretudo física. Na época em que me aposentei, as celas na parte moderna da prisão tinham chegado ao nível de conforto dos quartos dessas redes de hotéis baratos.

Sem dúvida, alguns acham isso chocante, mas eu não. Lembro-me de quando estudava medicina no começo dos anos 1970 e fui levado com meus colegas para um *tour* em uma penitenciária. Fomos acompanhados por um grupo de magistrados. As condições naquele tempo eram verdadeiramente cruéis. O *tour* incluía as cozinhas, e um dos magistrados se declarou tão impressionado pela comida que não se importaria de passar um tempo na prisão. Esse comentário me enojou, e ainda me enoja agora que me lembro dele.

Para mim, o pior horror da prisão seria a falta de privacidade, a promiscuidade forçada do relacionamento social (ou antissocial) com outros que não escolhemos, relacionamento social sem possibilidade de confiança ou verdadeira amizade. Se, por acaso, forma-se uma amizade, ela será logo perdida porque os prisioneiros são levados daqui para lá como peças em um jogo de tabuleiro por um jogador oculto, mas todo-poderoso.

De qualquer modo, temo mais a intimidade forçada do que a solidão; quanto à privação da liberdade, é a sujeição às ordens arbitrárias e frequentemente estúpidas ou irracionais que eu odiaria mais do que a impossibilidade de deixar o lugar. Penso, contudo, que manteria uma sensação interior de liberdade, pois liberdade é, em parte, uma questão de atitude interna, assim como de condições externas.

A linguagem na prisão também mudou enquanto trabalhei lá. Quando cheguei, por exemplo, a expressão "aspirina preta" ainda estava mais ou menos em uso, mas deixei de ouvi-la nos anos subsequentes. A "aspirina preta" era a bota do agente penitenciário, administrada de maneira supostamente corretiva em um prisioneiro recalcitrante por um guarda. "Na minha opinião, doutor", um agente poderia me dizer, "ele precisa da aspirina preta". O agente em questão jamais administraria a "aspirina preta", é claro; e eu não frisava que, do ponto de vista puramente farmacológico, a expressão era inapta: na verdade, devia ser o "valium preto". Agentes deixaram de usar botas como parte do uniforme.

Outra expressão que desapareceu pouco depois da minha chegada foi "cassetete líquido". O líquido em questão era clorpromazina em xarope ou suspensão. Anteriormente usada para tratar os delírios e alucinações de pacientes psicóticos, a clorpromazina deixava dócil ou mesmo inconsciente até mesmo a pessoa mais refratária ou beligerante, e era com frequência administrada indiscriminadamente nos prisioneiros, sobretudo para deixá-los quietos – daí o apelido. Queixas de abuso do medicamento dessa maneira levaram à sua quase total eliminação da farmacopeia prisional, situação depois da qual os velhos detentos passaram a reclamar de sua ausência. Eles sentiam saudades de serem liquidamente nocauteados.

Dois verbos também desapareceram durante minha carreira na prisão: "PP9ar" e "tangerinar". Eram similares em significado. A PP9 era uma pilha grande e retangular usada nos rádios. Prisioneiros eram autorizados a comprá-las com seu pequeno subsídio ou com o que ganhavam nas oficinas da penitenciária. Sem dúvida, as pilhas eram realmente usadas para ligar os rádios, mas também como armas. Metidas em uma meia, podiam ser brandidas como as boleadeiras dos vaqueiros dos pampas para infligir um sério ferimento. Caminhando pela prisão nos meus primeiros dias lá, um agente me pediu para ver Jones. "Ele acabou de ser PP9ado." Ser "tangerinado" era ser atingido da mesma maneira, mas com uma lata de tangerinas que os prisioneiros tinham permissão para comprar.

A gíria da cadeia, como qualquer outra, muda rapidamente. Tenho o magnífico dicionário de Eric Partridge de linguagem de prisão e do submundo do crime, publicado no ano do meu nascimento, 1949, e quase nenhuma das expressões listadas em suas centenas de páginas me é familiar. Mesmo uma expressão conhecida e (eu supunha) antiga como "puxar cana"[1] não está no dicionário, e o que se pode chamar de subgíria dos viciados mudou completamente nesse meio tempo. Não há qualquer referência a agulhas e seringas como "arpões" e nada sobre "picos", a linha de veias inflamadas, geralmente no braço, nas quais o viciado injetou.

Pedi à equipe que não usasse o linguajar dos viciados. Quando prisioneiros se referiam aos "arpões", eu falava: "Você quer dizer agulha e

---

[1] No original, "doing your bird" (literalmente, "fazendo seu pássaro"). Expressão que remonta à era vitoriana e significa "cumprir/cumprindo sua pena". "Bird" [pássaro], diz respeito ao fato de que, naquele tempo, as prisões tinham muros e torres muito altos e, assim, repletos de excrementos de aves. Às vezes, quando a pena era curta, costumava-se dizer "doing your sparrow", uma vez que o pardal é um pássaro pequeno. No Brasil, os detentos costumam dizer "puxar cana" ou, quando a sentença é elevada, "puxar uma corda". "Ripado" refere-se a todo aquele que foi condenado a cumprir pena em um presídio. (N.T.)

seringa". "Picos" eram flebites; "picar-se" era injetar. Quando diziam ter sido "fisgados pela heroína", eu dizia: "Você quer dizer que decidiu usar heroína regularmente". Notei que aqueles que trabalhavam com viciados tendiam a adotar seu linguajar, em tese para soar amistosos e não os censurar e, assim, "tratá-los" melhor. Mas, na realidade, era porque muitos admiravam o modo de vida dos viciados em drogas, mas não tinham coragem para segui-lo. Falar como eles era o mais perto disso que chegariam.

Contudo eu não queria estabelecer muita distância, pois, ainda que não invejasse ou admirasse o que faziam e como viviam, não queria minimizar os danos que causavam a si mesmos. Nunca me pareceu correto que a rejeição ou a crítica implícita do modo de vida de uma pessoa são necessariamente uma rejeição à sua humanidade. Ao contrário, a capacidade de errar, se não for a característica distintiva da humanidade, é ao menos uma delas. O corolário da visão sentimental de que, para simpatizar com alguém, você tem de aceitar acriticamente a sua visão de mundo me parece falso e, em última instância, degradante. Ninguém consegue chegar a essa aceitação total, em todo caso. Há, ou deve haver, algo que ultrapassa os limites para qualquer pessoa.

Descobri que os prisioneiros adotaram uma espécie de psicobobagem, sem dúvida um pouco depois que ela passou a ser empregada em outros lugares. Eles diziam que sua "cabeça é uma zona", que precisavam "dar um jeito nela", que tinham "perdido a cabeça", e que, quando agiam com violência, era porque tinham "entrado numas". Psicobobagem pode ser definida como o uso de linguagem confessional em que nada é confidenciado, uma forma de falar sobre si mesmo sem revelar coisa alguma.

Somada ao prazer inerente de se falar sobre si, a psicobobagem tem um propósito de autoexoneração. "Perdi minha cabeça", por exemplo, sugere um desarranjo psicológico que requer ajuda externa para ser resolvido, mas nenhuma autoanálise ou autocontrole. O homem com a cabeça "perdida" não busca um diálogo socrático para descobrir o que deu errado, mas um procedimento médico, como costurar um dedo de volta, ou a prescrição de uma droga milagrosa que "dê uma organizada na minha cabeça", como ovos são organizados conforme o tamanho. Desse modo, ao chegar à prisão, o viciado dizia que pararia de usar drogas "se ao menos conseguisse ajuda". Por ajuda, queriam dizer algum detalhe técnico que, por si só, sem recorrer à força de vontade, os impediria de se drogar.

Trata-se de uma quimera assiduamente vendida por um enorme aparato profissional de assistência, animado pelo Instituto Nacional de Abuso de Drogas, dos Estados Unidos, que define o vício como uma doença cerebral crônica e reincidente, e quase nada além disso. Essa definição ligeiramente ambígua é do tipo que também serviria, quase tão bem, a um instituto que procurasse disseminar o abuso de drogas tanto quanto possível.

Quando os viciados alegavam ter sido "fisgados" pela heroína, conforme mencionado, tratava-se de uma evasiva, para não dizer uma mentira deslavada. O viciado comum em drogas injetáveis passou vários meses usando-as de forma intermitente antes de se tornar fisicamente dependente, além de precisar aprender várias coisas, como onde obtê-la, como prepará-la e como injetá-la. Em outras palavras, na transação entre droga e homem, é o homem quem fisga a droga, não o contrário. No entanto, a expressão foi encorajada e reforçada pela doutrina oficial sobre o vício como uma doença cerebral que necessita de tratamento médico.

Mas como eles vieram a ser fisgados pela heroína?

Quando perguntados, quase sempre respondiam: "Caí na galera errada". Ao que eu retrucava: "Não é estranho que eu encontre tantas pessoas que caíram na galera errada, mas nenhum membro da galera errada propriamente dita?". Eles sempre riam, compreendendo de imediato. Eu revelava algo que eles sempre souberam (como dizia Dr. Johnson[2], com frequência precisamos mais ser lembrados do que informados): que tinham se juntado à galera errada por afinidade eletiva, e não por acaso ou por uma força de gravitação social.

Muitas vezes, dizia-se que os prisioneiros tinham inteligência abaixo da média, ao menos quando formalmente testados; mas, se for mesmo assim, penso que isso diz mais sobre os testes do que sobre os prisioneiros, pois nunca achei (exceto nos casos mais óbvios de deficiência mental, dos

---

[2] Samuel Johnson (1709-1784) foi um ensaísta, lexicógrafo, poeta, editor, moralista e biógrafo, tido como uma das figuras mais destacadas na história das letras inglesas. (N.T.)

quais havia bem poucos) que precisasse alterar a minha maneira de falar para ser compreendido por eles. É possível, suponho, que o que eu dizia era tão simples que não requeria inteligência para ser entendido; mas é claro que essa não é a minha explicação favorita para a capacidade dos prisioneiros de entender o que eu falava.

Um homem, em prisão preventiva por matar alguém em um *pub*, descreveu seu crime da seguinte maneira:

– Uma briga começou, uma arma apareceu, eu acidentalmente peguei ela, que disparou.

A única ação humana que ele admitia era o disparo acidental da arma, que, por um acaso feliz, matou um inimigo.

A briga em si era quase um fenômeno meteorológico, independentemente da vontade ou da escolha de qualquer um, o resultado de forças atmosféricas. Ninguém *levou* a arma, ela simplesmente apareceu lá por sua própria conta, e disparou sem que ninguém quisesse fazer isso também.

Ele realmente esperava que alguém acreditasse nesse relato absurdo? Ele acreditava em si mesmo? Ele jogava conversa fora ou tentava ganhar minha simpatia? Eu me lembro de, quando criança, ficar com bastante raiva por ser acusado de algo que, em outra parte da minha mente, por assim dizer, sabia perfeitamente bem que tinha feito, e feito com plena consciência de que era errado. E, mesmo assim, a minha raiva, ao menos do ponto de vista dos outros, era bem real; mas eu sabia que era *ersatz*[3].

Não há necessidade de teorias ou conceitos psicanalíticos arcaicos para explicar isso. É uma experiência comum àqueles que, nas palavras do Dr. Johnson (de novo), examinarão os movimentos de sua própria mente. Para fazer isso, contudo, deve haver um interlocutor socrático, seja a sua

---

[3] Em alemão no original. *Ersatz* é um substantivo e significa literalmente "substituto" ou "substituição", mas, em inglês, é às vezes usado para adjetivar algo, significando "imitação" ou um substituto inferior (por exemplo: um "intelectual *ersatz*", isto é, de segunda categoria ou, como se costuma dizer no Brasil, "pseudointelectual"). O termo assim empregado se popularizou no Reino Unido logo após a Segunda Guerra Mundial (1939-1945), na qual os prisioneiros de guerra britânicos recebiam de seus algozes alemães os chamados *Ersatzkaffee* ("café substituto") e *Ersatzbroot* ("pão substituto"), ambos indigestos. (N.T.)

própria cabeça, seja alguém externo, e, nesse sentido, os diálogos de Platão são infinitamente mais valiosos do que os estudos de caso de Freud.

Com frequência, eu me perguntava o que seria imediatamente mais doloroso: ser justa ou injustamente acusado? Nunca cheguei a uma resposta.

A raiva pode surgir em ambos os casos, e era às vezes impossível distinguir entre o verdadeiro e o falso, a simulação e a realidade. Também houve casos intermediários.

Certa vez, um homem bastante irritado, em prisão preventiva por sequestro, entrou na minha sala e deu um soco na mesa. Perguntei o que havia de errado e ele me disse que a polícia acabara de acusá-lo de homicídio.

— Não sou assassino – disse com veemência. – A polícia está tentando colar isso em mim e acabar com a minha reputação.

Ele estava tão furioso que cheguei a pensar na possibilidade de sua inocência. Os inocentes eram, afinal, às vezes acusados e condenados: nem mesmo o sistema de justiça penal mais escrupuloso poderia evitar tais erros por completo.

— A polícia quer acabar com a minha reputação – ele repetia. – Eu não sou assassino!

E socou a mesa outra vez. Se aquilo era teatro, era dos mais convincentes. Para amenizar sua raiva, sabendo que ele já admitira o sequestro, eu disse de forma branda, tentando diminuir em sua mente a iniquidade da polícia:

— Mas você é um sequestrador.

— Bom, é – ele falou no mesmo tom como se dissesse: "E daí?".

— Sequestro é um crime grave, você sabe – continuei, tão pé no chão quanto consegui.

— Grave?

— Sim, grave – disse eu. – Você manteve alguém numa despensa por três semanas.

— Eu cuidei dele direitinho.

Imediatamente após o julgamento por homicídio, no qual se declarou culpado, ele descreveu com exatidão o que havia feito, com os detalhes mais horríveis, para um agente penitenciário, sentindo prazer com a repugnância do outro.

No entanto eu quase tinha acreditado em seus protestos de inocência, e talvez o tivesse se não perguntasse a ele sobre o sequestro, ao qual dava tão pouca importância. Nessa época, eu já não era, em relação aos criminosos, a pessoa ingênua e inexperiente do começo. Um amigo, meu mentor no trabalho como médico prisional, contou-me duas experiências de seu início de carreira que ilustram a ingenuidade de uma pessoa de classe média confrontada com as profundezas de sua própria sociedade.

Ele era um homem bem jovem quando começou a clinicar na prisão. Certo dia, depois de uma consulta, disse a um agente: – Os prisioneiros não pareciam um grupo muito bom hoje.

– O que o senhor precisa lembrar, doutor – disse o agente –, é que todos eles tiveram problema com a polícia.

Pouco depois, ele terminou outro turno de consultas e, tendo recusado dar as pílulas que alguns prisioneiros queriam, disse a um agente que os detentos não pareciam muito felizes. O agente se empertigou e, depois de saudá-lo, disse:

– Isso mostra que o senhor está fazendo um bom trabalho, doutor!

Questões acerca da culpa ou inocência dos prisioneiros às vezes voltam a me inquietar. Apenas uma minoria bem pequena afirmava ser completamente inocente e, em alguns casos, seus protestos eram difíceis de se levar a sério, pois muitos tinham uma longa lista de condenações aceitas pelos próprios. Era apenas *aquele* crime, pelo qual foram presos daquela vez, e que não tinham cometido.

– Esse eu não fiz – um deles me disse, indignado. – É um erro da justiça, é isso que é, um erro da justiça.

Eu me referi à longa lista de condenações pregressas e ele admitiu que era culpado naqueles casos.

– Eu levanto a mão pra esses – ele disse. – Eu fiz esses. Se eu tivesse feito esse, eu levantava a mão, mas eu não fiz. É um erro da justiça, é isso que é. A polícia armou pra mim nesse aí.

De novo, sua indignação parecia bem genuína, e eu não duvidava de que policiais às vezes plantassem evidências a fim de garantir uma condenação. Eles eram humanos, afinal.

– Você já cometeu algum crime pelo qual *não* foi pego? – perguntei.

Um sorriso surgiu no rosto do prisioneiro enquanto ele se lembrava dessas ocasiões felizes que, de fato, eram muitas.

– Sim – disse ele.

– E não foi um erro da justiça, então, nesses casos?

Ele não respondeu.

– Tente pensar nessa sua sentença como uma punição por aqueles crimes – eu disse.

Claro que, em meu argumento, havia uma ligeira e inescrupulosa confusão, ou fusão, entre justiça no sentido de um sistema jurídico e justiça em um sentido mais platônico, mas, tendo ou não percebido isso, ele não objetou.

Como tantos prisioneiros, ele exibia uma atitude infantil para com o Estado, como se este fosse, ou devesse ser, um pai onisciente e onipresente, e estava chocado por descobrir que o Estado tinha suas fraquezas e deficiências. Ficou indignado com pequenos problemas relativos ao testemunho de um policial, tal como o momento preciso em que determinada coisa ocorreu, mesmo que isso não afetasse o resultado ou tivesse o mínimo reflexo em sua culpa ou inocência. Tal problema revogava a culpa por qualquer coisa que tivesse feito. Ele era inocente porque os outros eram culpados.

Eu sempre perguntava àqueles em prisão preventiva se estavam "indo" culpados ou inocentes. Eles usualmente respondiam: – Aí depende.

– Do que você fez ou não fez?

– Do que o meu alívio [*advogado de defesa*] disser.

Culpa ou inocência dificilmente vinham ao caso: a questão era se havia ou não uma chance realista de absolvição.

Ao menos em teoria, as sentenças sistematicamente mais leves dos que se declaravam culpados em um estágio inicial do processo e mais pesadas para os considerados culpados, mas que mantinham a alegação de inocência até o final, pareciam-me injustas, quase uma derrogação do direito a um julgamento imparcial. Isso coloca pressão no acusado para que confesse. E, uma vez que raramente não há provas contra um réu, mesmo inocente, ele precisa analisar suas chances independentemente da culpa ou da inocência.

Isso transforma a justiça em um jogo de pôquer, uma questão de quem pisca primeiro. Não se pode esperar que uma pessoa que foi roubada ou agredida pense que uma confissão prematura pese mais na balança em contraposição ao crime original. É verdade que a obstinada negação da culpa por parte do perpetrador pode, de algum modo, aumentar a aflição da vítima, mas a essência de um crime é, em primeiro lugar, o cometimento, não a negação.

Ainda piores são os acordos pelos quais um homem, indiciado por um crime grave, aceita (por meio de seu advogado) se declarar culpado de um delito menor, com o que a acusação também concorda. A justiça criminal não devia ser um mercado no qual comerciante e cliente barganham o preço a ser pago. Isso é errado em ambas as direções. Conheci advogados de defesa que encorajaram ou persuadiram inocentes a se declarar culpados de uma acusação menor a fim de encerrar o negócio o mais rápido possível e evitar a possibilidade de condenação por uma acusação mais séria, e conheci advogados de acusação que aceitaram uma declaração de culpa em uma acusação menor quando o réu era claramente culpado por algo mais grave. Justiça não consiste na condenação de alguns por mais e outros por menos em vista do que fizeram, a média sendo aproximadamente correta; um homem deve ser absolvido se não tiver feito nada e condenado pelo que se provar que fez – nem mais, nem menos.

Há dois argumentos a favor desse sistema de barganhas e extorsões de confissões céleres.

O primeiro é que ele acelera, e por isso melhora, a justiça, como se a velocidade (e não a falta de precipitação) fosse um elemento da justiça. Há, obviamente, algum valor nesse argumento. Ninguém quer obstruir os tribunais com defesas desesperadas de casos desenganados, a um grande custo monetário, quando pode barganhar. Quanto valor pode ser atribuído a esse argumento é uma questão de discernimento, não um fato verificável.

O segundo argumento é menos apelativo. Um rápido reconhecimento de culpa é encarado como uma busca de arrependimento, e o remorso supostamente indica uma menor probabilidade de se repetir a transgressão.

Ambas as premissas desse argumento me parecem de validade duvidosa. O remorso de um homem não pode ser inferido de uma confissão da qual ele obtém um benefício óbvio. Não há, de forma alguma, meios de provar a sinceridade do arrependimento de um homem, e a conexão entre remorso, mesmo que sincero, e reincidência não é, de modo algum, direta. Toda vez em que perco a calma, arrependo-me sinceramente, mas eu não deveria afirmar, como consequência, que jamais perderei a calma outra vez, mesmo que o meu arrependimento se intensifique ligeiramente nos intervalos entre uma coisa e outra. Remorso por um crime não é o mesmo que uma garantia de que o prisioneiro não cometerá um crime parecido. Em todo caso, um homem deve ser punido pelo que fez, não pelo que pode vir a fazer no futuro.

Mudei minha opinião a esse respeito gradualmente, enquanto trabalhava na prisão, até que me opus (em teoria e, até onde me fosse possível, na prática) ao sistema de condicional, o qual é intrinsecamente arbitrário e injusto.

Eu cometi um grande erro no começo da minha carreira na penitenciária. Um prisioneiro, detido preventivamente por um grave ato de violência, começou a desenhar em sua cela. Como quase sempre acontece com esse tipo de prisioneiro que é levado à arte, seus desenhos eram arrepiantes, perturbadores e horríveis. Várias vezes ele desenhou um olho humano isolado com uma adaga lhe trespassando. Como tivesse gravemente ferido alguém no olho, enviei uma cópia do desenho ao juiz incumbido do caso, a fim de sugerir o quão perigoso era o prisioneiro. Isso pode parecer, em uma primeira impressão, a coisa razoável a ser feita, mas na verdade não era – e, além de errada, era injusta.

Em primeiro lugar, eu não podia indicar nenhuma evidência real (a não ser do tipo que "é razoável supor" – embora o que é razoável supor com frequência não acontece) de que o fato de desenhar imagens violentas estivesse indubitavelmente conectado com a conduta violenta. Mesmo que houvesse tal evidência, ela seria apenas de natureza estatística.

Vamos supor que, digamos, oitenta por cento dos prisioneiros que desenham figuras desse tipo – e o que contaria ou não como uma pintura similar já seria um problema – cometessem outro ato criminoso de violência menos de um ano após deixarem a prisão. O que um juiz poderia fazer, justificadamente, com essa informação, se a tivesse?

O envio do desenho feito pelo prisioneiro foi um apelo implícito da minha parte para que ele aplicasse uma sentença maior do que, de outro modo, teria aplicado (ou então por que enviá-lo?), baseando-se em sua maior periculosidade.

Com efeito, seria um pedido para encarcerar o homem não pelo que ficou provado, acima de qualquer dúvida razoável, que ele fizera, mas pelo que teria oitenta por cento de chance de ocorrer em algum momento futuro (e vinte por cento de chance de não ocorrer). Logo, por que não aprisionar alguém que ainda não fez absolutamente nada, mas que se pode demonstrar ter oitenta por cento de probabilidade de cometer um crime violento no futuro?

Entre minhas obrigações, estava a preparação de relatórios sobre prisioneiros para o comitê de condicional. Esperava-se que eu especulasse sobre a periculosidade futura de um prisioneiro elegível para a condicional, o que me recusei a fazer desde o princípio. Considerava antiético porque, mesmo que por acaso minhas especulações fossem mais acuradas do que o esperado, ou mais acuradas do que as de qualquer outra pessoa, aquilo era uma farsa. Um homem tido por mim como inofensivo, ou relativamente inofensivo, seria libertado mais cedo do que um homem tido por mim como perigoso, e isso representava a punição por crimes que ainda não foram cometidos.

Nenhum prisioneiro que não reconhecesse seu crime era solto em condicional. Suponho que a maioria das pessoas deve intuitivamente achar que isso é razoável. Mas e as pessoas que teimosamente sustentam sua inocência após a condenação, algumas das quais, pelo menos, dada a falibilidade natural das instituições humanas, estão certas em fazê-lo porque são genuinamente inocentes e foram erroneamente condenadas?

Percebi que muitos assassinos, que negaram por anos os crimes pelos quais foram condenados, confessavam-nos à medida que se aproximava o momento em que poderiam conseguir a condicional. Eles, é verdade, podiam estar enfim reconhecendo o que fizeram. Por sua vez, podiam estar fazendo uma falsa confissão apenas para serem soltos o quanto antes. Se não fizessem tal confissão, poderiam passar muitos anos mais na prisão, tantos quantos, na verdade, já haviam passado.

O sistema de condicional colocava o homem verdadeiramente inocente em um dilema terrível, pois uma confissão feita por alguém já condenado seria difícil ou impossível de retratar, ao menos com qualquer esperança de ser acreditado. Por sua vez, a inocência de um homem, por ele sustentada não obstante as óbvias vantagens do reconhecimento da culpa, não pode ser, dessa forma, pressuposta (ainda que eu suspeite que uma boa parcela deles fosse inocente). Após muitos anos na prisão, um detento pode estar tão institucionalizado que quase teme a liberdade, e também pode ser mais importante para ele manter a ficção de sua inocência, tanto para o próprio bem quanto para o bem da família.

Além do reconhecimento da culpa, o sistema de condicional buscava e premiava o arrependimento.

Mas, uma vez que os sentimentos de remorso de um homem não podem ser diretamente observados, apenas a expressão desse remorso era premiada – e tais expressões são baratas. É claro que qualquer um que esteja ouvindo ou observando expressões de arrependimento pode formar uma opinião acerca de sua sinceridade ou falta dele, e do quanto a forma externa corresponde à realidade interior. Mas qual de nós nunca foi ao teatro e não foi convencido por representações de toda gama de emoções humanas?

A condicional, então, premia não um estado interior louvável ou desejável, mas, ao menos potencialmente, a capacidade de atuar (e pune a sua ausência). De novo, mesmo que nossa capacidade de distinguir entre o remorso falso e o verdadeiro fosse bem maior do que o acaso – e admitindo por um momento o que não é verdade, que o arrependimento pode ser dividido de forma binária em verdadeiro e falso, sem nada entre uma coisa e outra –, poucos de nós alegariam que nossa capacidade se aproximaria de um nível além da dúvida razoável.

Em outras palavras, a concessão da condicional para uns e a negação para outros em bases intrinsecamente muito incertas equivalem à punição arbitrária, cuja eliminação é um dos propósitos da lei. Por conseguinte, a punição deveria ser sempre determinada, incluindo para homens muito ruins.

A condicional é uma manifestação da logocracia, o primado das palavras e daqueles que ou vivem por elas ou são capazes de manipulá-las. Mas as palavras, como diz Hobbes[4], são os contadores dos sábios e o dinheiro dos tolos. Elas também são o dinheiro das fraudes, dos administradores, carreiristas e ditadores. Nós nos esquecemos, se é que alguma vez lembramos, das palavras de Kent para Lear[5] quando ele alerta o velho contra tomar as palavras pelo valor de face: "Nem é oco o coração que, baixinho, / Não badala no vazio".

---

[4] Thomas Hobbes (1588-1679) foi um filósofo político inglês, autor do clássico *Leviatã*, de onde (parte I, capítulo IV) Dalrymple retirou a citação. (N.T.)

[5] Em *Rei Lear* (ato 1, cena 1), de William Shakespeare. (N.T.)

6. Suicídios

Doença como bem

Estava prestes a escrever "o pior suicídio de que tomei conhecimento na prisão..." quando me dei conta do quão insensível soaria a frase. Eu seria como um desses desafortunados homens ou mulheres (ou, nos dias de hoje, pessoas) que são porta-vozes da polícia e, tendo de se pronunciar sobre o assassinato de um jovem à imprensa, ao rádio e à televisão, dizem coisas como: "Este foi um assassinato particularmente desnecessário (ou despropositado, ou sem sentido)", como se houvesse assassinatos necessários. (W. H. Auden, em seu poema renegado sobre a Guerra Civil Espanhola[1], fala de "assassinato necessário" – em um senti-

---

[1] Em 1937, o poeta inglês (depois naturalizado norte-americano) W. H. Auden (1907-1973) foi à Espanha, então em plena Guerra Civil, com a intenção de se juntar à causa republicana. Queria dirigir uma ambulância, mas os insurgentes colocaram-no para transmitir propaganda via rádio. Ele acabou abandonando a função e foi visitar o *front*. Permaneceu no país conflagrado por sete semanas. A partir do que vivenciou lá, escreveu o poema referido por Dalrymple, do qual há duas versões: "Spain", publicado em forma de panfleto em 1937, e "Spain 1937", versão revisada e que pode ser encontrada no volume *Another Time* (1940). Posteriormente, Auden renegaria o poema (por considerá-lo "desonesto" ao expressar visões políticas nas quais nunca acreditara, mas que então julgava "retoricamente efetivas") e não o incluiria em antologias. Os versos a que Dalrymple alude estão na antepenúltima estrofe da versão revisada, traduzida como

do positivo.) É verdade, claro, que assassinatos, mesmo os cometidos por impulso, em geral fazem algum sentido e são explicáveis pelos motivos daqueles que os perpetraram. Mas o assassinato razoável me parece uma classe sem membros, como a dos insetos com penas. Se um assassinato fosse razoável, não seria assassinato – o que não é o mesmo que dizer que eles sejam necessariamente cometidos em um estado de insanidade.

É agora costumeiro que o porta-voz da polícia diga que os seus, isto é, que os pensamentos da polícia estão com a família do que F. Tennyson Jesse[2], a descendente de Alfred Tennyson que escrevia sobre assassinatos, chamava de executado. Isso não só é uma inverdade como precisa ser uma inverdade.

Não é verdade porque, como qualquer pessoa que esteve perto de policiais sabe, essas palavras açucaradas e que soam compassivas não brotam naturalmente de seus lábios e não correspondem a nenhum sentimento por trás deles. A maneira de falar usual dos policiais, por razões óbvias, é irônica ou mesmo cínica. Certa vez, por exemplo, eu estava em um Tribunal do Magistrado[3] onde um réu acabara de ser multado por alguma pequena infração. Ele achou que isso era uma injustiça, contudo, e se

---

"Espanha, 1937" por José Paulo Paes: "Hoje o inevitável aumento das chances de morrer / A cônscia aceitação da culpa no fato do assassínio" (em *Poemas*. São Paulo: Companhia das Letras, 2013). (N.T.)

[2] Fryniwyd Tennyson Jesse (1888-1958) foi uma criminologista, jornalista e escritora inglesa, sobrinha-neta de Alfred Tennyson (1809-1892), um dos maiores poetas britânicos. Jesse notabilizou-se, entre outras coisas, pelo livro *Murder & Its Motives* (1924), no qual dividia as motivações dos assassinos em seis categorias. Assim, eles matariam: para obter alguma vantagem (em geral financeira); por vingança; por julgar necessário eliminar alguém (por exemplo: a vítima conhecia algum segredo cuja revelação poderia prejudicar o assassino); por ciúmes; por convicção (assassinato por razões políticas, ideológicas, etc.); e porque sentem prazer em matar. (N.T.)

[3] No sistema jurídico inglês, o Tribunal do Magistrado (*magistrates' court*) é uma instância inferior onde se julgam delitos menores (como infrações de trânsito) e ocorrem audiências e procedimentos preliminares relativos a crimes mais graves. (N.T.)

recusava a deixar o banco dos réus, onde permaneceu protestando vigorosamente. Havia dois policiais à paisana atrás de mim na galeria (via-se que eram policiais pelas botas que usavam, muito bem lustradas), e um disse para o outro, com lúgubre impassibilidade, sobre o homem no banco dos réus: "Acho que ele precisa dum'ajuda". A polícia deve se comportar com tato, é claro, mas seu trabalho não é ter empatia pelos familiares da vítima, mas trazer o culpado à justiça – o que, pela minha experiência, é a melhor terapia possível.

Suponho que o que eu intentaria dizer, caso tivesse escrito "o pior suicídio na prisão", seria o suicídio que mais causou perturbação àqueles que o testemunharam. O prisioneiro era um homem sórdido que passou a maior parte da vida adulta entrando e saindo da cadeia pela violência que infligia aos outros, e que tomava anfetaminas sempre que possível. Ele estava sob observação direta e contínua de agentes penitenciários havia alguns dias pela recorrência de um velho hábito, queimar os antebraços com cigarros acesos. Seus antebraços estavam marcados como que por varíola – havia agora cicatrizes recentes em estágios diferentes de evolução.

No dia de seu suicídio, pediu para assistir à missa na capela do presídio. Ele não era, até então, conhecido por ser religioso, mas o fato é que a conversão é frequentemente um prelúdio para um declínio na criminalidade, ou para "sair da vida", como dizem os prisioneiros.

Isso não é o mesmo que afirmar que a conversão religiosa é o agente da mudança, pois há um momento em que a maioria dos prisioneiros pensa em desistir da vida no crime. "Não consigo mais puxar cana", dizem. Mas, tendo chegado a esse ponto, eles precisam de outro motivo ou pretexto que não a derrota pessoal para a mudança, e a conversão religiosa é um motivo melhor do que a maioria. Meu amigo e mentor na medicina prisional tinha uma visão bem mais cínica da conversão religiosa entre os prisioneiros mais antigos. Quando, certo dia, o comitê de condicional lhe perguntou por que tantos detentos pareciam ter se convertido, ele respondeu: "Presumo que seja porque eles querem mudar a dieta" – muitos dos cultos ou religiões para os quais se convertiam tinham várias restrições alimentares. Sempre apeteceu aos prisioneiros criar dificuldades ou complicações para as autoridades.

Ainda sobre o tema, não detectei grande entusiasmo religioso entre muçulmanos, a maioria de ascendência paquistanesa. Mas, em todo caso, isso foi há mais de dez anos. As coisas podem ter mudado desde então. Eles não rezavam, não guardavam o Ramadã (exceto como tática para atrasar o processo quando eram chamados ao tribunal), não exigiam comida *halal*[4] e, até onde eu podia ver, não davam a mínima para seu imã[5], um homem agradável, de boas maneiras, tímido e quase obsequioso. Na verdade, eles eram de uma vertente linha-dura e desgarrada cuja maior preocupação religiosa (mais social do que religiosa, a rigor) era preservar o sistema de casamentos arranjados e forçados – arranjados para os homens e forçados para as mulheres.

Havia um pequeno grupo de muçulmanos, contudo, que era mais praticante, os de ascendência jamaicana, agora chamados afro-caribenhos apesar de serem da segunda geração nascida nesse país (talvez devessem ser chamados de afro-saxões). Era divertido ver as namoradas deles chegarem à prisão para visitá-los com sua prole, elas que, até pouco tempo antes, usavam os trajes mais curtos, mas agora estavam envoltas em roupas pretas feito corvos, cobrindo tudo, exceto os olhos. Como era provável que seus avós, em particular suas avós, fossem evangélicos ou cristãos pentecostais devotos que iam à igreja

---

[4] *Halal* é uma palavra árabe que significa "permitido, autorizado". Diz respeito à comida preparada conforme os preceitos ditados pelo Alcorão (e também às formas apropriadas de se comportar, se vestir e falar). Há regras quanto à maneira como os animais, por exemplo, devem ser criados e abatidos e uma lista de alimentos proibidos (como a carne de porco). O consumo de bebidas alcoólicas também não é permitido. (N.T.)

[5] Outro termo árabe, "imã" significa "aquele que guia" e é uma autoridade religiosa no islamismo, embora não equivalente a um rabino ou um padre, além de seu conceito variar conforme as vertentes, regiões e até mesmo mesquitas. Em alguns grupos, é aquele que dirige as orações. Para os sunitas, é um título dado aos califas (literalmente, aqueles tidos como "sucessores" de Maomé) e, também, a figuras notáveis, como alguns teólogos de renome. Entre os xiitas, o termo muitas vezes diz respeito ao líder de determinada comunidade, mas também tem um sentido mais profundo e de teor escatológico. (N.T.)

todo domingo, impecavelmente vestidos, usando luvas e chapéu, para falar em línguas, vale a pena especular sobre o que era a atração pelo Islã para esses prisioneiros.

Penso que podemos seguramente excluir o que Gibbon[6], em outro contexto sobre conversão religiosa, chama de "a verdade da doutrina em si", posto que eles não eram um grupo de pessoas muito preocupadas com questões arcanas e obscuras sobre a verdade em geral. Tendo sido, em sua maioria e no passado recente, sexualmente promíscuos e predatórios, como vários de seus colegas, o Islã lhes deu meios de controlar melhor suas mulheres, pois, ainda que promíscuos e predatórios, eles sempre queriam a posse sexual exclusiva de alguém, até mesmo para massagear o ego. A religião era um modo de tornar isso mais fácil.

---

[6] Edward Gibbon (1737-1794) foi um historiador inglês, autor do clássico *Declínio e Queda do Império Romano*. A frase citada por Dalrymple está logo no começo do capítulo XV da referida obra. Transcrevo um trecho (p. 236): "Nossa curiosidade é naturalmente impelida a perguntar por que meios obteve a fé cristã vitória tão notável sobre as religiões estabelecidas no mundo. A tal indagação se pode dar uma resposta óbvia, mas satisfatória, de que foi graças à convincente evidência da própria doutrina e à divina providência de seu grande Autor. Entretanto, como a verdade e a razão raras vezes têm recepção favorável no mundo, e como a sabedoria da Providência condescende frequentemente em fazer das paixões do coração humano e das circunstâncias gerais da humanidade os instrumentos com que executa o seu propósito, seja-nos ainda permitido perguntar (embora com a devida humildade), não em verdade quais as primeiras, e sim as segundas causas do rápido desenvolvimento da Igreja Cristã. Ao que parece, foi ele favorecido e assistido, de modo efetivo, pelas cinco causas seguintes: I. O inflexível zelo e, se nos é permitido usar tal expressão, a intolerância dos cristãos – derivada, é verdade, da religião judaica, mas purificada pelo espírito acanhado e antissocial que, em vez de atrair, dissuadiu os gentios de abraçar a lei de Moisés. II. A doutrina de uma vida futura, valorizada por toda e qualquer circunstância ocasional que pudesse dar peso e eficácia a essa importante verdade. III. Os poderes miraculosos atribuídos à Igreja primitiva. IV. A pura e austera moralidade dos cristãos. V. A união e a disciplina da república cristã, que formou aos poucos um Estado independente que se desenvolveu no coração do Império Romano" (Trad. José Paulo Paes. São Paulo: Companhia de Bolso, 2008). (N.T.)

Um segundo atrativo do Islã era que, além de um pretexto para desistir da vida no crime, eles queriam sentir que não tinham se rendido por completo à sociedade ao redor, o que representaria um sinal de derrota. Qual seria a melhor forma, então, de abandonar o crime, mas se opor à sociedade, do que aceitar o Islã, que eles sabiam que era temido e desgostado pela maior parte dos brancos? O Islã matava dois coelhos com uma cajadada só. Dava a eles um motivo para abandonar o crime, mas permitia que mantivessem sua atitude opositora e desafiadora contra a sociedade. Eu, às vezes, encontrava o Alcorão, ou outra literatura islâmica obviamente direcionada aos convertidos e à conversão, em pichações espalhadas pela prisão (mas nunca a Bíblia ou literatura cristã).

No meu tempo, nem um único "graduado" na prisão foi, jamais, condenado por um ato ou uma conspiração terrorista, mas, certa vez, um jovem me confidenciou que sua ambição era ser um homem-bomba. Sua mãe era britânica e o pai, árabe. Em outra época, ele desejaria se passar por britânico, mas os tempos mudam e agora é considerado mais heroico ser membro de uma minoria, e ele se dizia árabe.

Esse jovem era muito desagradável e tinha um longo histórico de violência (bem como de uso de drogas). A violência era seu único método para obter o que queria. Embora não fosse alto, tinha a constituição de um veículo blindado, e parecia ter uma blindagem contra a dor. Era feio, mas não só fisicamente – uma feiura da alma se manifestava em suas expressões. Estava preso daquela vez por ter agredido a mulher, coisa que considerava correta. Às vezes, quando se sentia frustrado, irrompia da cela a toda velocidade e se atirava contra a parede oposta, usando a cabeça como um aríete. Ele suportava bem a dor e dizia que era um treino para coisas que estavam por vir.

Um dia, ele me disse que se mataria tão logo saísse da prisão, explodindo-se em um espaço público e levando consigo o máximo de pessoas que pudesse. Eu devia – estaria obrigado a – avisar a polícia? Liguei para o Conselho de Medicina e falei com um dos advogados. Se eu achasse que o homem falava sério, disse ele, deveria contar à polícia; mas, ao mesmo tempo, deveria contar ao paciente que estava fazendo isso.

Foi o conselho mais idiota que já recebi a respeito de qualquer assunto. Em primeiro lugar, o homem em questão ainda seria meu paciente; em segundo, fazer dele meu inimigo era perigoso para mim; e, em terceiro, isso comprometeria o trabalho do serviço secreto.

O que aconteceu foi que eu tinha um amigo que havia trabalhado para o serviço secreto, e pedi que me colocasse em contato. Ele me passou o número de alguém, e eu contei sobre o prisioneiro. A pessoa me agradeceu pela informação e, algumas semanas depois, ligou para me agradecer outra vez e dizer que o homem já era conhecido por eles e seria objeto de vigilância cerrada depois que saísse da prisão. Nunca mais falei com esse agente desde então.

O problema do falso-positivo – um homem erroneamente presumido como tendo um alto risco de se comportar perigosamente – sempre me assombrou. Tive um paciente, um jovem que usava roupas militares, embora nunca tivesse sido um soldado, estilo de vestuário que sempre achei meio sinistro. Além disso, ele costurou uma pequena bandeira da Alemanha Oriental em seu braço, o que não se poderia evitar de supor que fosse um sinal de aceitação de um regime outrora inaceitável.

Havia muitas coisas a respeito desse jovem que me preocupavam. Ele era socialmente isolado, exceto por ter se associado a um clube de tiro; na maior parte do tempo, ficava em casa lendo livros sobre guerras. Além disso, e, no entanto, era um vegetariano militante e amava os animais. Ele me contou que, quando ia ao supermercado local (onde eu também fazia compras às vezes), ficava tão furioso com o balcão das carnes – por causa das condições cruéis em que os animais eram criados e mantidos – que sentia vontade de atirar em todos que estivessem ali parados. Falou isso entredentes, feito alguém que mal pudesse controlar a raiva.

Fiquei preocupado que um dia ele pudesse executar esse plano, desejo ou fantasia, que um dia atirasse mesmo nas pessoas no supermercado. Então se descobriria que ele fora meu paciente e eu não fizera nada para impedi-lo de sair matando dessa maneira. Eu seria considerado mais responsável pelas mortes do que ele – seria vilipendiado. Uma vez que sua ameaça era tão vaga e inespecífica, não contei para ninguém (exceto o seu médico) e é claro que até hoje, mais de um quarto de século depois, não ouvi falar de nenhum massacre perpetrado por ele. Agora, ele já passou da idade em que geralmente se comete tais massacres; mas, por alguns anos, não ficaria surpreso se ouvisse que ele perpetrou um assassinato em massa.

Voltando, após essa longa digressão, ao "pior suicídio de que tomei conhecimento", o homem foi levado, conforme pedira, à capela da penitenciária. Havia razões outras que não o sentimento religioso pelas quais os prisioneiros pediam para ir à capela. Era uma quebra na rotina, e dizia-se que o lugar servia para traficar e conspirar. Mas, uma vez que a religião era oficialmente aprovada e, ainda, que sua prática era considerada um direito humano, não se podia negar acesso a nenhum prisioneiro que quisesse ir, a não ser que se tratasse de um louco varrido.

O prisioneiro foi acompanhado por dois agentes, mas não estava algemado. De repente, enquanto caminhava pela torre central da parte vitoriana do presídio, livrou-se dos agentes e fez o que ninguém jamais fizera antes ou sequer se acreditava possível. Ele escalou a lisa e escorregadia parede azulejada até uma altura considerável – feito o conde escalando as paredes do Castelo de Drácula – e, então, se atirou de cabeça no chão de pedra lá embaixo. Morreu no ato. Desnecessário dizer que os dois agentes que o acompanhavam ficaram profundamente abalados.

É questão de conjectura o quão cedo seus pensamentos se voltaram para o medo de que a culpa por esse evento imprevisível lhes fosse atribuída. É uma diretiva da gestão moderna (não só na prisão) de que sempre há alguém para culpar. E a pessoa que plausivelmente pode ser objeto disso deve estar no ponto mais baixo da hierarquia. Uma grade de metal logo foi instalada na torre para evitar uma repetição.

Prisioneiros não parecem levar o suicídio de um dos seus como algo muito trágico. De fato, à medida que um suicídio era um embaraço para as autoridades, os prisioneiros o recebiam de bom grado e eram até mesmo coniventes com ele. Certa vez, por exemplo, tivemos um prisioneiro que era um famigerado automutilador que se cortava com facas ou navalhas, cujos ferimentos resultantes eram mais potencialmente fatais do que apenas desfiguradores – é o caso, em geral, de presidiários que se cortam. Ele havia por diversas vezes quase sangrado até a morte, e, sendo tão difícil de lidar, era mandado de penitenciária em penitenciária. Causava tanta ansiedade que cada prisão teve a sua vez de supervisioná-lo.

Ele estava sob a observação direta de dois agentes quando, no entanto, conseguiu cortar a garganta fundo o bastante para precisar de uma cirurgia fora da penitenciária. Tinha escondido uma lâmina de barbear entre a gengiva e a parte interna da bochecha, e, quando a vigilância dos oficiais se distraiu por um momento, ele a tirou e cortou a própria garganta.

Como obtivera a lâmina? Alguém que trabalhava na cozinha ou a cargo da comida escondeu a lâmina, no caminho entre a cozinha e a cela, em um purê de batatas que depois lhe serviu. Ele não pôde usá-la de imediato, mas esperou pelo momento propício.

Ele não morreu; a operação em sua garganta foi um sucesso. Não era, de fato, um suicida e ficou orgulhoso do próprio sucesso, feito um veterano de guerra ou, melhor dizendo, guerras. Ele era o Coriolano[7] da automutilação. Também era um assaltante reincidente. Ninguém o compreendia, e eu menos ainda. O que seria tal compreensão, qual seria o momento *Eureka* em que alguém poderia dizer: "*Agora* eu entendo"?

Sendo uma penitenciária, um suicídio aparente se revelou um assassinato. Eu estava de sobreaviso quando o telefone tocou às três da manhã.

– O senhor pode vir à penitenciária, doutor? Houve uma morte em custódia.

"Uma morte em custódia" era a frase que se usava, como se fosse um fenômeno à parte, completamente diferente de todas as outras mortes, e de certa forma era mesmo. Com o estado *in loco parentis*[8], como era para todos aqueles detidos às suas ordens, isso pressupunha um grau de

---

[7] Caio Márcio Coriolano foi um general romano que viveu no século V a.C., famoso pela participação no vitorioso cerco à cidade volsca de Corioli (daí seu cognome Coriolano). Posteriormente, foi exilado e liderou os outrora inimigos volscos em um ataque a Roma, em 488 a.C. Apenas pela interferência de sua mãe, ele teria desistido de invadir a cidade. Coriolano foi imortalizado por Shakespeare na tragédia que leva seu nome, escrita em 1608. (N.T.)

[8] Expressão latina que significa "no lugar dos pais" e diz respeito às responsabilidades de uma pessoa, instituição ou organização ao assumir funções e encargos em relação a outrem. No caso específico, o prisioneiro estava sob responsabilidade do Estado, que devia zelar pelo seu bem-estar, até para que pudesse responder nas melhores condições possíveis o processo em curso. (N.T.)

responsabilidade maior para com eles do que em relação aos cidadãos com maior espírito cívico.

O prisioneiro estava, com certeza, morto quando cheguei à prisão. Na verdade, estava assim havia algum tempo. Eu o encontrei deitado em sua cama, onde os agentes o tinham colocado depois de tentar ressuscitá-lo no chão. A coisa toda tinha sido bem inútil. Já estava morto quando cortaram a corda com que aparentemente tinha se enforcado (todos os agentes carregam tesouras especiais com esse propósito).

Mesmo assim, eu o examinei e me certifiquei de que estava morto. Em seguida, falei com o companheiro de cela, que estava presente quando o outro se enforcou. Ele alegou ter acordado, visto o homem se enforcando e pressionado a campainha de emergência de imediato. Mas eu o achei estranhamente indiferente à experiência, completa e mesmo gelidamente calmo e distante a respeito dela. Registrei isso nas minhas anotações. No pequeno número de ocasiões em que tive uma tarefa similar, o prisioneiro envolvido estava sempre abalado, em geral tremendo muito. Esse homem não demonstrava qualquer emoção.

Outra coisa estranha foi que ele recusou o comprimido para dormir que ofereci. Apenas em raríssimas ocasiões eu prescrevia esse comprimido. Como eram moeda corrente na prisão, receitá-los logo se tornou uma vara com a qual os prisioneiros batiam nas costas do médico – o prisioneiro para quem havia prescrito logo voltaria exigindo mais, ficando furioso se recusado. Era algo quase sem precedentes que um detento rejeitasse a oferta de um comprimido para dormir, mas foi o que esse homem fez, evidentemente confiante de que voltaria a dormir como se nada tivesse acontecido. Também registrei essa recusa das mais incomuns em minhas anotações.

Quando eu saía, um prisioneiro de uma cela vizinha me chamou. A notícia do enforcamento já havia se espalhado.

Disse-me que era amigo do enforcado e tinha caminhado com ele pelo pátio de exercícios naquela mesma tarde, quando não parecia nem um pouco deprimido e estava ansioso por sua iminente soltura da prisão. Também registrei isso nas anotações, e depois fiquei feliz que o tivesse feito. Agradeci ao amigo do morto pela informação.

O que, no entanto, ele quis dizer? Aquilo não parecia um suicídio qualquer, por mais que nenhum suicídio seja comum. Tudo se esclareceu no dia seguinte – ou, melhor, mais tarde naquele mesmo dia.

Um prisioneiro se aproximou de mim e disse: "Desculpe, doutor, posso ter uma palavrinha com o senhor?". Quando um prisioneiro pedia isso, eu nunca recusava; era sempre algo importante. Eu o levei para a minha sala.

– Eu não sou bate-pau, doutor – ele disse. – O senhor sabe disso, né? Não sou bate-pau. [Um "bate-pau" é um informante, e "bater pau" é delatar. Ele "me bateu pau" é ser delatado por alguém.] O senhor não vai me bater pau, vai, doutor?

Ele temia que eu dissesse a outros prisioneiros qual era a fonte da minha informação: pau sobre pau.

– Não, claro que não.

– Não sou bate-pau, doutor, não sou bate-pau de jeito nenhum, não quero que o senhor fique pensando que eu sou, mas acho que tenho que te contar uma coisa.

O que ele contou era que o tinham colocado na mesma cela que o homem, que, por sua vez, dividia a cela com o aparente suicida, e que o sujeito tinha se gabado de enforcar o outro.

Ele tinha dado uma escolha à vítima: ter a garganta cortada enquanto dormia ou fingir suicídio enforcando-se. Evidente que o falecido, aterrorizado pelo companheiro de cela e com medo de chamar os agentes, não conseguiu pensar em nenhuma saída além de se enforcar. O culpado usou o lençol da cama da vítima para fazer a corda e empurrou a cadeira debaixo dela.

Agradeci ao informante e disse a ele que precisava ligar para a polícia e lhes dar o seu nome. Garanti que os outros prisioneiros não o considerariam um bate-pau porque eles – em sua maioria – impunham um limite em se tratando de assassinatos, especialmente um tão covarde e unilateral como aquele (uma briga justa teria sido diferente). Mas, se ele estivesse com medo, poderia ser protegido. Liguei para a polícia, prestei meu depoimento e não ouvi mais nada a respeito até que fui chamado ao tribunal para testemunhar.

Nessa altura, o acusado já tinha confessado à polícia e corroborado a história contando que jogara a navalha, com a qual ameaçara o falecido, na privada da cela, onde a encontraram. O acusado era um criminoso violento que tinha passado a maior parte da vida preso, e, com uma ficha que datava de muitos anos, foi preciso procurar nela por mortes inesperadas de outros companheiros de cela no decorrer de sua carreira na prisão.

Não havia nenhuma, mas um forte testemunho foi dado em seu julgamento. Outro detento com quem ele dividira uma cela descreveu como eles discutiram sobre qual seria a melhor maneira de ser admitido na ala hospitalar, onde o regime prisional era mais relaxado e confortável. O acusado falou de uma trapaça que por certo funcionaria. A testemunha fingiria que se enforcava e o acusado chamaria um agente. Tinham certeza de que ele seria admitido na ala hospitalar depois disso.

O plano correu bem – a princípio. Mas, quando a testemunha estava sendo estrangulada pela corda, o acusado, em vez de chamar o agente, ficou olhando para ela e gargalhando. Por sorte, calhou de um agente olhar pelo postigo e correr para salvar a testemunha; o acusado fingiu que tinha acabado de acordar e estava prestes a chamar os agentes. A testemunha não se atreveu a contar a verdade para os agentes, que acreditaram no acusado.

Em outra ocasião, eu caminhava pela prisão quando ouvi o que se chamava de "apito de emergência". Mesmo nesses dias altamente tecnológicos, não havia maneira melhor de sinalizar uma emergência que por meio do apito dos agentes penitenciários, cujo som atravessava a prisão e sempre indicava a direção de onde vinha. Eu carregava um desses apitos, mas nunca precisei usá-lo e duvido que, caso precisasse, teria a presença de espírito para tanto. E usá-lo sem necessidade seria o equivalente a puxar o cordão de emergência de um trem.

O apito de emergência era sempre seguido pelo som dos agentes correndo para a cena. Quando acontecia na parte vitoriana da prisão, o som era impressionante: disciplinado, sem gritaria, apenas o som que ecoava dos muitos homens correndo ao longo das passarelas de metal, urgente e real. Outros agentes trancavam os prisioneiros em suas celas a fim de evitar que tirassem vantagem da situação.

Naquela ocasião, era um prisioneiro que tinha se enforcado. Recebi uma mensagem para ir à cela dele de imediato. Estava no chão, inconsciente, a corda tendo sido cortada. Seu coração tinha parado e ele não respirava. Conseguimos ressuscitá-lo; não estava dependurado havia muito tempo, quase como se tivesse planejado que o achassem pouco antes de morrer, ainda que isso fosse um cálculo muito complicado e fácil de errar. Um grito de socorro, um sinal de angústia?

A história de prisão favorita da minha mulher é aquela em que, certa manhã, tive que ir à penitenciária nas primeiras horas do dia, pois um agente fora chamado a uma cela pela campainha de emergência pressionada por um prisioneiro, o qual fazia um nó para si mesmo. Quando cheguei, o agente estava sentado ao lado do detento. Era muito, muito, muito cedo.

— As coisas que cê tem que fazer pel'humanidade, doutor — ele disse assim que entrei com meus olhos injetados.

— Cê o quê? — disse o prisioneiro.

— Pel'humanidade — disse o agente, e se virou para ele. — Cê é humano, não é?

Mesmo os menores gestos devem ser encarados com seriedade, contudo. É um dos mitos mais duradouros, de algum modo inerradicável apenas por evidências e argumentos, que as pessoas que falam sobre ou fazem gestos direcionados ao suicídio nunca chegam a cometê-lo. Talvez esse mito seja o resultado de um falso silogismo: se a maioria das pessoas que falam sobre suicídio ou fazem gestos suicidas nunca comete suicídio, então aquelas que cometem suicídio nunca falam a respeito ou fazem gestos suicidas. Mas, é claro, nada disso significa que gestos suicidas não sejam usados como chantagem emocional para obter algum controle sobre os outros.

O jovem que havia tentado se enforcar veio — ou foi trazido — de volta. Estávamos satisfeitos por termos salvado uma vida e ficamos bastante desapontados que ele não parecesse ter consciência do quão perto da morte estivera. Problemas com a namorada levaram à ação suicida. Alguns meses depois, recebemos a notificação de que ele estava processando a prisão por não o ter impedido de se enforcar, para começo de conversa. O caso foi resolvido fora dos tribunais com um acordo, provavelmente de alguns milhares de libras, sendo mais dispendioso se defender do que acertar as coisas dessa maneira. O prisioneiro tinha seguido o exemplo do livro de Falstaff: "vou transformar minhas doenças em bens"[9].

---

[9] Referência a Sir John Falstaff, personagem fanfarrão que aparece em algumas peças de William Shakespeare. O verso citado é de *Henrique IV – Parte 2* (ato 1, cena 2. (N.T.)

7. Dr. Não

Algemas da mente

Gratidão era coisa rara entre os prisioneiros, por razões óbvias, e, como tantas coisas raras, era preciosa, ao menos para mim. Eles, em geral, davam como certo que podiam ver um médico quase sempre que quisessem (e, nos dias de hoje, podem; o sistema mudou, e não para melhor), assim como a maioria das pessoas toma como garantida a água encanada, como se ela sempre tivesse existido. Um editorial no British *Medical Journal* sugeria que os prisioneiros deveriam ter direito à assistência médica como todas as outras pessoas, após o que nosso oficial médico sênior escreveu uma carta para dizer que essa era uma ideia excelente e muito benéfica – para todo mundo que não fosse presidiário. Em que outro lugar no país, ele perguntou, você consegue ver um médico no máximo duas horas depois de requisitá-lo?

Prisioneiros eram, em média, atendidos o quanto antes por causa de um "resfriado" ou outra condição não emergencial que, se estivessem "na rua", os deixaria encalhados em uma lista de espera. Um homem em uma festa me perguntou o que fazer para ter sua hérnia operada o mais rápido possível no Serviço Nacional de Saúde. "Cometa um delito que te leve à prisão", eu disse. Eu mandaria um prisioneiro para o cirurgião e ele seria operado em uma ou duas semanas.

Vez por outra, agentes me pediam para ver um detento que, na opinião deles, não era o "meu premiado típico". Isso era um elogio para o homem a que se referiam. Certo dia, trouxeram alguém que estava em prisão preventiva e não era "meu premiado típico". Mesmo um homem em prisão preventiva, ainda por ser julgado e que ainda é oficial e legalmente inocente, já é um "premiado" (gíria para "condenado") para os agentes, para quem não há fumaça sem fogo.

Ele era um novato e alguns anos mais velho que a maioria dos novatos. Embora sempre nos digam, sem dúvida corretamente, que não existe algo como um criminoso típico, esse homem por certo não seria do tipo se algo assim existisse. Era de fala macia, boas maneiras e um membro respeitável e qualificado da classe trabalhadora, que jamais ficara desempregado e sempre sustentara as duas filhas, a quem dera nomes fora de moda, sugerindo uma grande ternura por elas. Tomei isso como um sinal de sua decência.

A questão dos nomes é interessante. Havia certamente um excesso de jovens na prisão com nomes não tradicionais, como Lee ou Dwayne. De fato, havia tantos do primeiro que certa vez sugeri que todos os Lee deviam ser pegos ao nascer e mantidos em prisão preventiva. O sujeito de mente literal diria que a detenção provisória é, em princípio, bem ruim, como se eu quisesse ser entendido ao pé da letra. Ele pontuaria que nem todos os Lee são, de forma alguma, criminosos – embora ele também negue que as categorias "criminoso" e "não criminoso" existam, todos sendo criminosos. Por tais argumentos, generalizações se tornam impossíveis, ao menos em relação a certos assuntos, e as pessoas são capazes de apagar realidades perturbadoras ou desagradáveis de suas mentes. Saber com precisão quais realidades devem ser apagadas da mente é uma parte considerável da manutenção de uma moderna reputação de decência.

Voltemos à história do homem em prisão preventiva. Estava casado havia mais de dez anos quando, três ou quatro meses antes, sua mulher subitamente o deixou por outro homem. Ele ficou devastado; disse que, até onde sabia, nada fizera para afastá-la (exceto, talvez, entediá-la). Ainda que, nesses casos, seja necessário ouvir os dois lados, se não mais, da história, acreditei nele, em parte porque quis acreditar. Meu palpite era que, tendo se casado jovem, a mulher sentiu falta do ardor da juventude, e agora procurava, tardiamente, compensar isso; pois é possível sossegar muito cedo assim como tarde demais.

Seja como for, ele foi deixado com as duas crianças – que a mãe deserdou –, um emprego em período integral que exigia muito e uma profunda perturbação emocional. Começou a fazer o que nunca fizera antes: beber demais. Como resultado, não conseguia dormir direito. Foi ao médico reclamar da insônia e o doutor lhe prescreveu uma pílula para dormir. Na primeira noite em que tomou o medicamento, foi ao *pub* onde normalmente bebia e quebrou tudo por lá.

Ele não se lembrava do que fizera, nem conseguia oferecer nenhuma justificativa para isso. Por certo, não ganhou nada ao fazê-lo. Ele não nutria nenhuma animosidade contra o *pub*, onde sempre se comportou impecavelmente. Dava-se bem com o proprietário e não tinha qualquer motivo para se vingar. Antes de tomar o comprimido, tinha bebido cinco *pints*[1] de cerveja.

Pedi as anotações do clínico geral para corroborar a história. Isso foi nos dias em que médicos enviavam as anotações sem cobrar nada, pelo bem do paciente. Agora, elas são uma questão comercial, embora a transferência eletrônica tenha transformado o compartilhamento de informações em algo quase sem custo.

As anotações confirmaram a história do prisioneiro.

Escrevi um relatório para o advogado dele no qual dizia que as pílulas para dormir que foram prescritas tinham o raro efeito colateral de excitação paradoxal, frequentemente resultando em violência sem causa, sobretudo quando o paciente ingeria álcool. Ali estava um caso perfeito, alguns diriam de manual, do efeito colateral. Enviei cópias de literatura científica anexadas ao meu relatório, para que ninguém pensasse que eu estava meramente advogando por um paciente com o qual simpatizara, mas, sim, apresentando um estudo de caso objetivo. Tinha esperança de que o meu relatório, do qual era secretamente muito orgulhoso, levasse à sua libertação imediata.

---

[1] Medida habitual nos *pubs*, um *pint* equivale a pouco mais de meio litro (0,665, para ser exato). (N.T.)

Pouco depois do julgamento, eu caminhava pela prisão quando ele se aproximou.

– Queria te agradecer pelo que fez por mim, doutor – disse.

– Não fiz nada por você – respondi não muito sinceramente.

– Seu relatório me ajudou muito. O juiz disse que, sem ele, teria me dado o dobro da sentença.

Disse a ele que estava desapontado que não tivesse sido solto imediatamente. No entanto o juiz afirmou que o ataque no pub fora tão grave, os estragos tão grandes e o episódio tão assustador para os outros fregueses, que precisava impor uma sentença de prisão; mas, além disso, porque a caixa na qual as pílulas para dormir foram entregues avisava que elas não deviam ser consumidas com álcool. Ao ignorar esse aviso, o prisioneiro tornou-se responsável pelas consequências.

Sou linha-dura em relação ao crime e acredito que os tribunais são, em geral, muito lenientes – às vezes absurdamente lenientes –, mas achei que, nesse caso, o juiz tinha sido muito duro.

Fiquei aliviado por pensar assim, pois reassegurou que minhas visões a respeito do crime não eram motivadas por sadismo. É verdade que a embalagem dizia que não bebesse e tomasse as pílulas. Mas com certeza ele, como qualquer pessoa sensata, achou que a advertência era para o seu próprio bem, não para o bem do público, como de fato geralmente o é. Nem uma pessoa em mil teria antecipado uma reação daquelas para o medicamento, e não acho que o prisioneiro poderia razoavelmente prever aquilo. Deixar de prestar atenção aos avisos em uma caixa ou embalagem de pílulas pode ser uma tolice, mas dificilmente é criminoso. Compreendo que aqueles que testemunharam a explosão poderiam ficar insatisfeitos se o juiz lidasse com ele de maneira leniente; mas justiça é justiça, não se trata de agradar a multidão. Sei de homens que saíram livres do tribunal com apenas uma fração das justificativas que esse homem tinha para o que fez.

Ele me agradeceu outra vez pelo relatório e pelos meus esforços em seu favor. Quando o deixei, estava tocado não apenas pela gratidão, mas ainda mais por sua calma e desamargurada aceitação do destino, sua equanimidade em face da severidade da lei. Pensei que era um bom homem e sempre torci para que esse episódio não tivesse efeito duradouro sobre o resto de sua vida – ou sobre as vidas de suas filhas.

Mais ou menos na mesma época, houve outro caso no qual uma receita médica teve papel importante. Nesse caso, o homem era consideravelmente mais velho, com duas filhas crescidas. Era um alcoólatra que tinha se separado da mulher e que livremente admitia serem a bebedeira e sua consequente irresponsabilidade financeira que afastaram sua esposa. Não poderia culpá-la, ele dizia; não inventava desculpas para si mesmo. Era outro "premiado" atípico.

Seu crime também era estranho e incomum. Ele foi ao médico reclamando de depressão (ninguém mais usa a palavra "infelicidade" nos dias de hoje, todo desvio de um estado de êxtase permanente sendo considerado uma doença) e o doutor lhe prescreveu antidepressivos, como os médicos agora costumam fazer nessas circunstâncias. Na época da consulta, o paciente atribuiu as bebedeiras à depressão, e não o inverso, o que é muito mais comum (ainda que alguns bebam em excesso por causa de um humor depressivo, e não o contrário).

Ele tomou as pílulas conforme o indicado, mas não parou de beber. Certo dia, pouco depois de começar a tomar o medicamento, tendo bebido, mas ainda não se embriagado, ele descia uma rua residencial quando ouviu a voz de sua mulher vindo de uma das casas, chamando por socorro. Ela gritava (assim ele pensou) que era atacada e precisava ser resgatada. Ele tomou a voz por real, correu até a casa e bateu à porta furiosamente. Não obtendo resposta imediata, quebrou uma das janelas da frente com um soco, com a autêntica indiferença dos loucos pela própria segurança, entrou e se deparou com o assustado dono da casa, um homem idoso; os gritos da mulher ainda reverberavam em seus ouvidos. Exigiu saber o paradeiro da esposa e o que o velho estava fazendo com ela. O velho, desnorteado com o que acontecia, não deu qualquer resposta, a não ser "do que você está falando?", e exigiu que o intruso deixasse a casa; foi quando o alucinado o atacou e surrou severamente em uma tentativa de extrair a informação. (Ninguém acredita para valer que a tortura não funciona.) Por sorte, vizinhos e passantes ouviram a confusão e intervieram antes que o velho fosse ferido mais gravemente ou morto.

Esse comportamento era completamente fora do comum para o acusado, que admitia ser um bêbado – mas um bêbado tranquilo, cujos piores excessos quando alcoolizado eram os comentários estúpidos e o não cumprimento de suas obrigações. Este último era crônico, exaurindo a paciência de sua família e dos empregadores e amigos. Nunca fora preso antes, contudo, nem mesmo pelo delito mais leve. Além do mais, estava em seus cinquenta anos, uma idade pouco comum para iniciar-se no crime.

Examinando sua ficha, pude escrever um relatório em sua defesa afirmando que o comportamento extraordinário fora provocado pela medicação. Ela era conhecida por às vezes causar, sobretudo quando ingerida com álcool, alucinações vívidas, como tinha acontecido nesse caso. Pessoas com alucinações podem, com o tempo, reconhecê-las como tal, mas, quando elas começam de repente, são a princípio tidas por quem as sofre como percepções reais, e com frequência agem como se elas assim o fossem, como agira esse homem. Um colega do hospital vizinho, muito mais eminente na profissão do que eu, escreveu um relatório confirmando o meu.

O resultado foi exatamente o mesmo do caso anterior – uma sentença cinquenta por cento menor do que o acusado de outro modo receberia.

Mas, nesse caso, sem dúvida algo incoerente, achei a sentença correta. Em parte, porque uma separação prolongada do álcool era por certo necessária e faria bem a ele, o que de fato aconteceu. E pensei assim não obstante a minha oposição em geral à ideia da prisão como uma instituição terapêutica, um hospital para as doenças da criminalidade.

Conheci bem o homem e passei não apenas a gostar dele, mas também a respeitá-lo. Era muito inteligente, alguém que, se não tivesse tanta inclinação pelo álcool, teria tido uma carreira de sucesso, a despeito de sua origem humilde. À parte de sua doença – certamente uma doença grave –, era um homem de bom caráter. Depois, ele reconheceu que a prisão teve um efeito positivo, embora a tenha achado profundamente desagradável, pois lhe deu tempo para refletir sobre a própria vida, coisa que antes evitava. É apenas pensando retrospectivamente que uma pessoa pode vir a perceber sua contribuição para os próprios infortúnios e, por conseguinte (possivelmente), evitar cometer os mesmos erros no futuro, e resistir à amargura e às armadilhas do ressentimento. Poucos de nós conseguem fazê-lo de todo, e é impressionante quando vemos isso nos outros.

Ele nasceu na classe trabalhadora, nos dias em que ainda havia trabalho regular à disposição na indústria. As condições em sua infância foram, contudo, inimaginavelmente difíceis para quem viveu em uma época posterior. Não havia, por exemplo, banheiros dentro das casas. Várias residências compartilhavam a mesma latrina instalada fora – jamais luxuosa, e uma tortura no inverno. Ao mesmo tempo, havia certa solidariedade social que dava calor à existência humana. Era desnecessário trancar as portas porque ninguém roubava dos demais, e não apenas por falta de ter o que roubar. Sempre há o que roubar, e na pobreza o valor relativo de tudo aumenta.

Ainda que ele tenha parado de estudar, como de costume, aos catorze anos – costumeiro porque permanecer na escola não era financeiramente viável para os pais e, tampouco visto por eles como um caminho para fora da pobreza –, ele, contudo, recebeu, ou adquiriu por conta própria, uma educação básica bem melhor do que hoje é comum em sua classe social. Escrevia e falava de forma gramaticalmente correta; seu vocabulário era extenso; sua capacidade de raciocínio lógico bem desenvolvida, como sua carreira subsequente demonstrou; era um observador perspicaz do mundo ao redor e lia com assiduidade e inteligência. Não era vulgar em seus gostos e maneiras, mas um ser humano civilizado, independentemente de suas sérias fraquezas. Ele me lembrava de algo que aprendi na África, que pobreza não é o mesmo que degradação.

Passei muitas horas conversando com ele – tantas quanto me era possível –, e uma coisa que ele me disse ficou gravada na minha cabeça. Estávamos falando sobre arte por alguma razão – não lembro qual – e perguntei se ele alguma vez tinha ido à National Gallery. Não, ele respondeu, e eu perguntei por quê.

– Achávamos que não era para pessoas como nós.

Não era para pessoas como nós: quão reveladoras eram essas palavras. Aqui estava um homem que, por temperamento e inteligência, ganharia mais alimento da galeria do que muitas pessoas que só entram lá por um senso de obrigação, mas que era mantido fora dela por alguma força magnética, em sua própria cabeça, de repulsa. Mudando a metáfora, o verso de Blake "as mental-forjadas algemas"[2] me atingiu como a expressão vigorosa de um fenômeno do qual este era um exemplo. Criamos dificuldades para nós mesmos quando, na verdade, não há nenhuma; e paredes de pedra não fazem uma prisão.

Continuei a vê-lo como paciente no hospital vizinho depois que saiu da prisão. Não tinha qualquer evidência científica de que, ao fazer isso, produziria algum bem, e não dispunha de meios médicos de evitar que ele bebesse. Mas, intuitivamente, achei que a mera expressão de interesse por sua vida poderia encorajá-lo. Tendo ou não desempenhado qualquer papel em sua sobriedade, ele não bebeu nos três anos em que continuei a vê-lo, pelo menos, um período de abstinência mais longo do que qualquer outro em sua vida adulta.

Ele sempre dizia que seu período na prisão fora extremamente salutar e benéfico. Não acreditava que teria parado de beber sem passar por isso. Durante um dos nossos papos – não poderia chamá-los de nenhuma outra coisa, ainda que tenham se tornado menos frequentes à medida que o período de abstinência crescia –, perguntei o que os outros prisioneiros achavam de mim.

– Duro, mas justo – ele disse.

Este era um caso de copo meio cheio e meio vazio. É claro que fiquei feliz por ser tido como justo ou imparcial. Queria ser conhecido e respeitado como uma pessoa que poderia, e conseguiria, distinguir as aflições falsas das verdadeiras, e que faria o que pudesse, medicamente e mais, para ajudar os prisioneiros e até mesmo protegê-los das injustiças.

Mas ser considerado duro em vez de firme não me agradou. Tentei me convencer de que meu interlocutor quis dizer firme, e não duro, que ele

---

[2] William Blake (1757-1827) foi um poeta e pintor inglês, figura seminal do Romantismo. A citação de Dalrymple é do poema "Londres", do qual transcrevo a estrofe em questão na tradução de Mário Alves Coutinho e Leonardo Gonçalves: "Em cada grito de medo infantil, / Em cada grito humano que me acena, / Em cada voz; cada anátema frio, / Escuto as mental-forjadas algemas [...]" (em *Canções da Inocência e da Experiência*. Belo Horizonte: Crisálida, 2005). (N.T.)

escolhera a palavra errada, como todos fazemos às vezes, e que era o termo mais brando que queria dizer. Mas era o segundo prisioneiro que eu conhecia que usava essa palavra, o que dificilmente seria uma coincidência.

Não sou um seguidor acrítico da teoria do significado invariavelmente profundo da primeira coisa que nos vem à cabeça, mas, nessa ocasião, eu pensei que tivesse algo a ver com isso. A primeira palavra era a que contava. Dali em diante, resolvi adotar uma abordagem ligeiramente menos direta, sem, contudo, comprometer meu princípio geral de não prescrever medicamentos na penitenciária, a não ser quando fosse estritamente necessário. Se esse princípio, *per impossibile*[3], fosse seguido fora da prisão, a indústria farmacêutica iria à falência em uma semana.

Na penitenciária, aprendi rapidamente que ser amado pelos prisioneiros não era um propósito desejável ou sequer possível. O assim chamado amor da parte deles seria de uma variedade interesseira, ou seja, amor em vista do que pudessem arrancar de mim. Eu não era como o Príncipe, para quem era mais sábio ser temido do que amado[4], mas eu queria, ou achava importante, ser respeitado em vez de ser amado – nas circunstâncias muito estranhas da prisão. Queria ser conhecido como alguém em quem não passariam a perna facilmente e, ao mesmo tempo, aliviaria o sofrimento genuíno e não erraria um diagnóstico.

Aquele era um caminho estreito para se percorrer, e eu não diria que jamais desgarrei dele nessa ou naquela direção, até mesmo porque Hipócrates disse, algum tempo atrás, que o juízo é difícil[5]. Mas ele

---

[3] Latim: "conquanto fosse / seja impossível". (N.T.)

[4] Alusão a um trecho de O Príncipe, célebre tratado político do filósofo florentino Nicolau Maquiavel (1469-1527). Lê-se no capítulo XVII (p. 70): "Nasce daí esta questão debatida: se será melhor ser amado que temido, ou vice-versa. Responder-se-á que se desejaria ser uma e outra coisa; mas como é difícil reunir ao mesmo tempo as qualidades que dão aqueles resultados, é muito mais seguro ser temido que amado, quando se tenha que falhar em uma das duas. [...]" (em *Maquiavel – Os Pensadores*. Trad.: Lívio Xavier. São Paulo: Abril Cultural, 1983). (N.T.)

[5] Hipócrates (460 a.C.-377 a.C.) é uma das figuras mais relevantes da história da ciência médica, sendo conhecido como "o pai da medicina". O aforismo referido por Dalrymple é: "A vida é breve; a arte, vasta; a ocasião, instantânea; a

deve ser exercitado, ou os resultados serão em geral muito piores. Quando, perto do fim da minha carreira na penitenciária, doutores novos e inexperientes foram trazidos para fazer a maior parte do trabalho médico, não demorou muito para que um terço dos prisioneiros tivesse prescritos analgésicos opioides para os quais, em praticamente nenhum caso, havia necessidade médica.

A prescrição incontinente era consequência da crença de que todas as queixas de sofrimento se equivalem e são, portanto, igualmente passíveis de simpatia. Ser simpático requer que as palavras dos pacientes sejam levadas literalmente e pelo valor de face, incluindo a reivindicação de medicamento para aliviar o sofrimento expresso. Independentemente da validade moral desse argumento, isso não acalma os prisioneiros, mas, em vez disso, acaba por inflamá-los. As doses nunca eram altas o bastante ("Não tá me segurando, doutor", eles diziam, "não tá me segurando"), ao passo que uma recusa inicial evitava a escalada desde o começo.

Soube depois que era conhecido na prisão como Dr. Não, maneira como se referem a alguém que se recusa a prescrever sempre que solicitado. Claro que isso não é o mesmo que dizer que eu nunca prescrevia. Embora sempre explicasse as razões da recusa, alguns não queriam ouvir.

– Pensei que cê tivesse aqui pra m'ajudar – alguns diziam.

– Estou aqui para fazer o que acho que seja o certo para você.

Isso era antiquadamente paternalista. Para muitos, o que querem e o que é bom para eles significam uma distinção sem importância. Mas me parece que um médico não pode, e não deve, evitar por completo o paternalismo.

Lembro-me, por exemplo, de um prisioneiro de meia-idade com uma pressão sanguínea moderadamente alta. Expliquei o crescente risco de derrame ou ataque cardíaco que ele corria, e a redução do risco caso tomasse um medicamento pelo resto da vida. Expliquei que muitas pessoas na mesma situação precisavam tomar o remédio, e que poucas conseguiam evitar

---

experiência, incerta; o juízo, difícil" (citado por Armando Tavares de Souza na página 56 de seu *Curso de História da Medicina – Das Origens ao Século XVI*. Lisboa: Fundação Calouste Gulbenkian, 1981). (N.T)

o infarto ou derrame, acrescentando que, infelizmente, no momento era impossível predizer quais pacientes que usassem o medicamento seriam os sortudos. Por fim, disse a ele alguns dos possíveis, mas não prováveis, efeitos colaterais do medicamento que eu sugeria.

Tendo lhe dado todas essas informações, necessárias para o consentimento – embora sempre haja mais informações –, perguntei se queria fazer o tratamento.

– Eu não sei – disse ele. – O senhor é o doutor.

Esta me pareceu uma resposta perfeitamente razoável. Qual era o sentido de ir ao médico se você precisava decidir tudo por si só? Você consulta o médico para ser aconselhado, não apenas pela informação na qual basear uma decisão. Algumas vezes na vida eu renunciei ao cuidado dos médicos e não tenho motivos para me arrepender disso.

Embora não fosse um homem educado nem inteligente, o prisioneiro colocou uma segunda questão pertinente:

– O senhor tomaria se fosse eu, doutor?

A resposta era o que Donald Rumsfeld[6] sem dúvida chamaria de "indiretamente direta". Havia ao menos duas questões aqui: o que eu faria se fosse um homem racional, e o que eu faria na prática.

O problema com a primeira questão é que não há como respondê-la, nem mesmo em princípio. Um homem poderia pensar que valeria a pena gerar o aumento do risco estatístico pela conveniência de não tomar os remédios todos os dias, enquanto outro pensaria que a inconveniência valeria a pena. Não vejo como o risco e a inconveniência possam ser reduzidos a uma mera escala de medidas que permitiria uma forma de decisão puramente racional entre os dois cursos de ação.

A segunda questão, o que eu faria na prática, era felizmente bem mais fácil de responder. Como a maior parte da humanidade, eu não tomaria a medicação conforme prescrita nem mesmo se tivesse a intenção.

---

[6] O norte-americano Donald Rumsfeld (1932) é um empresário e político aposentado. Foi Secretário de Defesa dos Estados Unidos por duas vezes: entre 1975 e 1977, na administração de Gerald Ford, e de 2001 a 2006, durante o governo de George W. Bush. É conhecido pela franqueza que não raro beira a grosseria. (N.T.)

As pessoas adoram tomar remédios, mas não conforme a receita e não todos os dias. Pelo menos a metade das pessoas para quem é prescrita medicação para diminuir a pressão sanguínea desiste de tomá-la em menos de um ano, e a outra metade toma intermitentemente, apenas quando lembra. O prisioneiro me parecia estar na pequena categoria de pessoas que tomam seus remédios com assiduidade, e precisamente como foram prescritos.

– Se eu fosse você – falei –, não tomaria.

E apenas para me certificar de que ele não sentisse a menor pontada de ansiedade ou culpa por não tomar, emoções que apenas envenenariam sua existência, acrescentei que eu estava certo de que ele não sofreria um derrame ou ataque cardíaco, embora, é claro, não pudesse afirmar uma coisa dessas com certeza.

Às vezes, há coisas mais importantes do que a verdade.

8. Pauladas encorajadoras

"Você é britânico, não albanês."

Meu paciente alcoólatra era, como eu disse, um homem muito inteligente e, sendo hábil com computadores, abriu uma empresa na internet imediatamente depois de ser libertado. Descobriu um nicho que ainda não tinha sido preenchido e, em três semanas, fez mais dinheiro do que eu ganharia em seis meses.

Achei o empreendimento espantoso e reconfortante: espantoso porque era algo tão alheio a mim, e reconfortante porque significava que, a despeito de todos os obstáculos colocados no caminho das pessoas (e aqueles que elas mesmas colocam), nossa sociedade ainda é parcialmente aberta, ao menos economicamente. Não acredito que a riqueza seja, por si só, sinal de virtude, mas, no caso do meu paciente, fiquei muito impressionado pelo que supus que seria o acesso a uma grande fortuna, o resultado da aplicação de sua inteligência após muitos reveses na vida.

Fiquei surpreso, portanto, quando ele me disse que tinha desistido de sua empresa justo quando ela decolava. Não havia razão, dado o seu crescimento, para que ele não ficasse milionário em menos de um ano. O momento em que as coisas começaram a correr bem foi o momento em que ele começou a sair dos trilhos e a pensar que poderia beber impunemente. Ele se entregaria, então, a fantasias de onipotência, e era melhor parar antes que elas começassem.

A Duquesa de Windsor disse certa vez que nunca se é rico demais. Para a maioria das pessoas que fazem um monte de dinheiro, a riqueza não se torna algo para usufruir, mas um fim em si mesma, ou próxima disso: talvez a certeza da própria perspicácia e do poder sobre os outros. Tenho um amigo que, depois de amealhar uma fortuna razoável com trinta e poucos anos, dedicou o resto da vida à filosofia e à contemplação do belo. À exceção do meu paciente, ele era a única pessoa que eu conheci que poderia se tornar muito rica apenas pela mera continuidade de sua atuação, mas desprezou a oportunidade em razão de outro fim.

Havia outro prisioneiro que eu admirava, embora, dessa vez, desprezando a mim mesmo.

Pedi a ele que fosse me ver porque queria informações sobre seu companheiro de cela, que eu suspeitava estar se tornando psicótico. Ele fala sozinho, expressa ideias paranoicas, age de maneira inexplicável, aparenta atender a estímulos que ninguém mais percebe?

O prisioneiro, um homem na casa dos cinquenta (velho para a prisão), entrou na minha sala com um livro de Wittgenstein[1] debaixo do braço. Basta dizer que Wittgenstein não é a leitura favorita dos presidiários, e eu assim concluí que o homem à minha frente tinha sido condenado por fraude, provavelmente uma bem elaborada. Foi o que se confirmou.

Começamos a conversar e ele me disse que não tinha muito mais tempo para servir. "Servir" uma sentença de prisão sempre me pareceu uma expressão estranha. Para que ou quem tal "serviço" é prestado? Do mesmo modo, prisioneiros dizem ao final da sentença que "pagaram sua dívida com a sociedade", o que me parece ainda mais estranho.

Afinal, nos dias de hoje, diz-se que o custo anual para manter um detento na prisão gira em torno de quarenta mil libras [algo correspondente a cento e oitenta mil reais], e, por isso, quando muito, a "dívida" de um

---

[1] Ludwig Wittgenstein (1889-1951) foi um filósofo austríaco naturalizado britânico e um dos pensadores mais influentes do século XX. Contribuiu imensamente para a renovação da lógica nos anos 1920 e é considerado um dos pais da filosofia analítica (vertente que postula a análise dos enunciados e, por decorrência, da linguagem como o objetivo preferencial, quiçá único, da filosofia). (N.T.)

prisioneiro "com a sociedade", se é que se trata mesmo disso, aumentou ainda mais ao final da sentença, e o mais provável é que nunca será paga.

Crime não é contabilidade de dupla entrada, com o crime de um lado e a punição do outro. Aprisionamento não pode significar serviço ou pagamento de uma dívida. A famigerada assassina de crianças Myra Hindley[2] costumava alegar, após décadas na prisão e como uma das razões pelas quais devia ser solta, que já havia pagado sua dívida com a sociedade. Mas, então, alguém poderia previamente passar décadas na prisão e reivindicar, ao ser libertado, o direito de matar crianças?

O prisioneiro à minha frente contou que tinha uma fortuna esperando por ele quando saísse, cuja localização se recusara a revelar para as autoridades. Se o tivesse feito, sua sentença seria bem menor, mas, como um autêntico *homo economicus*, calculara que, passando três anos extras na cadeia, ele "lucraria", de fato, doze mil libras por ano.

A maior parte desses três anos extras ele passara em uma penitenciária aberta onde as condições eram bem longe de abomináveis, lembrando até mesmo as de um *country club*, e fora enviado de volta à prisão fechada – na qual nos encontramos – por um curto período antes da soltura. Ele também elogiou o serviço prisional por tê-lo tratado bem, e disse que sempre achou a prisão, se não agradável, tolerável – desde que tivesse acesso a coisas como Wittgenstein para ler.

Seu crime foi fraude de impostos – imposto sobre o valor acrescentado, para ser preciso. Era um crime sem vítimas, ou ao menos um crime cujas vítimas eram tão numerosas que não notariam a própria vitimização – digamos, uma libra da receita fiscal de cada um, dinheiro que seria

---

[2] A inglesa Myra Hindley (1942-2002) e seu cúmplice, o escocês Ian Brady (1938-2017), ficaram conhecidos na década de 1960 como "os assassinos do pântano" por terem desovado os corpos de quatro das cinco crianças mortas por eles na região pantanosa de Saddleworth Moor, no Noroeste da Inglaterra. Os assassinatos foram cometidos entre julho de 1963 e outubro de 1965 nos arredores de Manchester. As vítimas tinham entre dez e dezessete anos, e ao menos quatro delas foram torturadas e abusadas sexualmente. Julgados em 1966 por três dos assassinatos, Hindley e Brady foram condenados à prisão perpétua. (N.T.)

captado de outra forma (e possivelmente desperdiçado, é claro). Achei difícil sentir qualquer indignação moral contra isso, como senti quando uma paciente – uma senhora idosa que pagava por tudo em dinheiro – sacou mil libras de suas economias para comprar uma passagem aérea, pois queria visitar uma irmã doente e distante antes que esta morresse, e foi roubada por dois jovens que esperavam do lado de fora do banco por uma vítima exatamente como ela.

Eu até o via como uma espécie de herói, embora não fosse nenhum Robin Hood. Ele roubou dos ricos não para ajudar os pobres, mas para viver luxuosamente em algum paraíso tropical. Mas ninguém pode ser tão respeitável, por certo, que não se regozije ou aplauda quando as autoridades, especialmente as fiscais, são feitas de idiotas por um indivíduo inteligente – quem acha que o fiscal da receita é seu amigo? A fraude foi tão complexa e intrincada que não consegui entendê-la nem mesmo depois que ele a explicou para mim (até mesmo o meu formulário de imposto de renda está além da minha compreensão). Ela foi o produto de uma mente engenhosa e sofisticada que agora se voltava para Wittgenstein, e tendemos a admirar nos outros o que nós mesmos não conseguiríamos fazer.

Homens educados e de classe média muitas vezes se perguntam como aguentariam ou se sobreviveriam à prisão. A resposta é que a maioria deles sobrevive muito bem, com frequência, melhor do que os mais pobres e menos instruídos. Supõem que seria um pesadelo, e a princípio seria mesmo. Mas, por estranho que pareça, eles se adaptam e constroem uma vida para si em condições minimamente decentes. São mais hábeis do que os menos inteligentes e instruídos em se distanciar da própria experiência imediata, observando-a como se pertencesse a alguma outra pessoa. Hostilidade de classe que lhes é direcionada, se existe, não dura muito, pois os prisioneiros encontram usos para eles, como escrever cartas, examinar seus casos, e assim por diante. Logo ganham certo prestígio.

Fui preso apenas três vezes na minha vida ("Não acho que seja tão mal, e você?", como disse um agente penitenciário). Mas cada uma dessas vezes foi tão farsesca que acho difícil levar a sério. Fui preso em Honduras e deportado como um revolucionário marxista; fui preso no Gabão como um espião sul-africano; e na Albânia como um jornalista intrometido.

Apenas na última dessas ocasiões, a coisa pareceu séria (séria para mim, bem entendido), mas isso não durou muito.

Fui deportado de Honduras para a Nicarágua em minha caminhonete, depois de ter entrado lá vindo de El Salvador, com um jovem soldado, na maior parte do tempo adormecido, apontando a arma para mim enquanto eu dirigia. Tive que comprar almoço para ele, pois não passava de um mísero recruta, e senti muita pena do meu captor, que depois teria de arranjar uma carona para voltar da fronteira com a Nicarágua. Fiquei sob custódia de um policial gabonês, que me prendeu assim que desci de um caminhão no qual viera de carona, até que ele percebeu que eu era médico e, então, fez uma consulta sobre sua doença venérea em troca da minha libertação (ele andava ao redor da cadeira na qual eu estava sentado na delegacia, dizendo, admirado, "Vous avez beaucoup de papier dans la tête", "você tem um monte de papel na sua cabeça", o elogio mais elevado). Só na Albânia a minha detenção levou à prisão, ainda que breve. Foi pouco depois da queda do comunismo por lá, e um cardiologista, Dr. Sali Berish, estava no poder. Houve uma manifestação de velhos comunistas, infelizes por terem perdido o poder, na Praça Skanderbeg, bem no centro da capital, Tirana. A polícia os atacou com cassetetes, empurrando-os para trás, e eu tirei fotografias disso. De repente, meu braço foi agarrado por trás por um policial, que me levou para um camburão estacionado ali perto, dando uma paulada encorajadora nas minhas costas com seu cassetete, para me ajudar a entrar. Havia já outros dois homens, albaneses, dentro do camburão, um dos quais falava inglês fluente.

– Então, isso é democracia! – ele disse.

Voamos em alta velocidade pelas ruas de Tirana (naqueles dias em que ainda não havia trânsito – a ausência de trânsito sendo um dos indubitáveis benefícios do regime comunista), como se o nosso encarceramento fosse uma questão urgente. Chegamos a uma delegacia na periferia e fomos jogados na mesma cela, de novo com algumas pauladas nas costas para nos encorajar a não nos exaltarmos. (Depois, fiquei bastante orgulhoso dos meus hematomas.)

Uma vez ali dentro, podíamos ouvir outros prisioneiros sendo espancados nas celas vizinhas. Não sabíamos por que eles estavam presos, mas supomos que tudo aquilo fazia parte da prática policial costumeira, pois erradicar esse tipo de tradição não é algo que se faça rapidamente. A polícia presumivelmente exemplificava uma das leis do materialismo dialético, a união dos opostos: onde antes espancavam anticomunistas, agora espancavam comunistas. Os objetivos mudam, os métodos permanecem os mesmos.

Os dois albaneses detidos comigo começaram a gritar e chorar. Um deles batia na porta metálica da cela. Falei com o que tinha inglês fluente.

– Vocês precisam parar com isso – eu disse –, ou vão fazer a gente apanhar. Daqui em diante, você é britânico, não albanês. Você vai se manter em silêncio.

Por mais estranho que pareça, minha ordem funcionou. Eles pararam, embora isso tivesse o efeito de tornar os gritos dos que eram espancados ainda mais audíveis. Cerca de meia hora depois, a porta da cela se abriu e sinalizaram para que eu saísse. Eu seria solto sob as ordens do ministro do Interior, cujo principal assessor jantara comigo na véspera e andava muito preocupado com a reputação do novo regime. A notícia do meu encarceramento chegou até ele por meio de amigos que testemunharam a minha prisão.

Mas eu devia aceitar ser libertado enquanto meus dois colegas continuariam presos? Tinha que decidir em uma fração de segundo se devia bancar o herói e me recusar a sair. Eu dissera, quando me prenderam, que tinha um avião para pegar naquele mesmo dia e que não poderia me dar ao luxo de perdê-lo. (O seguro cobre prisão como motivo para perder um voo?) Claro que consenti com a minha soltura, mas com a consciência ligeiramente pesada. Mas me assegurei de que protestos fossem feitos ao ministro em favor dos outros dois detidos.

Ao deixar a delegacia, agora como um honrado passageiro da viatura que me aguardava, um dos policiais que me aplicaram as pancadas colocou a mão sobre o coração e se curvou quando passei, gesto que depois passei a detestar. O turbilhão do tempo trouxe sua vingança, e muito rapidamente. O policial, que teria alegremente me espancado momentos antes, agora temia perder o emprego e pensava estar sob meu poder.

A questão que passou pela minha cabeça durante todo o episódio não era o que aconteceria comigo, mas como eu descreveria isso, e onde.

Esse tipo de dissociação da experiência imediata era o que ajudava pessoas instruídas a rapidamente encarar a prisão sem muitas dificuldades. Por certo, isso confirmou algo que eu dizia aos pacientes que considerava doentiamente autocentrados: que é mais importante se perder de si mesmo do que se encontrar. O problema desse conselho é que ele não oferece nenhuma orientação sobre como se perder. A condição de não se interessar em nada além de si mesmo é lamentável, conforme Francis Bacon[3] salientou quatro séculos atrás. O ego é um pobre centro para as ações de um homem. Lamentar, contudo, não é o mesmo que corrigir.

---

[3] Francis Bacon (1561-1626) foi um filósofo e jurista inglês, tido como o pai do empirismo e do método indutivo de investigação científica. Entre suas obras mais conhecidas, está *Novum Organum* (1620). (N.T.)

9. Regra Quarenta e Cinco

Certo dia, fiquei surpreso ao encontrar um jovem médico como prisioneiro. Perguntei o motivo de sua prisão e ele me contou que tinha baixado e visto um pouco de pornografia infantil nos computadores do hospital. Eu lhe disse de imediato que, em nenhuma circunstância, devia confidenciar o que fez para ninguém mais, ou seria objeto de violência dos outros prisioneiros. Devia inventar uma história qualquer – algo perfeitamente aceitável pelos outros, como violência contra a esposa –, e mantê-la. Se o crime real se tornasse público, por exemplo, saindo nos jornais ou, especialmente, na televisão ou rádio, ele teria de "seguir a regra" – ou seja, a Regra Quarenta e Cinco (outrora a mais melodiosa Quarenta e Três), de acordo com a qual o prisioneiro sob ameaça pode requerer proteção dos demais, sendo alocado em uma ala separada da penitenciária. Isso não era concedido automaticamente, mas apenas com a permissão de um membro sênior da equipe.

O médico alegou que tinha baixado as imagens apenas por curiosidade e, por um sentimento de solidariedade profissional, eu quis acreditar nele.

Se esse delito deve ser tido como criminoso não é uma questão fácil, sendo o principal argumento para assim considerá-lo o fato de que, se não houvesse procura, não haveria oferta. Certa vez, estive envolvido, como testemunha, em um caso que dramaticamente apoiava esse argumento.

Na ocasião, policiais foram ao meu consultório no hospital e perguntaram se eu poderia dar uma olhada em alguns vídeos horríveis de abuso sexual de crianças por seus pais. Eles vieram de um distrito policial afastado e, por alguma razão, queriam uma opinião de alguém distante de lá. Havia trinta horas desses vídeos, disseram, alertando que alguns dos policiais que os viram ficaram, depois, tão perturbados que precisaram tirar uma licença. Eles não eram, de forma alguma, o tipo de pessoas que se encolhem ao primeiro sinal de desconforto.

O caso era o seguinte. Um casal de uma cidade pequena e ordinária foi pego enviando vídeos com os abusos mais grotescos – tortura, na verdade –, de seus próprios filhos para assinantes na internet. Em uma época na qual a transmissão era bem mais lenta do que hoje, as suspeitas foram suscitadas pelo tamanho da conta de telefone, que chegava a ser o dobro das contas dos vizinhos.

O casal tinha construído uma câmara de tortura sexual em sua casa, a qual, vista de fora, era igual a milhares de outras. A câmara era positivamente medieval. Na ocasião, foi preciso que eu visse apenas alguns minutos dos vídeos para responder à pergunta que a polícia queria que eu respondesse.

Os pais suspendiam suas filhas de cabeça para baixo usando correntes presas no teto. A mãe, nua, então batia nelas com o que pareciam longos e flexíveis galhos de árvores, gritando que eram malvadas, que mereciam o que estavam recebendo, e perguntando se queriam ser boas depois disso. Ela pegava um vibrador e as estuprava repetidamente. Despejava impropérios porque elas estariam gostando daquilo. As crianças permaneciam em silêncio, o que era mais sinistro do que se gritassem de dor. Era como se esse tratamento fosse rotina para elas – o que de fato era.

Ao que parecia, as pessoas pagavam mil libras para acessar um vídeo desses.

Era o marido quem gravava os procedimentos e alegou, depois de preso, que sua mulher não estava apenas agindo sob suas ordens, mas sob controle farmacológico. Alegou que dava uma dose de morfina para a esposa antes de cada episódio, e que isso a transformava em uma espécie de autômato sem vontade própria.

Se fosse o caso, é claro, ela não poderia ser culpada por nenhum crime. A polícia queria excluir isso como uma defesa possível e, depois de apenas alguns minutos (um pouco menos; na verdade, mesmo antes que eles me mostrassem o vídeo), pude lhes dizer com segurança que aquela tentativa de exculpação era absurda, um despropósito farmacológico.

Era evidente que a mulher era uma plena participante da tortura de suas próprias filhas e estava em um estado de alta excitação no decorrer dela. Forneci um relatório de poucas linhas, e não se ouviu mais esse argumento da defesa.

Por estranho que pareça, contudo, a mulher recebeu uma sentença bem mais leve que o marido. Nunca soube de todos os detalhes do caso, mas sabia o bastante para achar essa diferença mais do que surpreendente. Qualquer que fosse a precisa divisão de responsabilidade entre eles, ela era má o bastante para receber a sentença máxima, mesmo que fosse a mesma do marido, o mais culpado dos dois. Existe necessariamente um rigor máximo, um nível acima do qual a punição não pode ser proporcional, sequer aproximadamente, à culpa das partes envolvidas. Se não tivesse visto o vídeo com os meus próprios olhos, eu não acreditaria que tal tratamento de crianças pelos seus pais fosse possível.

Mas, se não houvesse procura por vídeos assim, eles teriam se comportado dessa maneira? De outro modo, que espécie de pais seriam? E como foi que montaram a empresa, encontraram os clientes, e assim por diante? Depois disso, nunca mais fui capaz de olhar para a fachada de uma casa aparentemente respeitável como a deles sem imaginar o que estaria acontecendo em suas profundezas.

Prisioneiros acusados de crimes sexuais eram tidos pelos outros como alvos legítimos de agressões, os chuveiros sendo um lugar particularmente perigoso porque lá a supervisão dos agentes era menos cerrada e uma surra podia ser administrada muito rapidamente por um bando investindo contra a vítima escolhida. A vítima era cortada com uma navalha ou por algum outro objeto afiado. Um jeito específico de cortar era chamado de "trilhamento". Os prisioneiros colavam duas lâminas de barbear no cabo plástico de uma escova de dentes e, então, a usavam para cortar o rosto do sujeito. O ferimento resultante não era perigoso, mas desfigurador, uma vez que os dois cortes paralelos e próximos eram impossíveis de reparar e, além disso, deixavam uma cicatriz bem visível, de um tipo facilmente reconhecível. Muitas vezes, um agente me pedia para atender um prisioneiro que tinha acabado de ser "trilhado". De vez em quando, ouviam-se rumores de que os agentes faziam vista grossa quando alguém que abominavam era atacado, mas (talvez não surpreendentemente) eu nunca tive qualquer evidência disso.

No que dizia respeito aos prisioneiros, qualquer um que fosse acusado de crime sexual e mantido em custódia era culpado. Não havia nada desse absurdo, do ponto de vista deles, de inocente até prova em contrário. E um homem que pedisse proteção sob a Regra Quarenta e Cinco era presumivelmente um criminoso sexual. Assim como na obstetrícia costumava haver um ditado, "uma vez César, sempre César" (se uma mulher desse à luz por cesariana, qualquer criança futura nasceria do mesmo modo), também na prisão havia um ditado: uma vez na Regra, sempre na Regra. Em outras palavras, a memória institucional dos prisioneiros era boa e sua rede informal de informações, forte. Nenhum detento que retornasse à prisão, mesmo depois de muitos anos, poderia esconder dos outros por muito tempo que estivera certa vez sob a regra.

Mais do que isso, a informação de que um homem esteve sob a regra vazava da penitenciária para a vizinhança onde ele vivia, cujos valores e princípios éticos vigentes eram bem parecidos com os da prisão. De fato, essas vizinhanças eram prisões sem muros ou agentes penitenciários, e prisões nas quais os agentes não estão no controle são, como qualquer prisioneiro lhe dirá (ainda que de forma meio envergonhada, pois isso compromete o conceito de que prisioneiros e agentes penitenciários são inimigos mortais – eles e nós), de longe piores e mais violentas.

Lembro-me de um detento que foi acusado pelo estupro de duas jovens. Ele não era estranho à prisão, mas nunca fora acusado antes de um crime desses, o qual negou com veemência. Seu rosto e sua fotografia foram publicados com destaque no jornal local. No julgamento, contudo, a acusação não só falhou em provar sua culpa, como também – o que era mais incomum – a defesa provou sua inocência além de qualquer dúvida razoável. As duas acusadoras foram detidas e subsequentemente mandadas para a prisão.

Contudo ele me disse antes do julgamento que, mesmo que fosse absolvido, como acreditava que seria, não poderia voltar ao lugar onde vivera por muitos anos. A mera inocência não o protegeria dos ataques dos vizinhos. As janelas de sua casa já tinham sido estilhaçadas e ele teria de definitivamente se mudar para outra parte do país caso quisesse ter alguma paz.

A justiça é frágil, e o desejo por ela não é, de forma alguma, natural ou universal. "O amor à justiça para a maioria dos homens", disse La Rochefoucauld[1], "é apenas o medo de sofrer injustiça". Há poucos estados mentais mais gratificantes do que a indignação moral, e, quando ela pode ser aliada à alegria destruidora, como ao quebrar janelas, algo próximo do efeito do *ecstasy* é atingido, especialmente quando em comunhão com outros que pensem da mesma maneira (ou estejam tão inflamados). Com frequência, a indignação moral é o que Freud chamava de projeção, a atribuição a outros de algo que a pessoa fez, sentiu, desejou ou provocou.

Em nenhum outro lugar, isso é mais verdadeiro do que na Inglaterra contemporânea. Com frequência, quando um pedófilo notório é levado ao tribunal, uma turba ou multidão raivosa se reúne para xingá-lo ao chegar. Eles dão a impressão de que o despedaçariam alegremente, membro por membro, se pudessem. Mães com crianças no colo gritam e agitam os punhos para o veículo que leva o acusado, e no processo aterrorizam a criança.

Curiosamente, nenhuma mãe vê isso como uma espécie de abuso infantil. E tampouco reflete que o caminho que percorreu na própria vida foi, muitas vezes, propício para a disseminação desse tipo de abuso.

Certo dia, um prisioneiro veio até mim exigindo Valium®. Perguntei por que precisava disso. "Se você não me der", ele disse, "terei de atacar

---

[1] O nobre francês François VI, Duque de La Rochefoucauld, Príncipe de Marcillac (1613-1680), foi um notável memorialista e autor de máximas como a citada por Dalrymple. (N.T.)

um *nonce*[2]". Um "nonce" é a gíria na prisão para criminoso sexual. O termo também não aparece no dicionário Partridge de 1949, logo sua origem é comparativamente recente. A alegada derivação etimológica da palavra, de que seria uma abreviação de *nonsense*[3], parece improvável para mim, dada a sua extrema carga emocional.

– Por que você tem que atacar um *nonce*? – perguntei.

– Eles mexem com criancinha pequena, não mexem?

– Para dizer a verdade, nem todos – eu disse. Como qualquer manual pode demonstrar, eles diferem bastante entre si.

– Bom, de qualquer jeito – disse ele –, vou ter que atacar um deles se você não me der o Valium®.

Não pude evitar de me lembrar de uma piada do saudoso Tommy Cooper[4]. Um homem vai ao médico e diz: "Preciso de umas pílulas de dormir para a minha mulher". O médico pergunta por quê. "Porque ela acordou."

Ele, de fato, parecia bastante agitado. Eu já estivera antes naquela situação em que um prisioneiro diz que cometerá um grave ato de violência se eu não lhe prescrever Valium®.

– Vou matar alguém se não ganhar nada.

No contexto, "nada" só podia significar Valium®.

– Deixe-me lhe dar um conselho – eu disse.

– Qual?

– Não mate ninguém.

---

[2] Optei por não traduzir o termo ou encontrar uma expressão equivalente em português porque, se o fizesse, a explicação que Dalrymple oferece a seguir perderia o sentido. Em todo caso, a gíria dos detentos brasileiros para estuprador é "duquetreze", uma referência ao Artigo 213 do nosso Código Penal, ao passo que pedófilos são referidos como "Jack". (N.T.)

[3] O termo em inglês já é bem conhecido e utilizado em português. Significa "absurdo", "disparate", "loucura", "sem sentido", "besteira". (N.T.)

[4] Thomas Frederick Cooper (1921-1984) foi um mágico e comediante britânico. Em 15 de abril de 1984, Cooper sofreu um ataque cardíaco quando se apresentava ao vivo na televisão e morreu pouco depois. (N.T.)

— Você vai ver — ele disse. — Você vai sentir muito. Vai cair tudo na sua cabeça. Vai ser culpa sua. Você não vai dormir à noite.

A única razão que deu para querer matar alguém foi de que sentia vontade de fazer isso. De fato, ele com frequência sentia vontade de fazer isso. Havia em sua voz a petulância da criança a quem é negada o que quer — embora, enquanto ele ia embora, eu não tivesse certeza absoluta de que não fosse cumprir a ameaça. Afinal, estava preso por um crime violento.

Por mais que eu estivesse certo de que, se ele matasse alguém, seria sua responsabilidade moral, e não minha, esta é cada vez menos a visão da sociedade. Dois casos ilustram a tendência mundial de colocarem especialistas e oficiais permanentemente in loco parentis, e as crianças sendo toda a população adulta.

No Japão, um homem de vinte e seis anos abateu dezenove pessoas deficientes e feriu outras vinte e cinco. Pouco tempo antes, ele dissera a um psiquiatra o que pretendia fazer, mas o psiquiatra o manteve em liberdade e agora era considerado culpado pela opinião pública e talvez fosse mesmo legalmente responsabilizado. E, na França, um juiz libertou da prisão um jovem que tentara por duas vezes se juntar aos jihadistas na Síria, e que depois cortou a garganta de um padre de oitenta e seis anos enquanto ele rezava a missa. No furor subsequente, a possibilidade de que o juiz estivesse apenas cumprindo com o que considerava os requisitos da lei foi completamente ignorada. Bem que podia ser ele quem cortou a garganta do pobre padre, tamanho o opróbrio que recebeu.

Mas erros de previsão, em ambas as direções — muito sombrios ou muito otimistas —, são inevitáveis. Onde quer que o julgamento seja exercitado, com frequência será incompreendido (o erro no caso francês, se houve algum, estava na sentença original).

O prisioneiro que disse que mataria alguém se eu não prescrevesse Valium® não matou ninguém e tampouco, até onde eu sei, cometeu qualquer ato de violência. Era apenas uma tentativa de chantagem. Mas, se ele fizesse o que ameaçara, eu seria duramente responsabilizado. Tal como aconteceu, mantive minha reputação de alguém que, na gíria da prisão, não podia ser "engambelado" a prescrever.

Ainda sobre esse homem que disse que mataria um *nonce* (se eu não lhe desse Valium®), perguntei se tinha algum filho.

— Três — disse ele.

— Mesma mãe? — perguntei.

— Três.

— E você vê as crianças?

— Não.

— Por que não?

— Os namorados novos.

— E você acha que esses serão os últimos namorados que as mães terão, ou elas terão mais?

— Mais.

— E como esses ou os outros namorados vão tratar seus filhos?

Ele compreendeu a insinuação no ato. Por estranho que pareça, não ficou irritado.

— Não acho, então, que você deva atacar um *nonce* porque ele mexe com criancinhas. Você, pessoalmente, não abusou dos seus filhos, mas maximizou as chances de eles serem abusados.

Ele deixou a sala em um estado de espírito mais calmo do que demonstrava ao entrar, e eu nunca ouvi que tivesse atacado qualquer outro prisioneiro. A velocidade com que entendeu a insinuação sugeriu para mim, outra vez, que a capacidade mental dos prisioneiros era com frequência maior do que se supunha comumente. Não era como se eles tivessem cometido crimes, como sustentou Lutero na Dieta de Worms[5], porque não pudessem fazer nenhuma outra coisa.

---

[5] A referida Dieta foi uma assembleia do Sacro Império Romano Germânico realizada na cidade de Worms em 1521 e que resultou no Édito de Worms, pelo qual o imperador Carlos V declarou criminosos todos aqueles que advogassem e seguissem as ideias de Martinho Lutero. O édito também estipulou uma recompensa por Lutero (que fugira antes do fim da assembleia), para que fosse preso e entregue às autoridades. No trecho em questão, Dalrymple se refere a algo que Lutero teria dito ao se defender das acusações de heresia durante a Dieta, a saber: "Aqui estou e não posso ser diferente". No entanto essas palavras não constam

Prisioneiros sob a Regra tinham uma ala especial em que a idade média era bem mais alta do que "nos locais normais". Não era incomum encontrar um velho caminhando com uma bengala, quer ele precisasse dela, quer não. Suponho que quisessem criar uma aura máxima de vulnerabilidade – ao invés de uma aura de invulnerabilidade, desejada em todo o resto da penitenciária –, para obter o máximo de proteção. Quem seria tão covarde a ponto de atacar um velho que precisava de uma bengala?

Alguns proclamavam a própria inocência e se diziam vítimas de uma conspiração. Muitas vezes, eles eram acusados vários anos após cometer os supostos crimes por um grupo de pessoas que esperavam receber uma indenização se as acusações fossem, se não provadas, ao menos acreditadas (indenização paga sobretudo pelo contribuinte, é claro).

As semelhanças entre as histórias dos acusadores eram tidas como uma espécie de corroboração, mas, para mim, isso às vezes era como comprar vários exemplares do mesmo jornal a fim de descobrir se o que está escrito lá é verdade. Contudo abusos terríveis aconteciam e, presumivelmente, sempre aconteceram. Eu sentia pena dos pobres jurados que tinham de decidir esses casos. Não ser acreditado quando a acusação é verdadeira é dobrar os danos causados pelo crime; mas ser condenado quando inocente, e ser tratado para sempre como culpado, também é terrível.

Ocasionalmente, encontrei prisioneiros condenados pelo que nos Estados Unidos é chamado, com louvável economia, de "estupro presumido", qual seja, ter relações sexuais com uma menor abaixo da idade de consentimento.

Suas histórias eram sempre as mesmas (o que, é claro, não as tornava verdadeiras). Eles nunca negavam a culpa, tecnicamente falando, mas as garotas eram sempre maduras para a idade e os levavam na conversa sem dizer quantos anos tinham; não é comum em encontros sexuais exigir uma certidão de nascimento. O relacionamento continuava, feliz por um tempo, mas, como era inevitável, terminava. Era então que a garota o

---
 das transcrições da assembleia e muitos estudiosos creem que Lutero não as tenha dito. (N.T.)

denunciava ou, se os pais dela já tivessem conhecimento do que acontecia (o que muitas vezes era o caso), queixava-se dele. Ele era, com efeito, condenado não por ter feito sexo com uma menina, mas por ter parado de fazê-lo.

Ao alegar que os pais tinham conhecimento do que acontecia, os prisioneiros consideravam-nos igualmente culpados, sentindo dessa forma que sua punição era injusta.

O que poderia ser dito em defesa desses homens? É certamente verdade que as crianças, em particular as meninas, atingem a maturidade física bem antes do que outrora acontecia. Diz-se que a idade média da primeira menstruação diminuiu um ano por década nos últimos trinta anos, ao passo que a altura média aumentou um centímetro por década. Algumas publicações direcionadas a garotas de doze anos são, em grande parte, sobre como se tornar sexualmente atraente. E, é verdade, muitas meninas britânicas, ao saírem da escola no final do dia, têm uma aparência tal como se sua ambição fosse se tornar prostitutas o quanto antes.

E aqueles pais que entrevistei e que eram cúmplices da relação ilegal de suas filhas com homens mais velhos sempre usavam os mesmos argumentos para explicar por que não colocaram um fim naquilo. O primeiro era que não conseguiam pará-las. É um argumento que não deixa de ter alguma força, embora não explique por que não denunciaram o homem.

Lembro-me de um paciente que tomou uma overdose porque o ameaçaram com a prisão caso não fizesse a filha de quinze anos parar de cabular aula. Mas, ele perguntou, o que eu devia fazer? Depositá-la à força na entrada da escola e montar guarda para evitar que fugisse? Se encostasse um dedo na filha, ela poderia acusá-lo de agressão; e eu conheci não poucos adolescentes que tinham plena consciência da proibição legal do uso da força e se aproveitavam disso para desafiar os pais. Alguém poderia dizer que a rebeldia da filha frente à sua autoridade era culpa dele mesmo, que ela era o que ele e a mãe fizeram dela. Embora isso possa ser verdadeiro em muitos casos similares, não é verdadeiro sempre. Crianças turbulentas e difíceis nascem, mas também são feitas assim; há crianças que seriam rebeldes mesmo que os pais seguissem à risca todos os conselhos do Dr. Benjamin Spock[6] ou qualquer que seja o equivalente moderno dessa figura hoje esquecida. Eu tinha a impressão de que a aflição desse pai não era causada apenas pela possibilidade de prisão (remota, penso, pois nunca vi ninguém ser preso por algo assim), mas pela completa frustração causada por sua filha desobediente e petulante. Pelo fato de ser da classe trabalhadora, podia, assim, ser perseguido impunemente pelas autoridades. Vi muitas garotas muçulmanas impedidas de frequentar a escola por seus pais, embora eles fossem obrigados por lei a mandá-las para lá, e nem uma vez sequer ouvi que as autoridades intervieram, a despeito do desejo – ardente – das garotas de frequentar as aulas.

O outro argumento empregado por pais coniventes com o relacionamento sexual ilegal de suas filhas com homens mais velhos era de que a idade de consentimento (dezesseis[7]) era absurda. Eles não argumentavam que, com as crianças amadurecendo mais cedo nos dias de hoje, a idade de consentimento deveria ser reduzida; ou que a sensível legislação italiana deveria ser adotada, reduzindo a idade, mas apenas para as relações consensuais entre adolescentes. Em vez disso, sem que percebessem direito, eles defendiam a abolição da idade de consentimento, pois é absurdo, diziam, supor que uma garota tem maturidade suficiente para consentir com uma relação sexual em seu aniversário de dezesseis anos, mas não tinha maturidade para fazê-lo no dia anterior. Esse argumento, é claro, poderia ser aplicado a qualquer idade de consentimento, uma vez que a maturidade nunca chega de um dia para o outro.

Impressiona-me que a nossa sociedade seja cada vez mais do tipo em que as pessoas não aceitam limites arbitrários, ou limites em que é inevitável alguma medida de arbitrariedade, posto que eles não podem ser silogisticamente derivados de primeiros princípios inquestionáveis, como a idade de consentimento "correta" jamais poderia ser. Quando muito,

---

[6] Benjamin Spock (1903-1998) foi um pediatra norte-americano cujos livros sobre educação dos filhos chegaram às listas de *best-sellers* em todo o mundo e influenciaram várias gerações de pais. (N.T.)

[7] A regra descrita é válida para a Inglaterra. No Brasil, conforme o Artigo 217-A do Código Penal, a idade de consentimento é de catorze anos. (N.T.)

apenas os limites que eles próprios estipulam são aceitáveis. Eles são os árbitros de tudo. O individualismo dificilmente pode ir mais longe.

Por estranho que pareça, esse liberalismo ideológico e, muitas vezes, prático passa por uma censura perniciosa, não raro expressa com violência, tal como o é na prisão – ou o seria, caso os agentes não mantivessem a ordem.

É difícil não concluir que, na Grã-Bretanha, o medo histérico da pedofilia não seja uma expressão de culpa quanto à maneira como os britânicos agora educam seus filhos, com uma mistura de negligência, hiperindulgência e violência. Pesquisas do tipo em que eu normalmente não ponho muita fé mostram repetidamente que as crianças britânicas são as menos felizes e as mais atormentadas pela ansiedade na Europa, e penso que seja fácil observar por que são assim.

Estão os homens acusados ou condenados por estupro presumido dizendo a verdade, e, se estiverem, isso importa? O fato é que homens que molestam meninas de seis ou sete anos também alegam que foram levados a isso por elas, como se as crianças fossem os adultos e os adultos, as crianças.

Nem todos os prisioneiros sob a Regra eram criminosos sexuais, contudo. Alguns buscavam proteção de outros prisioneiros que os ameaçaram, ou eram conhecidos como, ou suspeitos de ser, "bate-paus", ou eram ex-policiais ou ex-agentes penitenciários.

Eles não atacavam os *nonces*, e a paz reinava entre todos. A inimizade desdenhosa dos outros prisioneiros servia como cimento social, tal como o clássico sociólogo francês Durkheim[8] teria previsto, pois se sentiam sitiados o tempo todo e sabiam que, se a proteção fosse retirada, seriam imediatamente atacados ou talvez até mesmo mortos.

Isso significa que a Ala de Proteção, como era conhecida, era a ala mais calma, tranquila e, de certo modo, civilizada da prisão. Não havia sinal de gritaria ou disposição para o barulho na Ala de Proteção, o que

---

[8] David Émile Durkheim (1858-1917) foi o responsável pela criação da sociologia como disciplina acadêmica. Em boa parte da sua obra, ocupou-se com as maneiras como as sociedades modernas manteriam (ou não) sua integridade. (N.T.)

tornava comparativamente prazeroso passar por ela. Jamais havia brigas e os detentos eram invariavelmente educados, mesmo agradáveis. Em parte, isso se devia aos seus crimes, os quais, na média, eram cometidos quando estavam mais velhos; eles eram de uma classe social mais elevada, também; mas, sobretudo, era por causa do substrato de medo em que repousavam suas vidas na prisão. Aquele medo jamais os deixaria.

Não que isso, contudo, evitasse que reincidissem.

Em uma notável ocasião, no entanto, um criminoso sexual recebeu o tratamento mais gentil dos outros prisioneiros. Era uma criatura pequena e magra, de aparência muito peculiar e uma inteligência tão limitada que raramente falava. Tinha, ao que parecia, agredido sexualmente uma mulher ao tentar tocá-la.

De imediato, tornou-se óbvio que ele não compreendia por que fora encarcerado e não tinha como se adaptar a esse ambiente pouco familiar e assustador. Ele não sabia, e não tinha como aprender, onde estava ou por quê. Foi imediatamente admitido na ala hospitalar, e seus gritos de aflição ainda ecoam em meus ouvidos. Era lamentável e revoltante que tivesse sido mandado para lá, mas não havia nenhuma outra instituição pronta ou disposta a recebê-lo. A penitenciária tinha a obrigação legal de aceitar quem quer que fosse enviado.

Os demais prisioneiros da ala hospitalar não reagiram a ele como reagiriam com um *nonce* comum. Se um destes últimos fosse algum dia admitido ali, teria de ficar sob proteção especial, sendo uma necessidade humana fundamental ter alguém em relação a quem se sentir superior.

Ao contrário, eles reconheceram de imediato que esse caso era diferente, e cuidaram dele com o que só pode ser chamado de terna solicitude. Sob o cuidado deles, sua gritaria cessou e ele ficou quase feliz; o mais interessante, talvez, foi que os prisioneiros que cuidavam dele também ficaram mais felizes. Tinham encontrado um propósito na vida – necessariamente temporário – e a consciência de que faziam algo bom, sem dúvida uma sensação nova para alguns deles.

Após cerca de duas semanas, encontraram um lugar mais adequado para esse jovem, mas ele não seria mais bem cuidado lá do que fora pelos detentos. Ficaram tristes por vê-lo partir; por um breve momento, ele permitiu aos prisioneiros que expressassem gentileza humana sem que isso fosse tido como fraqueza e, assim, algo a ser explorado. Qualquer que seja o estado de seus sentimentos, se quiserem evitar a vitimização, os presidiários devem exibir o tempo inteiro uma carapaça dura para os companheiros; mas, exceto pelos que genuinamente têm um coração endurecido e pelos psicopatas (uma minoria), a pose, com frequência necessária no ambiente social de onde vêm, exerce uma tensão. Com sua necessidade de cuidado, o jovem veio como um alívio para eles.

O fato de que tantos prisioneiros vieram de um mundo radicalmente sem amor, no qual todas as relações humanas são lutas por poder, controle e vantagens, entristece-me mais do que choca. Vieram de um mundo no qual não há *savoir vivre* em absoluto: apenas os apetites mais rudes e as satisfações mais grosseiras eram conhecidos por eles.

Era surpreendente, de certo modo, que os prisioneiros não fossem piores do que já eram; e um otimista (coisa que não sou) poderia tomar o fato de que eles não eram piores como prova de que o homem não é fundamentalmente mau, mas apenas tornado assim pela sociedade. É verdade que muitos deles tiveram infâncias cuja crueldade (e estupidez) intencional ultrapassa o entendimento. Aquela crueldade era frequentemente motivo de alegria para quem a cometia.

Certo dia, um detento que fora preso diversas vezes por roubo veio me perguntar se eu achava que sua contínua volta aos assaltos tinha algo a ver com sua infância.

– Absolutamente nada – respondi. Jamais encorajei prisioneiros a ligarem seus atos criminosos diretamente à infância, da maneira como uma bola de bilhar (a infância) acerta outra (eles).

A resposta o fez recuar.

– Então por que eu faço isso? – perguntou.

– Porque – respondi – você é preguiçoso e estúpido e deseja coisas pelas quais não quer trabalhar.

Longe de ficar irritado, como se poderia esperar, ele riu. Penso que minha conversa extremamente direta caiu quase como um alívio, uma vez que ele não precisava mais bancar o papel de difícil que lhe fora designado.

Não é fácil manter um papel, pelo menos até que se torne uma segunda natureza e não seja mais um papel.

Uma vez terminada a encenação, foi possível falar honestamente com ele sobre sua infância, que, embora não o tivesse feito arrombar as casas das pessoas e roubar coisas de valor assim como a baixa temperatura congela a água, ainda era algo que o angustiava.

É claro que era preciso ter cuidado com quem tratar desse jeito absurdo. Alguns prisioneiros, como os psicoterapeutas colocam, eram tão defensivos contra o assalto da verdade que explodiriam se eu falasse com eles assim. A arte consistia em observá-los antes.

Outro ladrão veio falar comigo pouco depois de ser sentenciado mais uma vez. Ele deu todos os sinais de que estava furioso.

— Prisão é inútil pra mim. Prisão não é o que eu preciso. Eu não preciso de prisão.

— Do que você precisa? – perguntei.

— Preciso d'ajuda – disse ele.

— Ajuda para quê?

— Ajuda pra parar de roubar.

— Não tenho certeza de que exista esse tipo de ajuda – falei.

— Prisão é inútil pra mim.

— Mas é útil pra mim – eu disse.

— O que cê quer dizer com isso? – ele perguntou, parecendo confuso.

— Bom, como sou dono de uma casa, sei que, enquanto você estiver aqui dentro, não a roubará.

Ele gargalhou, e sua raiva, ou pseudorraiva, foi dissipada.

Na verdade, a minha resposta, de que a prisão tinha utilidade para mim, poderia ser interpretada de forma diferente.

Ainda que não fosse tão bem pago em comparação com outro trabalho que pudesse fazer alhures (reduziram pela metade o limite da minha pensão), eu *era* pago. E não era a minha casa que o prisioneiro provavelmente roubaria se estivesse solto, pois, se fosse um ladrão típico, roubaria casas muito próximas de onde vivia e muito parecidas com a dele próprio. Com frequência se esquece – eu diria que quase sempre se esquece – de que, se a maioria dos criminosos é pobre, a grande maioria de suas vítimas também o é. Uma vez que a classe das vítimas é bem maior que a dos perpetradores, cada perpetrador cometendo em média tantos crimes por ano, a leniência direcionada aos criminosos não é equivalente ao carinho para com os pobres.

Conheci mais de um ladrão "ético" na prisão, ou ladrões que se consideravam assim. O primeiro disse que só arrombava casas de ricos e roubava apenas antiguidades.

– Eles podem pagar – disse. – Têm seguro. Podem substituir tudo.

– Mas talvez eles sejam apegados ao que têm – retruquei. – Heranças de valor sentimental.

A angústia causada pela violação da casa de alguém eu não mencionei. Mas o ladrão "ético" não sentiria isso. Se você tem dinheiro o bastante para substituir algo, então você não sentirá falta de verdade.

Descobri que ele viera a apreciar e valorizar antiguidades. Seu gosto se desenvolvera com o "trabalho", como o de qualquer negociante de antiguidades, suponho. Seu apartamento, algo deveras incomum na área em que vivia, era decorado com peças de que ele particularmente gostava.

– Atrevo-me a dizer que sua namorada venderá todas elas enquanto você estiver aqui – falei. Ele franziu a testa e pareceu furioso.

– É melhor ela não fazer isso.

– Por quê? – perguntei. – Você pode substituí-las.

– Eu quebro as p....s das pernas dela!

Outro ladrão "ético" me disse que jamais roubaria de uma idosa ou de uma criança. Se soubesse que havia alguém assim na casa, ele não a arrombaria. Isso implicaria reconhecimento e planejamento da parte dele, quando a maioria dos roubos é oportunista. Uma janela aberta atrai um ladrão como um ímã atrai limalhas de ferro. Se, por acaso, cometesse um erro e descobrisse que havia uma idosa ou uma criança na casa que arrombava, ele se retirava sem pegar nada – o cavalheirismo de um ladrão profissional.

Claro que nem todos os ladrões que conheci eram cavalheiros, pelo contrário. Um deles, que eu anteriormente vira em meu consultório no hospital ao lado, cheirava cola desde muito novo. Quando não estava cheirado, por assim dizer, era bem agradável, embora continuasse mão--leve. Certo dia, pegou o gravador da minha mesa e chamei a segurança (lembro-me de quando era inimaginável que um departamento desses fosse necessário no hospital), que, por sua vez, chamou a polícia.

Dias depois, recebi pelo correio uma carta na qual me perguntavam se eu queria "assistência à vítima", como se fosse tão frágil psicologicamente que o roubo de um gravador me tirasse do prumo. Agradeci à polícia por sua solicitude, mas disse que não era tão profundamente ligado ao equipamento (que, incidentalmente, era do hospital, não meu).

Não que eu esperasse que a polícia fizesse esforços gargantuescos para pegar o ladrão: só queria que registrassem o crime, de tal modo que suas estatísticas refletissem a realidade de forma ligeiramente mais acurada. Muito esforço mental, afinal, vai para a manipulação de estatísticas, em geral para baixo. Mas também seria bom se, inesperadamente, a polícia fizesse aqueles esforços gargantuescos.

Algumas semanas depois, o ladrão voltou ao hospital, "louco" de tanto cheirar. Exigindo uma receita, ameaçou um médico distinto e o encurralou por um tempo contra a parede do corredor. Em seguida, fugiu. Dois dias depois, de novo sob efeito da cola, ele invadiu a casa de um idoso e o espancou brutalmente até a morte.

No dia seguinte, vi o criminoso na penitenciária. Seu remorso não era nada próximo de avassalador. Estava mais preocupado com a chegada da "cantina", os pequenos luxos que os prisioneiros podiam escolher uma vez por semana (e pelos quais pagavam com sua mesada), e com o "pacote de fumante", o tabaco que cada detento recebia ao chegar à prisão, na suposição quase sempre correta de que todo criminoso fuma, do que com a seriedade de seu crime.

Tabaco para os prisioneiros era considerado, também quase sempre, um direito humano em vez de algo a ser proibido para o próprio bem deles. Os mais fracos da confraria eram com frequência destituídos de sua porção, enquanto os oficiais precisavam ser interpelados pela graça de um fogo (dirigiam-se a eles como "chefe" ou "presida"). Isso dava àqueles inclinados ao sadismo uma maneira fácil de frustrar os prisioneiros, dizendo que dariam o fogo no momento oportuno e, então, fazendo esperarem quando não havia nada que os impedisse de dar de imediato.

Quando um homem é preso, ele pensa sobre o sentido da vida ou, o mais comum, mergulha em suas frustrações mesquinhas e cozinha no caldo do ressentimento, maximizando pequenas injustiças para que elas justifiquem más ações futuras. Com muita frequência, vi prisioneiros obrigados a esperar por nenhuma outra razão aparente que não fosse o desejo de frustrá-los. "Mas o homem orgulhoso, / Vestido com fortuita autoridade."[9]

Não mais sob efeito da cola, o homem que no dia anterior tinha espancado um idoso até a morte estava agora mais preocupado com a não chegada de seu tabaco, vivenciando isso como uma injustiça e uma infração de seus direitos.

Por um tempo, a violência no hospital vizinho à prisão se tornou um problema tão sério que instalaram uma estação policial lá dentro a fim de incrementar o departamento de segurança. Se isso fez alguma coisa foi piorar a situação, pois convenceu os malfeitores de que não tinham nada a temer dos rapazes (e moças) de azul. Estes se recusavam resolutamente a agir mesmo contra aqueles que pessoalmente testemunhavam agindo de forma agressiva ou violenta. Era como se tivessem ordens para manter as estatísticas lá embaixo – a prevenção de um aumento dos números, em vez dos crimes, sendo a sua principal responsabilidade. Sir Robert Peel[10] se reviraria no túmulo.

Para mim, a gota d'água veio quando uma enfermeira do pronto-socorro me disse que tinha sido esmurrada no rosto por um paciente na

---

[9] Os versos são da peça *Medida por Medida*, de William Shakespeare. Lê-se no (ato 2, cena 2), a fala de Isabela: "Se fosse dado aos homens / Trovejar como Zeus, Zeus não teria / Repouso, pois toda autoridade, / Por mesquinha que fosse, usaria o céu / Pra trovejar. Só tu, piedoso céu, / Preferes, com teu raio cortante, / Golpear o carvalho inquebrantável / E não a flor. Mas o homem orgulhoso, / Vestido com fortuita autoridade, / Mais seguro no que mais ignora, / A sua fraca essência – qual macaco / Faz travessuras tais diante dos céus / Que os anjos choram, mas com a nossa bile / Haveriam de rir até morrer". (N.T.)

[10] Robert Peel (1788-1850) foi membro do Partido Conservador e atuou por duas vezes como primeiro-ministro britânico (1834-5 e 1841-6). É considerado um dos responsáveis pelo moderno conceito de policiamento no Reino Unido. (N.T.)

frente de um policial, que não fizera nada exceto impedir o paciente de repetir a ação. Não prendeu o homem, que o dirá fichá-lo.

Escrevi uma carta para o chefe de polícia da cidade para reclamar da natureza complacente de seus homens, e descrevi o caso da enfermeira.

Ele respondeu me assegurando que seus oficiais tinham instruções estritas de prender e fichar todos os criminosos agressores no hospital. Com efeito, disse que o que aconteceu não podia ter acontecido. A enfermeira estava mentindo ou talvez fosse psicótica.

Eu não acreditava que a enfermeira estivesse mentindo, mas é claro que não poderia me levantar em um tribunal de justiça e dizer que sabia com toda a certeza que o que ela me contou era verdade. Contra um bloqueio administrativo, há muito pouco que o cidadão comum possa fazer, a não ser que se torne um ativista.

Contudo, minha carta para o chefe de polícia deu frutos (de certo modo), ainda que eu não possa, em absoluto, jurar que se tratou de causa e efeito. Cerca de três meses depois, pôsteres da polícia começaram a aparecer no hospital informando o público de que qualquer pessoa que agredisse um membro da equipe naquelas dependências seria presa e indiciada. Tomei isso como uma indicação de que a minha queixa original fora justificada. Mas também de que, como veremos depois, o chefe de polícia era um mentiroso inescrupuloso, e antes um político que um policial. Ele estava mais focado em agradar os chefes do que em proteger o público – algo comum a praticamente todos os chefes de polícia nos dias de hoje, para quem se antecipar às críticas é mais importante do que se antecipar ao crime.

Os pôsteres da polícia, ainda que fossem melhores do que nada, eram insatisfatórios (embora reveladores). Eles expressavam a ideia de que a responsabilidade pelo crime de agressão recaía sobre quem agredisse quem, bem como ao local onde a agressão ocorresse. Os membros da equipe, como o resto da população, eram alvos legítimos uma vez que deixassem as dependências do hospital.

Não há dúvida de que o criador do pôster não quis realmente insinuar isso, que, em todo caso, tampouco era literalmente verdadeiro. Mas, por certo, a vontade de prevenir, reprimir e processar os crimes não era nada assim como uma vontade de ferro.

Percebi isso pela primeira vez (depois de retornar após muitos anos do exterior) quando tive uma paciente que fora vítima do que me parecia – e parecia a ela também – um crime muito grave. Eu estava, então, na situação peculiar de falar com as vítimas dos crimes (como tantos pacientes meus eram) pela manhã no hospital e, à tarde, com os perpetradores na penitenciária ao lado, quando tinha que controlar meu preconceito natural contra eles para vê-los como indivíduos, e não como membros de uma classe desprezível ou abjeta.

Minha paciente era uma mulher de seus cinquenta anos que trabalhara em uma pequena mercearia, em um desses conjuntos habitacionais sombrios, com suas torres de concreto e o espaço entre elas servindo como túneis de vento, e onde cartazes fincados na grama avisam às crianças para não brincarem nela (especialmente com bola), uma vez que é um benefício a ser desfrutado por todos. Outros desses benefícios são as passagens subterrâneas desfrutadas por assaltantes e traficantes de drogas. O centro comunitário, como chamavam, era um bloco de concreto que parecia um *bunker*, cuja forma hedionda era algo como uma relutante concessão do projetista à estética.

Vim a conhecer essas torres de concreto muito bem, com seus *lobbies* gelados, janelas com grades, corredores revestidos com alumínio que cheiravam a urina e escadas repletas de agulhas e seringas, quando visitava pacientes psicóticos que tinham usado a própria mobília para fazer uma fogueira no décimo-primeiro andar porque sua eletricidade tinha sido cortada por falta de pagamento, os vizinhos rastafári fazendo o prédio inteiro vibrar dia e noite com sua música (conheci dois prisioneiros que tinham sido acusados de tentativa de homicídio porque homicídio era a única forma de controlar o volume e a persistência da música, os pedidos à polícia e as petições ao departamento habitacional tendo falhado por completo, as autoridades sem qualquer coragem). Conheci inquilinos que reclamaram do fungo negro atacando suas paredes em uma quantidade que parecia coisa de ficção-científica, e que se depararam com uma recusa categórica das autoridades habitacionais até que eu escrevi uma carta ao diretor do departamento (que nunca se dava ao trabalho de lidar com pessoas de nível inferior); e as senhoras idosas que tinham medo de sair de casa, vivendo sob um permanente toque de recolher imposto pelos assaltantes; as figuras curiosas que nunca deixavam seus apartamentos nos andares superiores, exceto para fazer rapel pelo edifício; o homem ciumento que arrastou pelos cabelos, pelo cômodo, os supostos amantes inconvenientes, fazendo um barulho terrível para os inquilinos do andar de baixo; e o esquizofrênico que passava suas noites arrastando a mobília para bloquear o apartamento contra invasores e construiu um aparato peculiar para desviar os raios que os vizinhos irradiavam. Aquilo era o cenário de um *Satíricon*[11] moderno.

A mercearia em que minha paciente trabalhava não permitia a entrada das crianças da escola secundária local porque elas roubavam demais. Com a concordância do diretor da escola, o lugar foi decretado zona proibida para os alunos (ou, como se diz nos dias de hoje, "estudantes"). Certo dia, contudo, três garotos de catorze anos, já com o tamanho de homens crescidos de trinta anos atrás, entraram na loja.

— Vocês sabem que não podem vir aqui — minha paciente disse a eles.

Não tomaram isso como uma proibição, mas como um desafio. Um deles pulou por sobre o balcão e começou a estrangulá-la enquanto os outros riam e enchiam os bolsos. Minha paciente pensou que fosse morrer, mas o garoto a soltou antes que desmaiasse. Os garotos fugiram e ela chamou a polícia.

Coisa rara, a polícia pegou os garotos: deram a eles uma advertência oficial. Foi isso que transtornou minha paciente. Ela sentiu que sua vida estivera em perigo — pela sua descrição, estivera mesmo, pois estranguladores com frequência vão além do que pretendem —, mas a punição

---

[11] Referência à obra escrita no século I d.C. por Petrônio, um dos mestres da literatura latina. O livro é uma sátira ao decadentismo dos tempos do imperador Nero (37-68), uma narrativa episódica contando as desventuras de Encólpio (o narrador), seu amante Ascilto e o servo Gitão, três andarilhos que vivem de pequenos expedientes e furtos e lidam com toda espécie de gente, de comerciantes a poetas e ex-escravos. No Brasil, a edição mais recente do livro saiu pela editora Cosac Naify em 2008, com tradução de Cláudio Aquati. Vale também mencionar a adaptação cinematográfica homônima dirigida por Federico Fellini e lançada em 1969. (N.T.)

insignificante dos garotos, não chegando sequer ao nível de uma palmada na mão, a fez perceber o quão pouco o Estado se importava com sua segurança ou mesmo com sua vida. Ela não valia nada. Pior ainda se encontrasse os garotos na rua e eles rissem, como de fato o fizeram, pois achavam ter conquistado uma espécie de triunfo. Ela não voltou ao trabalho.

Em geral, eu respeito os policiais como indivíduos. Muitos deles querem fazer um trabalho tão bom quanto possível, e vários arriscariam sem hesitar a própria vida para salvar um cidadão – se o procedimento permitir que façam isso, é claro. Mas, como organização, a polícia (exceto em questões como a prevenção do terrorismo) é terrível. Os chefes de polícia são escolhidos mais pela maciez que pela franqueza de sua fala. Em grande parte, o trabalho deles consiste em colocar obstáculos no caminho de seus homens. Mas nisso eles estão apenas seguindo ordens.

Certo dia, fui chamado a uma delegacia aqui perto para ver um homem que fora preso e dava todos os sinais de ser louco. Estacionei o carro bem na frente da delegacia, de onde era claramente visível. Enquanto examinava o homem na cela, alguém arrombou o carro (quebrando uma janela) e roubou o rádio, coisa ainda fácil de fazer na época.

Quando vi o que tinha acontecido, voltei para registrar a ocorrência. Ainda lembro até hoje o que o sargento que estava na recepção me disse:

– Ah, isso aí foi um dos Smiths do número 22. Eles arrombam os nossos carros o tempo todo.

Após uma breve pausa para me recuperar do que ele dissera, falei:

– Por que não faz alguma coisa a respeito? Afinal, você é da polícia.

O sargento encolheu os ombros. A vida era assim mesmo.

Em outra ocasião, na mesma delegacia, testemunhei o quão pouco alguns policiais se importam com a segurança pública em comparação com o cumprimento das metas traçadas pelos superiores. Eu fora chamado para examinar um homem que investira contra uma mulher que estava parada em um ponto de ônibus, tentando cortar o pescoço dela com um cutelo. Ela nunca o vira antes, e nem ele a vira; mas, enquanto avançava, ele exclamou:

– Mary, rainha da Escócia, era inocente, então você também tem que morrer.

A lógica disso não era de forma alguma clara. Por sorte, a roupa da mulher obstruiu o cutelo e evitou que se ferisse, ainda que não devam existir experiências muito mais aterrorizantes do que essa. O mundo nunca mais voltará a parecer um lugar seguro para a vítima: qualquer passante pode carregar uma arma fatal e atacá-la sem razão.

Examinei o homem na cela – ele era claramente louco. Estava em um mundo próprio que tinha pouco a ver com o mundo comum. Era impossível acompanhar o que dizia. Um pensamento não se conectava com outro e, por mais que tentasse, você jamais alcançaria uma explicação coerente para o que ele fizera. Era como se tivesse uma linguagem privada, a linguagem que Wittgenstein negou que pudesse existir[12].

Eu disse ao sargento de custódia que o homem estava louco, o que dificilmente era novidade para ele. Sugeri que o indiciasse por tentativa de homicídio. Afinal, ele tinha deixado clara a sua intenção de matar. Eu não achava, é claro, que ele pudesse ou devesse ser condenado por um crime desses (a não ser que sua loucura fosse resultado de uma intoxicação involuntária com drogas, o que testes e observações posteriores deveriam estabelecer). Mas deveria haver um registro legal apropriado de seu ato extremamente perigoso e um julgamento, o qual resultaria em sua admissão em um hospital sob estrita supervisão. Isso não apenas protegeria o público, mas, de algum modo, reasseguraria a vítima de que a questão estava sendo tratada com seriedade.

O sargento de custódia, que claramente queria se desembaraçar do lunático o mais rápido possível, insistiu que não podia legalmente acusar um louco, e que, se eu não o levasse de imediato para o hospital, sem que uma acusação fosse registrada contra ele, teria de soltá-lo nas ruas e até mesmo lhe devolver o cutelo, que era de sua propriedade (até onde ele, o sargento de custódia, sabia).

---

[12] O chamado "argumento da linguagem privada", desenvolvido por Ludwig Wittgenstein nas *Investigações Filosóficas* (1953), afirma que uma linguagem compreensível por apenas um único indivíduo é algo incoerente e, portanto, insustentável. O argumento é exposto a partir do parágrafo 256 da obra citada, lançada no Brasil pela editora Vozes, com tradução de Marcos G. Montagnoli. (N.T.)

Aquilo era chantagem, mas em vão eu discuti com ele. Disse que, se o homem tivesse, de fato, matado a mulher, ele (o sargento) não me diria que não podia acusá-lo e que o soltaria nas ruas se não o levássemos, de imediato, para o hospital sem uma acusação. O caso não era diferente agora, eu disse; além disso, nosso hospital não era seguro, não havia trancas nas portas e era fácil fugir de lá. Por certo, a segurança pública não requeria que ele ficasse com o homem até que se encontrasse um lugar adequado? O sargento de custódia era inflexível. Ou eu o admitia no hospital imediatamente ou ele o soltaria. Julguei que ele falava sério e estava preparado para soltar o homem nas ruas, e me vi obrigado a ceder.

Não há, contudo, nenhum registro público desse evento. Nenhum crime foi cometido; e a vítima deve ter sido deixada por muito tempo em uma espécie de limbo imaginando o que foi feito do homem que tentara matá-la sem motivo – ou por algum motivo maluco.

A polícia tem vários outros métodos de reduzir a taxa de criminalidade e apagar crimes para o benefício de ninguém, exceto dela própria. Certa vez, tive um paciente, um jovem de ascendência indiana, que havia pouco saíra da universidade com uma graduação de primeira classe em uma área que lhe garantiria um excelente emprego. Como tinha algumas semanas antes de assumir sua primeira colocação, ele as passou ajudando na loja da família – uma pequena mercearia que, a exemplo do que acontece com muitos imigrantes indianos, provera os meios materiais para a ascensão social da geração seguinte.

Ele estava sozinho na loja quando três jovens grosseirões, bem conhecidos na área e pela polícia, entraram. Começaram a pegar cervejas da geladeira e meu paciente, crendo que eram menores de idade, pediu suas carteiras de identidade. Eles saíram da loja, cervejas nas mãos.

Ele os seguiu até a porta e pediu que devolvessem as cervejas. Um deles se virou e tentou lhe dar um soco, acertando a vidraça da frente e cortando gravemente o antebraço, que começou a sangrar copiosamente. Os dois comparsas fugiram correndo, mas meu paciente disse ao jovem que voltasse para dentro da loja, onde ele estancou o sangramento e chamou uma ambulância. Também ligou para a polícia.

Esta, surpreendentemente, conseguiu encontrar os outros dois meliantes e indiciou os três por roubo, bem como um deles por tentativa de agressão. Mas, então, os três, cada um com uma enorme ficha criminal a despeito de sua juventude, alegaram que meu paciente tinha corrido para fora da loja e *os* agredido. A polícia calhou de acreditar nessa história absurda e prendeu meu paciente. Eles insistiram na acusação, e a promotoria planejou um julgamento. Disseram que retirariam a queixa apenas se ele retirasse as acusações contra os três grosseirões.

Não há dúvida de que houve injustiças piores na história do mundo, mas seria difícil para o meu paciente voltar a acreditar na justiça do sistema penal britânico. Julgamentos injustos não são a única forma de a injustiça ser feita.

10. O frágil rabisco azul[1]

Minha mulher experimentou a incompetência deliberada e a degradação moral da polícia em primeira mão. Éramos recém-aposentados e estávamos prestes a mudar de casa. Tínhamos um *container* no jardim onde colocamos as inúmeras porcarias que todo morador acumula e não quer levar consigo para o novo endereço. Minha mulher olhou pela janela e viu alguns jovens ateando fogo ao que havia no *container*. Ela chamou a polícia e perguntaram o que queria que fizessem.

– Quero que vocês os prendam, é claro – disse ela.

Aquilo era impossível: a polícia estava muito ocupada em outro lugar. Minha mulher disse, então, que queria fazer um boletim de ocorrência, pois assim o crime ficaria pelo menos registrado. A essa proposta, os policiais ofereceram uma resistência feroz, a princípio recusando-se terminantemente. Minha mulher insistiu com alguma veemência. Eventualmente, eles cederam e, com muita relutância, registraram a ocorrência. Isso arruinava suas estatísticas, tanto por aumentar o número de crimes quanto por diminuir a proporção dos que eram resolvidos. Aquele não foi o fim

---

[1] No original, *The thin blue squiggle*. Em inglês, a expressão "the thin blue line" diz respeito à tênue barreira ou linha, personificada pela polícia, entre o caos e o controle. Às vezes, como nos relatos trazidos por Dalrymple no decorrer do capítulo, tal linha é tão precária que se torna um rabisco (*squiggle*). (N.T.)

da questão. Minutos depois, um policial veterano, alto na hierarquia, telefonou para dizer à minha esposa que ela havia desperdiçado o tempo da polícia com sua queixa.

Fiquei muito irritado quando soube disso e quis escrever o que um velho conhecido meu, indiano à moda antiga e um médico distinto, chamaria de "malcheirosa" para o chefe de polícia, exigindo desculpas e uma reprimenda no policial veterano, que tinha tempo para constranger minha esposa, mas não para prender incendiários. Como é comum nesses casos, a preguiça e outras atividades aplacaram a raiva e eu deixei para lá. É errado, claro, escrever enquanto irritado, mas, quando a raiva se dissipou, a carta não foi redigida.

Certa vez, no entanto, escrevi um artigo sobre a inércia da polícia para um jornal de grande circulação, que fez o chefe de polícia de um distrito distante escrever uma resposta. Ele disse que, nos dias de hoje, levam-se quatro horas para processar uma prisão, o que é metade do turno de um policial, e eu não desejaria que não houvesse policiais patrulhando as ruas porque eles estariam todos preenchendo formulários. Acredito que o processo pós-detenção ainda é lento.

O tom profundamente derrotista da carta era óbvio. O chefe de polícia tomava a lentidão das tarefas administrativas da polícia como certas, como se fossem um fato natural do universo e não pudessem ser mudadas, como a lei da gravidade. Tenho plena consciência da dificuldade para reduzir procedimentos administrativos uma vez introduzidos, é claro. (Até cheguei a sugerir uma pequena lei da administração, a saber, que, uma vez que se atinge certo ponto crítico, todas as tentativas de reduzi-lo acabam por aumentá-lo.) Mesmo assim, parece-me desanimador que um policial veterano considere a prisão de criminosos um desperdício de tempo.

Os procedimentos administrativos com os quais as equipes de qualquer serviço público agora gastam muito de seu tempo são, simultaneamente, uma forma de criar e de evitar trabalho; isto é, um exemplo do que os materialistas dialéticos costumavam chamar de unidade dialética. Os procedimentos requerem o dispêndio de tempo e esforço enquanto impedem ou obstruem a realização do objetivo ostensivo de toda a organização.

No entanto de vez em quando a inércia da polícia pode ser derrotada por um cidadão ou uma cidadã determinada, como uma vizinha nossa. Era uma professora universitária aposentada que vivia na nossa área residencial em Birmingham, com suas casas vitorianas.

De repente, a área foi invadida por prostitutas de rua (ou "profissionais do sexo", como os jornais médicos agora chamam, o termo correto para "cafetões" ainda não tendo sido escolhido – "facilitadores de encontros sexuais ligeiros"?). Eram trazidas de ônibus de outra cidade todas as noites. Vestidas com adornos baratos, mas exíguos e chamativos, não estavam de jeito nenhum na fina flor da idade, longe disso, e se mantinham magras graças a uma dieta de cigarros e cocaína. Vistas de perto, pareciam estropiadas e desgastadas, mas a iluminação da rua – lâmpadas muito antigas – era misericordiosa. Seus clientes, ou como quer que fossem chamados, eram em sua maioria pessoas viajando a trabalho, hospedadas nos hotéis das redondezas. O sexo acontecia no banco traseiro dos carros ou contra os muros da igreja, e, pela manhã, nossos roseirais estavam às vezes cobertos de camisinhas usadas.

Estas eram distribuídas de graça para as prostitutas por uma *van* branca da Câmara Municipal que circulava pela área feito um tanque, procurando algum mal para prevenir. A *van* também distribuía café e lanchinhos para as prostitutas, para ajudá-las em seu trabalho. Por certo, a exiguidade de suas roupas as deixava com frio em climas inclementes. Do ponto de vista dos negócios, o inverno, com seus dias curtos e escuridão precoce, era a melhor estação.

Nossa vizinha, que alguém poderia pensar que emergira de um romance de Barbara Pym[2], provou ter uma espinha de granito, bem como

---

[2] Barbara Pym (1913-1980) foi uma escritora inglesa famosa por suas comédias de costumes suburbanas, que abordavam relacionamentos humanos e analisavam microcosmos sociais, muitas vezes ligados à Igreja Anglicana (por exemplo, no romance *Jane and Prudence*, em que uma das personagens-título é a esposa de um pároco). No Brasil, há edições esgotadas, mas encontráveis em sebos, de alguns de seus romances, como *Quarteto no Outono*, *Uma Relação Imprópria* e *Uma Questão Acadêmica*, todos lançados pela Editora Record. (N.T.)

olhos de aço. Ela não aceitou a situação de maneira fatalista, como a maioria de nós. Em seus setenta anos, recrutou os moradores locais para uma patrulha de vigilância que anotava os números das placas dos clientes. Isso teve um efeito deprimente nos negócios, e um dia o coordenador de encontros-sexuais-ligeiros sentou-se ameaçadoramente em seu carro, como forma de conter os vigilantes. Acho que ele sabia quem era sua verdadeira inimiga e, quando ela se aproximou do carro, sacou uma arma. Ela não se impressionou.

– Não seja tolo – disse. – Guarde essa coisa.

Ele fez o que ela pediu e se retirou, derrotado. Não tinha a menor intenção de ser preso por assassinato.

Minha vizinha não descansou sobre os louros, no entanto, e a seguir enfrentou a polícia. Foi à delegacia local se queixar que eles não estavam fazendo nada para limpar as ruas das prostitutas. O oficial responsável retrucou que as garotas já eram vítimas e que ele não tinha a intenção de tornar suas vidas piores ou mais difíceis. Isso tampouco impressionou minha vizinha; ela colocou a mão sobre a mesa e disse:

– Isso não é a lei.

O oficial compreendeu de imediato que tinha uma oponente formidável e perigosa, que não aceitaria inação. Uma boa qualidade dos carreiristas, ou uma qualidade que pode ser levada em conta, é que eles tomam consciência de forma acurada e quase instintiva de quais oponentes são sérios e podem prejudicá-los. As garotas, como eles chamavam, foram rapidamente deslocadas pelos policiais para uma área onde dificilmente seriam notadas, ou, se notadas, não seriam um problema.

Aprendi a lidar com burocracias para ajudar pacientes cujas habilidades verbais eram tão pequenas que eles eram reduzidos pelas obstruções do funcionalismo ao silêncio ou à violência, com muito pouco entre uma coisa e outra. Eles não sabiam como ou para quem escrever uma carta. Quanto às ligações telefônicas, eram sempre repudiados pelos oficiais, cuja primeira linha de defesa em sua luta para não fazer nada era sempre a negação de que tivessem qualquer conhecimento da pessoa que ligava pela segunda, terceira ou enésima vez.

Desse modo, não era surpresa que os oficiais, quando precisavam ficar cara a cara com membros do público (seus vassalos, de certo modo), eram com frequência separados deles por vidros reforçados e mesmo à prova de balas. Visitas à prisão eram mais íntimas. Sendo assim, nunca me comuniquei com ninguém que não estivesse no patamar mais alto da hierarquia administrativa, deixando claro, em defesa dos meus pacientes, que não desistiria enquanto o que eles quisessem ou precisassem não fosse providenciado. Esse método funcionava, ao menos para os meus pacientes, ainda que eu pudesse ver que aquela não era maneira de conduzir um sistema, e que podia atrasar a solução de outros problemas igualmente urgentes. (Isso pressupõe, é claro, que o tempo gasto ao lidar com meus casos poderia sê-lo lidando com outros casos – uma suposição, e nada mais que isso.)

Não quero passar a impressão de que os policiais eram uniformemente preguiçosos ou carreiristas. Em várias ocasiões, fiquei impressionado com sua bravura e devoção ao dever, e os detetives em crimes mais graves eram notáveis por sua persistência, determinação e – sim – inteligência. Era muito difícil pará-los uma vez que assumiam um caso.

Como corpo corporativo, contudo, a polícia foi emasculada e perdeu aquela capacidade de discernimento perigosa em um homem de má vontade, mas que, na maioria dos casos, é civilizadora. E a capacidade de raciocínio logo se perde se não for exercitada.

A penitenciária tinha um policial interno que coletava informações e investigava crimes cometidos na própria prisão. Ele estava sempre à paisana e eu o conhecia como um homem decente, inteligente e divertido, com um senso de humor mordaz (coisa que muitos policiais têm, ou costumavam ter). Um dia, ele me disse que estava se aposentando da polícia e aceitando um trabalho em uma firma de segurança privada. Perguntei por quê.

– Nos velhos tempos – disse ele –, a gente era bom com as pessoas boas e maus com as pessoas más. Agora, a gente tem que ser bom com todo mundo.

A tensão já o dizia. Procedimentos administrativos são um instrumento perfeito para os carreiristas, mas um fardo desmoralizador para os que levam a sério o propósito ostensivo de seu trabalho, como serviço e, também, como oportunidade de carreira.

Não que eu queira passar a impressão de que as deformidades que percebi na polícia eram exclusivas dela – longe disso. Nos serviços psiquiátricos, a obrigatória incompetência burocrática também foi acrescentada ao que, sem dúvida, era uma tendência natural da coisa. Os resultados eram às vezes desastrosos, embora, por sorte, a maior parte da incompetência não tivesse efeitos catastróficos.

Diz-se, com frequência, que setenta por cento dos prisioneiros têm o que agora chamam de "problemas de saúde mental". Vi até mesmo estimativas tão altas quanto noventa por cento. Tais estimativas, acredito, não são apenas erradas, mas fajutas e produzidas com a intenção de enganar.

Os números visam a sugerir que a maioria dos prisioneiros é doente e deveria estar no hospital – ou que a prisão em si devia ser uma espécie de hospital. Ambas as insinuações são de que o aprisionamento corrente e não terapêutico é injusto, e, também, de que os serviços psiquiátricos deviam ser expandidos quase indefinidamente para atender às necessidades dos pobres criminosos. Elas expressam uma crença profunda e implícita na eficácia desse tipo de serviço.

Comparada a isso, a crença na eficácia das estátuas milagrosas da Virgem é racional e bem-fundamentada. Trata-se realmente do caso de que, para cada falha humana, existe uma terapia igual e oposta à disposição, assim como há um santo na Igreja Católica?

Esse tipo de estudo sobre prisioneiros falha em notar que o diagnóstico psiquiátrico se tornou tão frouxo e abrangente, e a noção das questões de saúde mental tão sem limites, que seria possível interpretar o número de setenta por cento como uma prova de que os prisioneiros são mais saudáveis do que a população em geral.

Quando eu adiciono a máxima prevalência de todos os transtornos da última edição do *Manual Diagnóstico e Estatístico de Transtornos Mentais* (DSM-5) – a máquina de fazer dinheiro daquela organização, cuja sobrevivência depende disso –, descubro que o cidadão médio de um país ocidental sofre com dois transtornos e meio por ano. A prisão é uma ilha de sanidade, portanto.

A própria noção de saúde mental é escorregadia e peculiar. É sempre ter pensamentos e emoções saudáveis (seja lá o que pensamentos saudáveis significarem), raciocinar corretamente, desejar apenas o que é bom, ser feliz o tempo todo, ser eficaz no trabalho, nunca perder a calma, etc.? O desvio da norma é inerentemente patológico, e todos nós não nos desviamos da norma de vez em quando, em um ou outro aspecto, com frequência – mas não sempre – para a nossa própria desvantagem?

Estatísticas desse tipo acerca da saúde mental dos prisioneiros são o que Freud, se ainda estivesse vivo, chamaria de estatística encoberta. Uma memória de tela[3], em seu sistema de psicopatologia, é uma memória vívida e intrusiva cuja função é esconder e reprimir uma memória muito mais perturbadora que é, assim, impedida de vir à consciência. Por analogia, uma estatística de tela procura evitar que uma realidade muito pior ou mais escandalosa se torne conhecida.

No fim das contas, se setenta por cento dos prisioneiros têm "problemas de saúde mental" (ou "transtornos diagnosticáveis", de acordo com os critérios expostos no DSM-5), é alguma surpresa, e pode ser por culpa dos serviços psiquiátricos, que um número relativamente modesto de loucos varridos definhe sem tratamento nas prisões por falta de cuidado adequado? Compreende um experimento natural interessante descobrir como são os loucos varridos se deixados à própria sorte. Dê "recursos" aos psiquiatras e eles revolverão o problema. Mas os recursos nunca serão suficientes para lidar com setenta por cento dos prisioneiros, e os loucos varridos jamais serão adequadamente tratados. Assim, as condições de Bedlam[4] no século dezoito continuarão indefinidamente.

---

[3] A expressão "memória de tela" (ou, como é mais comum, "memória-tela") é uma tradução de "screen memory", assim grafada por Dalrymple. Tal expressão, por sua vez, foi o modo como os tradutores verteram do alemão para o inglês o termo freudiano *Deckerinnerungen*, que significa, literalmente, "lembranças" ou "memórias encobridoras". Ver *Lembranças Encobridoras* (1889), no volume III da *Edição Standard Brasileira das Obras Psicológicas Completas de Sigmund Freud* (Trad.: J. Salomão. Rio de Janeiro: Imago, 1996). (N.T.)

[4] Bethlem Royal Hospital, também chamado de St. Mary Bethlehem, Bethelem Hospital e Bedlam, é um hospital psiquiátrico localizado em Bromley, na Grande Londres. Fundado em 1247 como um convento, foi convertido em hospital em 1330 e funciona até hoje. (N.T.)

Certa vez, um homem que, sem razão aparente, atacou uma idosa no pátio de uma igreja, foi mantido em prisão preventiva e se tornou meu paciente.

Ele não tentou roubar a mulher, o que ao menos seria uma razão "racional" para atacá-la. Estava óbvio desde o começo que era louco; suas vocalizações raramente subiam ao nível de palavras, quanto mais de sentenças coerentes; era desgrenhado e negligente, pelo seu cheiro horrível; estava fechado em um mundo próprio, no qual estímulos externos pareciam difíceis de imiscuir. Ele claramente respondia a sons alucinatórios, provavelmente vozes dizendo coisas desagradáveis e insultuosas, ou emitindo ordens estranhas. Não há dúvida de que, ao atacar a senhora idosa, ele lhe atribuiu alguns desses insultos, pelo que o ataque faria sentido para ele, mas não para ela ou os outros.

Na cela em que o colocaram no hospital da penitenciária, ele se despiu e permaneceu nu pelo resto do tempo que ficou lá. Estava tão preocupado com as alucinações que parecia não ouvir ou ver ninguém que tentasse lhe falar: interlocutores não existiam para ele.

Sua condição se deteriorou. Raramente comia e perdeu peso de forma progressiva. Subia na cadeira e gritava para fora da janela. O conteúdo de suas expostulações, se é que alguma delas era discernível, era religioso em princípio, um alerta para o mundo de que o fim estava próximo. O pior de tudo, e que era quase intolerável, foi que ele adornou as paredes da cela com fragmentos de sentenças religiosas pintados com os próprios excrementos.

A rigor, isso não era o que chamavam na prisão de "protesto sujo" (expressão que tampouco aparece no Partridge), em que um prisioneiro, geralmente psicopático e sempre raivoso por uma recusa para ter as coisas a seu modo em uma ou outra questão menor – coisas pequenas, como já mencionei, criam teias enormes nas cabeças dos detentos –, esfrega as próprias fezes nas paredes da cela. Protestos desse tipo diminuíram no meu tempo na penitenciária – ao menos era essa a minha impressão – talvez, ou provavelmente, porque o regime se tornou mais flexível e complacente. Mas eles não cessaram por completo, e eram um grave delito disciplinar. O protestador sujo era levado "bloco abaixo" ou "seg abaixo" (ou seja, para a Unidade de Segregação), onde, como punição, os detentos eram confinados por alguns dias na solitária. A cela na qual ele vociferava (sic) seu protesto era, então, limpa por faxineiros industriais em trajes espaciais, usando mangueiras de tal potência que as celas logo pareciam novas – ou, talvez eu devesse dizer, velhas.

Mas aquele prisioneiro na ala hospitalar não estava protestando. Seu protesto não era sujo, mas, antes, a afirmação de algum tipo de crença. Logo descobrimos que era um paciente psiquiátrico que tinha, conforme a frase explanatória ou exculpatória, "escapado por entre as malhas da rede". Quando tomava a medicação, ele era, se não exatamente normal, pelo menos não violento; mas, uma vez que parava de tomá-la, tornava-se desorganizado em seus pensamentos e inclinado a agredir aqueles que julgava que o insultavam ou ameaçavam. Em outras palavras, ele achava que as agressões eram realmente em legítima defesa.

Havia um time psiquiátrico fora da penitenciária que, em tese, devia cuidar de pacientes como ele e encorajá-los, tanto quanto possível, a tomar sua medicação, muitas vezes por injeções quinzenais. Quando um paciente era conhecido por perigosamente negligenciar a si mesmo ou atacar outras pessoas, ou ambos, ao não tomar os remédios, ele poderia ser forçado a tomá-los.

Liguei para o psiquiatra que estivera a cargo desse homem fora da prisão e pedi que o levasse para seu hospital. Isso requereria uma visita ao paciente, e, uma vez que o atraso é a arma de pequeno calibre do administrador, ele disse que não poderia vir antes de duas semanas.

Nesse meio tempo, a situação se tornou intolerável, embora tolerada. O hospital inteiro cheirava como um esgoto, o homem mantinha todos acordados à noite com suas exortações incompreensíveis para o mundo, ele emagreceu e emagreceu, e – para usar uma expressão corrente na minha infância, usada para me descrever quando eu falhava em pentear meus cabelos apropriadamente, o que era frequente – parecia com o Homem Selvagem de Bornéu.

Cerca de duas semanas após sua admissão na ala hospitalar, cheguei lá após o almoço para me deparar com dois agentes balançando suas cabeças com perplexidade, incrédulos. O psiquiatra do homem tinha acabado de sair depois de visitá-lo.

— O que há de errado? — perguntei.

— O médico falou que "é só atitude", doutor — disse um dos agentes.

"É só atitude" era o que os agentes diziam quando achavam que o mau comportamento era mais fruto da maldade do que da loucura.

— Falou que ele não é louco, doutor — disse o outro agente. — Falou que ele está fingindo, atuando.

A condição do homem continuou a piorar. Seu psiquiatra disse que ele melhoraria espontaneamente quando percebesse que não estava ganhando nada com seu comportamento. Depois de mais duas semanas, ele concordou (por telefone) que isso era improvável, mas que a piora do prisioneiro era apenas sinal de teimosia. Então, passada mais uma semana, aceitou que ele estava mesmo mal, mas que, desafortunadamente, não havia leito hospitalar disponível. Aqui havia margem para mais prevaricação.

Outra semana passou. Sugeri que fôssemos até o fim e cobrássemos os visitantes que quisessem vê-lo (provocá-lo seria cobrado à parte). Liguei para um consultor legal e perguntei se, dadas as condições que o paciente criara para si e para os outros, eu teria justificativa para tratá-lo contra a vontade, mas ele disse que não, isso iria contra os seus direitos humanos. Tratamento compulsório só seria possível se ele não tivesse capacidade para decidir por si mesmo e fosse uma questão de vida ou morte, o que não era o caso. E os direitos dos outros prisioneiros, perguntei, e dos agentes? Eles não tinham direito à paz e a não respirar um ar que não fosse mefítico? Aparentemente, não: direitos humanos não chegam a tanto.

Eventualmente, exasperado com a prevaricação e a procrastinação, pedi ao fotógrafo da prisão que tirasse fotos da cela, o que ele fez. No dia seguinte, liguei para o psiquiatra mais uma vez e disse que, a não ser que um leito fosse providenciado para o homem, eu mesmo enviaria as fotografias para o Secretário do Interior no dia seguinte, com uma descrição da cela, perguntando se ele achava que os prisioneiros deviam ser mantidos nessas condições. Um leito foi encontrado de imediato.

Em defesa do psiquiatra, tenho certeza de que ele tinha poucos leitos à disposição porque a maioria fora fechada. Ele estava, assim, sob intensa pressão para adequar seus diagnósticos aos leitos, em vez de seus leitos aos diagnósticos. A pressão dos leitos se transferiu para uma pressão intelectual e moral. O psiquiatra possivelmente tinha uma versão desse falso silogismo passando pela cabeça:

> Este homem precisa ser admitido em um leito de hospital
> Não há leitos no hospital.
> Logo, este homem não precisa ser admitido em um leito de hospital.

O diretor da prisão veio até mim depois que o homem foi levado para o hospital.

– Você tem as fotografias tiradas da cela? – perguntou.

– Sim – respondi. – E ia enviá-las para o secretário do Interior.

– Isso é completamente proibido, contra as regras. Muito bem!

Eu tinha grande respeito por esse diretor, o último e o melhor entre os que conheci. Ele não repreenderia um homem que, quebrando as regras, arriscou a si mesmo pelo resultado certo. Ele viera e, diferentemente dos outros, conhecia cada aspecto do trabalho, por dentro e por fora. Era humano sem ser sentimental, desiludido sobre a natureza humana sem ser cínico, e podia fazer uma regra sem que ela fosse adorada como um ídolo. Ele decididamente não era: "O cabeça-dura, cabeça cheia de livros, ignorantemente lido, / Com montes de trastes adquiridos na cabeça, / Com a própria língua ainda encanta seus ouvidos, / E ao que parece sempre ouvindo a si mesmo[5]."

---

[5] O trecho é da terceira e última parte do poema "An Essay on Criticism" ["Um Ensaio sobre a Crítica"], de Alexander Pope (1688-1744), um dos principais poetas do neoclassicismo inglês, tradutor de Homero e famoso por seus versos satíricos. (N.T.)

11. Atividades recentes em homicídios

Pouco depois da minha aposentadoria da prisão e do hospital, pediram que eu averiguasse cinco homicídios cometidos por pacientes psiquiátricos (um deles seguido de suicídio), todos em uma mesma área geográfica e em um curto espaço de tempo. Haveria quaisquer falhas específicas na maneira como foram tratados que tivessem resultado nas trágicas consequências?

A averiguação presumia que essa rara conjunção de eventos não era fruto do acaso. A análise estatística subsequente, que eu não finjo entender, demonstrou que, cientificamente, o conjunto foi fruto do acaso e que, portanto, não havia nenhuma lição a ser aprendida dele – supondo (o que pela minha experiência é duvidoso) que qualquer um poderia aprender tal lição se ela estivesse lá para ser ensinada.

Mas era tarde demais. Meus dois companheiros de inquérito e eu já havíamos terminado nossas investigações. Para mim, a lição estava clara feito o dia. Em apenas um dos cinco casos, a equipe fizera um histórico do paciente (aliás, sempre chamado de "cliente" – a despeito de demonstrações frequentes de que pacientes preferem ser chamados de pacientes – porque a palavra "cliente" é menos estigmatizada; o tipo de contradição que é cada vez mais um pré-requisito para uma carreira de sucesso no Serviço Nacional de Saúde). Não havia histórico nas centenas de páginas sobre os outros quatro casos, embora levantar informações seja a tarefa mais fundamental em todo trabalho clínico.

No único caso em que uma enfermeira de fato levantou o histórico, ela ignorou sua óbvia importância por completo. Era como se ela achasse que registrá-lo era um bem si mesmo, uma cerimônia religiosa propiciando o bem sabe-se lá em nome de que deus.

Nenhum histórico teria apontado para o desfecho terrível, assassinato seguido por suicídio, especificamente. O homem em questão havia, antes, feito uma desesperada tentativa de suicídio e, com grande dificuldade, foi persuadido a ir ao hospital para um tratamento que lhe salvasse a vida. Havia todos os indícios, tanto pessoais quanto estatísticos, de que era provável que cometesse suicídio no futuro próximo. De fato, ele disse abertamente que era essa a sua intenção. A enfermeira registrou tudo isso com cuidado, e depois concluiu que ele devia receber alta do hospital, de imediato e sem acompanhamento. Em menos de vinte e quatro horas, ele matou a esposa e cometeu suicídio, ateando fogo a si mesmo.

A vasta maioria dos documentos dos outros casos consistia nos chamados "Formulários de Avaliação de Risco". Eles foram preenchidos centenas de vezes.

As mesmas questões – sim ou não – eram respondidas com traços ou xises em cada formulário. Mas era difícil acreditar que, em cada uma daquelas ocasiões, o paciente tivesse mesmo respondido às questões. Elas o teriam levado à loucura, se fosse o caso. O que mais me impressionou nos formulários, no entanto, além do seu número elevado, era que os traços e xises pareciam distribuídos aleatoriamente, de tal modo que a resposta para a questão "o paciente tem um histórico de violência?" era "sim" e, às vezes, "não", com frequência em dias sucessivos – a contradição nunca sendo notada por aqueles que supostamente cuidavam do homem. Não que, quando a resposta era "sim", alguém cogitasse perguntar ao paciente de que maneira ou em quais circunstâncias ele fora violento.

Depois de estudar centenas de páginas desse tipo de documento, era impossível formar qualquer impressão do paciente ou o que, se é que havia algo, estava errado com ele, ou mesmo por que ele era um paciente, afinal. Eu me lembro do falecido professor Michael Shepherd me contando que uma série de livros publicados anualmente, intitulados *Progressos Recentes em Psiquiatria*, tiveram de ser reintitulados *Atividades Recentes em Psiquiatria*, os editores sendo incapazes de distinguir entre atividade e progresso. Parecia-me que uma confusão similar fora feita aqui entre atividade e trabalho.

O problema era que a equipe era estúpida, ou melhor, estupidificada pelos procedimentos sem sentido, aborrecidos, repetitivos e morosos que era obrigada a levar a cabo. Eles ofuscavam o propósito real do que faziam. Preencher formulários não era uma ajuda para seu trabalho, mas tornou-se o trabalho em si.

Os enfermeiros e os outros pensavam estar trabalhando apenas porque executavam tarefas passadas pelos superiores. Quando preenchiam um formulário, tinham aquela sensação de dever cumprido que alguém experimenta ao completar uma tarefa. Que a informação contida no formulário recém-preenchido era inútil ou contraditória não lhes ocorria ou preocupava. Talvez fosse porque, se notassem ou se preocupassem com isso, eles entrariam em desespero.

A equipe viera – compreensivelmente – a acreditar que seguir os procedimentos era um fim em si mesmo e não tinha nenhuma conexão com qualquer outro propósito. A responsabilidade por esse lamentável estado de coisas era da administração, que, sem dúvida, estava ela mesma sob pressão para se conformar aos níveis processuais mais elevados.

Fui ingênuo o bastante para não perceber que o principal propósito de um relatório como o nosso era justificar o imobilismo e confirmar que, exceto por um ligeiro engano ou outro, tudo foi pelo melhor no melhor dos mundos possíveis[1]. Não pude opinar na escrita do documento e minhas conclusões foram diluídas para doses mais homeopáticas, de tal modo que nenhuma molécula delas permaneceu na

---

[1] Referência ao professor Pangloss, personagem do conto filosófico *Cândido, ou o Otimismo*, de Voltaire (1694-1778), célebre iluminista francês. O leibniziano Pangloss sempre acha que, não importa o que aconteça, "tudo é pelo melhor no melhor dos mundos possíveis". (N.T.)

solução. A prosa do relatório era impenetrável. Fui ver o diretor médico do hospital que atendera os assassinos. Ele foi afável de uma maneira distante, o tipo de pássaro cujas penas não podem se eriçar. Sentou-se imperturbavelmente à sua mesa, pronto para ouvir o que eu tinha a dizer e até mesmo para responder.

— O problema fundamental — eu disse — é que a sua equipe não sabe o que está fazendo.

Ele não saltou em defesa dos seus; na verdade, acenou com a cabeça como se concordasse. Devo admitir que estava impressionado com sua calma, considerando que o acusava implicitamente de ser o cabeça de uma organização inútil e incompetente. Mas ele já sabia disso.

— Eles não pensam sobre o próprio trabalho — eu disse. — Eles só preenchem formulários.

Ele parecia estar em completo acordo com o que eu dizia. Esperava para ouvir algo que ainda não soubesse.

— Eles preenchem os formulários de forma mutuamente contraditória — eu disse.

Eu o havia finalmente instigado a falar.

— Esse é um procedimento-padrão nos dias de hoje — disse ele.

— Eles nem levantam o histórico.

— Sim, eu sei. Mas nós devemos desmedicalizar o serviço tanto quanto possível.

— Sou totalmente a favor da desmedicalização. Mas você tem que levantar o histórico para saber se o caso é ou não médico.

— Concordo.

— Mas você é o diretor médico — eu disse.

— Não concordo com o que está acontecendo aqui, mas não há nada que eu possa fazer a respeito.

Havia um caráter decisivo nessas palavras que tornou bastante sem sentido para mim dizer qualquer outra coisa. Era um homem fisicamente grande, que me lembrava um dos Budas sentados que eu vira em minhas viagens ao Leste. Estava próximo de se aposentar e receberia uma pensão da qual viveria confortavelmente pelo resto da vida. Se alguma vez ele quisera reformar qualquer coisa ou resistir à estupidez, esse tempo tinha passado há muito. Fui deixado me sentindo como Bambi em um mundo de tanques Panzer[2].

Meu próprio hospital me pediu certa vez para escrever um relatório interno sobre o tratamento de um paciente similar, que tinha matado alguém e, depois, cometido suicídio. Ele havia obviamente enlouquecido, logo, tecnicamente, seu homicídio não era um assassinato. Ele não recebeu tratamento apropriado antes de matar e uma das razões foi que, nos dezoito meses anteriores ao que é sempre chamado nessas circunstâncias de "gatilho", vira dezessete profissionais de saúde mental, dos quais apenas dois mais de uma vez. Nenhum deles, então, poderia tê-lo conhecido bem, quanto mais estabelecer uma relação de confiança.

Não é preciso refletir muito para entender a ineficiência disso, para não dizer desumanidade.

Um médico que conhece bem seu paciente poderá dizer como ele está pelo rosto, por sua postura e pela maneira de andar; mas esse tipo de conhecimento implícito não pode ser comunicado pela escrita ou via relatórios no computador, e, claro, ele se perde por completo quando ninguém vê o paciente mais de duas vezes. Tão supérflua quanto cruel tem sido a política de governos sucessivos de tornar a prática médica o mais impessoal possível, ao ponto de se tratar pacientes como as batatas quentes do jogo infantil. É estranho como, depois de dobrar o número de médicos, é mais difícil do que nunca para os pacientes se consultarem com o mesmo doutor duas vezes.

Trabalhar em um sistema que sempre parece à beira de uma crise, no ponto máximo de sua capacidade, pode ter certas vantagens, ao menos para os que se orgulham de seu trabalho. Há quem obtenha satisfação por fazer o aparentemente impossível. Mas, quando a crise se torna crônica, se é que isso não é um oximoro, ela erode o moral e transforma as pessoas em cínicas, do tipo que conta os segundos para ir embora.

---

[2] "Panzer" é uma abreviação de *Panzerkampfwagen*, expressão alemã que significa "veículo blindado de combate". O termo se tornou sinônimo dos tanques alemães usados pelos nazistas antes e durante a Segunda Guerra Mundial. (N.T.)

Lembro-me de uma paciente que chegou ao nosso hospital e alegou estar no centro de uma conspiração mundial, na qual "eles" (quem quer que fossem "eles") planejavam matá-la e às suas três crianças. A fim de evitar esse destino, ela planejou matar as filhas e, depois, a si mesma.

Não havia nada de histriônico em sua aflição. Quando muito, era disfarçada. Era curioso, é claro, que ela tivesse ido ao hospital em vez de, digamos, procurar a polícia. Mas esta podia estar em conluio com *eles*. Talvez ela tenha ido ao hospital porque, em algum nível da mente, reconhecesse que a suposta conspiração era uma manifestação de sua própria doença, e não um fato sobre o mundo. Ou o hospital lhe parecesse o lugar mais seguro em um mundo inseguro. Em todo caso, achei que ela falava sério e, de fato, mataria suas três crianças e a si mesma se eu a deixasse ir. Decidi que devia ser admitida com urgência em um hospital psiquiátrico.

Infelizmente, ela estava domiciliada a cento e sessenta quilômetros dali. O hospital da região em que morava disse que não tinha leitos disponíveis e, de qualquer modo, ela não era mais responsabilidade deles, pois estava na nossa região. Mas o hospital da nossa região alegou exatamente o oposto – que não era responsabilidade deles porque ela morava a cento e sessenta quilômetros de distância.

Não se podia imaginar emergência maior. A paciente tinha deixado as crianças com uma amiga e, se saísse do hospital, as buscaria e, então, provavelmente mataria as três. Esse tipo de assassinato, embora não seja comum, ocorre com regularidade. Tive um paciente que sufocou com gás suas três crianças no carro, mas ele mesmo foi salvo.

A mulher precisava ficar sob vigilância para o caso de tentar fugir, o que aconteceu várias vezes. Eu tampouco podia ir embora até que encontrasse um lugar para ela – um processo que tomou nove horas de ligações telefônicas incessantes. Nenhum hospital em um raio de oitenta quilômetros ou mais quis admiti-la, sempre pelas mesmas razões: sem leitos disponíveis e sem responsabilidade no caso. Foi só quando ameacei os administradores do meu próprio hospital com um apelo ao ministro da Saúde é que finalmente consegui um lugar para ela. Fui embora aliviado e exausto, com mais raiva do que euforia pelo meu eventual sucesso burocrático. Estivera ao mesmo tempo ocupado e aborrecido. O que consegui devia ter levado cinco minutos.

A redução constante do número de leitos para pacientes psiquiátricos causava muita perda de tempo, levava à ocupação dupla de leitos (assim que um paciente desocupava o leito, este era ocupado por outro, adiando, assim, o problema, até que o primeiro paciente retornasse, deixando o problema para outro resolver), significando que só os pacientes mais perturbados e perigosos podiam ser admitidos, o que tornava as próprias alas perigosas, com os residentes agitando uns aos outros e uma permanente ameaça de violência no ar.

A redução do número de leitos era resultado de uma confluência de interesses: os cortes de gastos do governo de um lado e os ideólogos da psicose como consequência da injustiça social de outro; os ideólogos negavam por completo a necessidade de tratar psicóticos no hospital.

Aconteceu, então, que algumas das pesquisas sobre a política de redução de leitos foi conduzida na minha região. Um psiquiatra, creio, ambicionando mais fazer um nome para si do que se ater aos fatos, dirigiu o trabalho em uma área de triagem com o propósito expresso de quase nunca admitir pacientes no hospital. Ele publicou os resultados do experimento, o qual influenciou a formulação da política em todo o país. (Se você quer influenciar as pessoas, diga o que elas querem ouvir.)

O autor da boa-nova saiu em licença prolongada e me pediram que assumisse o lugar dele por um tempo. Pouco depois de começar, fui chamado a uma casa onde um jovem lunático alarmava os vizinhos com seus modos agressivos e conversas irritadas, no meio da noite, com nenhum interlocutor visível. Antes de vê-lo, dei uma olhada nas anotações que lhe concerniam. Ele fora visitado diversas vezes pelo "time", inclusive pelo psiquiatra que queria deixar uma marca ao reformar o mundo, ou reformar o mundo ao deixar uma marca. Ninguém deu a entender que ele era perigoso.

Cheguei à pequena casa vitoriana geminada, melhor do que qualquer coisa que a nossa era mais avançada e ilustrada foi capaz de construir. Um indiano de meia-idade, vizinho de porta do paciente, esperava ali fora pela minha chegada.

– Você tem que fazer alguma coisa, doutor – disse ele –, ou alguém vai acabar morto.

Ele me contou que o paciente, de uns vinte anos, levara a mãe aterrorizada a deixar a casa, da qual era dona, alguns meses antes. Ela temia pela própria vida e agora vivia em outro lugar. O jovem ameaçava todos à sua volta, e era óbvio (disse o vizinho) que era louco e perigoso.

De forma sem dúvida imprudente, eu bati à porta.

Todo mundo em algum ponto da vida gosta de bancar o salvador, ou Daniel vindo para ser julgado[3], e aquele era o meu momento. Eu libertaria a rua do medo. Eu temerariamente confrontaria o homem e daria a ele o que Dr. Willis, que tratou George III, chamou "o olho"[4].

Ouvi gritos vindo de dentro da casa. O vizinho tinha assegurado que ele estava sozinho e que ninguém mais estivera ali por semanas. Para a minha surpresa, a porta foi aberta e à minha frente estava um jovem negro de aspecto feroz, descalço e com olhos ainda mais selvagens. Estava desgrenhado e atrás dele pude ver os entulhos de meses vivendo como louco – pilhas de roupas misturadas com os restos apodrecidos de comida deixada pela metade, papéis espalhados e mobília revirada. Não fiquei muito desapontado quando ele bateu a porta na minha cara.

Ecoando o General MacArthur[5] para o vizinho, prometi voltar, dessa vez com toda a equipe necessária, prática e legalmente, incluindo a polícia, para levá-lo contra a vontade para o hospital. E foi o que fiz.

---

[3] Referência ao livro bíblico do profeta Daniel, cujo nome significa "aquele que é julgado por Deus", "Deus assim julgou" ou "o Senhor é meu juiz". (N.T.)

[4] Francis Willis (1718-1807) foi um clérigo e médico inglês, famoso por ter tratado o Rei George III (1738-1820). Willis curou o rei de seu primeiro acesso de loucura (haveria outros dois, sendo que o último deles, em 1810, perdurou até a morte do monarca), em fins da década de 1780. (N.T.)

[5] Douglas MacArthur (1880-1964) foi um oficial do Exército norte-americano que desempenhou um papel importantíssimo no teatro de operações do Pacífico na Segunda Guerra Mundial. Mas, em 1941, quando os japoneses invadiram as Filipinas (e ele era comandante das Forças Armadas dos Estados Unidos no extremo Oriente), MacArthur se viu obrigado a bater em retirada para Bataan e, por fim, fugir com sua família para Melbourne, na Austrália.

Foi só mais tarde que uma das enfermeiras da equipe me contou algo que eu não sabia ao visitar o jovem pela primeira vez.

– Sabe – disse ela –, na última vez em que o doutor foi visitá-lo, o homem veio correndo com um facão e ele teve de sair correndo.

Nada disso aparecia nas anotações. O psiquiatra, na verdade, tinha especificamente proibido qualquer menção ao episódio ou a episódios similares, em casos de outros pacientes, nas anotações. Disse que registros desse tipo agiam em detrimento da reputação do paciente e criavam preconceito contra ele.

O psiquiatra também tinha o tema raça em mente. Para ele, racismo era o fator mais importante que explicava as desgraças do mundo. (Longe de seu assunto favorito, ele era um homem charmoso e divertido, com quem se podia passar uma tarde agradável.) E acontecia que um número desproporcionalmente grande de jovens negros na Grã-Bretanha se tornava psicótico e era detido e tratado contra a vontade nos hospitais. Então, somando isso à manutenção das admissões no hospital em um número próximo de zero, ele achava que estava lutando a boa luta contra o racismo institucional.

Nisso, eu tinha poucas dúvidas de que ele achava estar fazendo o papel de um William Wilberforce[6] moderno. Para ele, a loucura do jovem era uma resposta às injustiças que devia ter sofrido, *ex officio* como negro, e tratá-lo contra a vontade seria agravar tais injustiças. Sua loucura, então, não era uma doença (ou o resultado de fumar muita maconha das mais fortes, digamos), mas uma reação até mesmo razoável para suas experiências de vida. Se ele corria atrás dos outros com um facão, era apenas em legítima defesa.

Mas e quanto aos vizinhos, muitos deles também negros? E quanto à mãe, que chegou ao país sem um centavo, trabalhou por anos para comprar uma casa e agora se via expulsa de lá pelo próprio filho? Eles, presumivelmente, não eram dignos de simpatia porque tinham passado tão

---

Ali, fez um discurso no qual prometeu voltar e retomar as Filipinas – promessa que, de fato, cumpriu. (N.T.)

[6] William Wilberforce (1759-1803) foi um político e filantropo inglês, líder do movimento pelo fim do tráfico de escravos. (N.T.)

completa e covardemente para o lado da pequena burguesia branca. Não havia dúvida de que a mãe era uma dessas mulheres desprezíveis que se vestem divinamente aos domingos, com luvas brancas imaculadas, chapéu de abas largas e vestido impecável, e vão à igreja falar em línguas, sem perceber que estão tomando parte do ópio do povo.

Levei o episódio com bom humor, creio, não culpando muito o psiquiatra por quase ser indiretamente responsável pelo meu falecimento precoce ou, pior ainda, pela minha desfiguração permanente por um facão. (Era instrutivo que as pessoas tivessem tantos facões e bastões de beisebol naquela área. Não cortavam cana por ali, assim como nunca jogavam beisebol. A proporção entre os bastões e as bolas de beisebol vendidos deve ser uma boa medida da violência na sociedade.) Mas eu tive a minha vingança, ainda que de forma peculiar e indireta.

Certo dia, ligaram de um canal de TV local e perguntaram se eu poderia participar de um programa de debates. Como não assistia à televisão havia muitos anos, na verdade décadas, eu achava que programas de discussão ainda eram como *The Brain's Trust*[7], dos anos 1950, em que os telespectadores enviavam perguntas como "podem existir drogas que nos façam felizes?" e o Dr. Grey Walter[8], cientista famoso naquela época, diria para o outro debatedor, Aldous Huxley[9]: "Acho que você está enganado, Huxley, por imaginar...", etc.

O programa de debates era um pouco diferente. Suponho que devia ter suspeitado disso quando soube do tema da discussão – exorcismo.

---

[7] *The Brain's Trust* foi um programa muito popular da BBC, a princípio no rádio (de 1941 a 1949) e, depois, na TV (durante a década de 1950), em que especialistas respondiam às perguntas enviadas pela audiência. Houve um *revival* radiofônico entre o final dos anos 1990 e o começo da década seguinte. (N.T.)

[8] William Grey Walter (1910-1977) foi um neurofisiologista e roboticista norte--americano naturalizado britânico. (N.T.)

[9] Aldous Huxley (1864-1963) foi um escritor inglês, famoso por romances como *Admirável Mundo Novo* e *Sem Olhos em Gaza* e ensaios como "As Portas da Percepção", em que conta suas experiências tomando mescalina (alucinógeno extraído sobretudo do cacto mexicano mescal). No Brasil, boa parte de sua obra foi lançada pela Globo Livros. (N.T.)

Aquele me pareceu um tema esquisito um quarto de milênio após o Iluminismo, algo sobre o qual era ignorante e que, além do mais, não me interessava. Tentei usar minha ignorância quanto ao assunto como motivo para o canal procurar outra pessoa. Mas a ignorância não desqualifica ninguém no moderno mundo da mídia, e o jovem empregado da emissora insistiu que, apesar de tudo, eu seria perfeito para o programa. Sendo fraco, concordei.

Minha ideia desse tipo de programa era de no máximo quatro pessoas sentadas ao redor de uma mesa, feito um comitê, e falando entre si, com um mediador cuja única tarefa era assegurar que ninguém roubasse o holofote. Não era nada parecido com isso. Havia uma enorme audiência formada por trabalhadores de uma fábrica local, levados de ônibus até lá, e abastecidos com bebida. Eles se sentavam em uma espécie de tribuna elevada no estúdio. Eu logo entendi que a maior esperança dos produtores era de que uma discussão violenta irrompesse, inclusive com gente recorrendo aos punhos. Aquilo não era uma procura da verdade, mas um espetáculo de gladiadores para os ociosos entediados. Além disso, para a minha surpresa, não me acomodaram no centro do estúdio, mas no meio da tribuna.

Um bispo (de uma igreja que ele mesmo fundara) deu sua visão sobre a necessidade do exorcismo daqueles que fossem possuídos por espíritos malignos, e então o apresentador do show – pois agora era óbvio até mesmo para mim que aquilo era mais um show do que uma discussão – perguntou a um homem sentado ao meu lado o que ele achava do exorcismo pelo qual tinha passado.

Era um ex-soldado que lutara na Guerra das Malvinas, vira coisas terríveis por lá e retornara muito perturbado, bebendo demais e se tornando violento quando bêbado (como ele era antes, ninguém perguntou), ficando em apuros com a polícia e tudo o mais. Então, ele encontrou dois sujeitos – norte-americanos – que o exorcizaram fazendo-o vomitar, em um balde, o espírito maligno que o possuía (havia um vídeo do processo). Aparentemente, o espírito maligno assumiu a forma material de uma pequena criatura de cor verde, se não me falha a memória, mas o vídeo não capturou o momento em que abandonou o navio, por assim dizer.

De qualquer forma, o homem estava completamente mudado desde o exorcismo. Parou de beber e, em vez de socar pessoas na cara, ajudava velhinhas a atravessarem a rua. Na linguagem da psicobobagem, ele lidara com seus demônios. Depois que a história chegou ao fim, o apresentador se virou para mim e perguntou:

— Como médico, o que você acha disso?

Eu estava em uma posição ruim. Cercado por uma plateia bêbada que quase certamente tinha acreditado no homem e nutria uma simpatia piegas por ele. Se começasse a dissecar sua história de um ponto de vista racional, tenho certeza de que a plateia se viraria contra mim e me acusaria de ser um almofadinha. O show tinha a clara intenção de ser uma disputa entre o especialista convencido e o homem comum, com grande vantagem para este último.

De qualquer modo, seria errado dissuadir o homem de suas ilusões, às quais parecia genuinamente apegado, se elas tivessem resultado em uma vida melhor para ele e os que estavam ao seu redor, ainda mais que a desilusão também seria uma humilhação pública. Eu disse algo vazio e anódino, que estava feliz que ele se sentisse melhor, etc.

Deixei o estúdio me sentindo um tolo. Os espectadores devem ter tido a impressão de que eu não desacreditava em exorcismo e o considerava algo mais ou menos análogo à amputação de uma perna gangrenosa. Levei algumas horas para me consolar pensando que, nesse mundo de aparências, nada é tão transitório quanto uma aparição na televisão. Decidi nunca mais aparecer outra vez. (Resolução que não mantive para valer.)

Algumas semanas depois, a emissora, evidentemente impressionada com a minha débil performance, ligou outra vez e perguntou se eu não poderia participar de outro daqueles programas, dessa vez para discutir sobre pacientes psiquiátricos que matam. Desculpei-me alegando outro compromisso, mas disse que conhecia um homem que se encaixaria perfeitamente, a saber, o psiquiatra cujas visões podiam ter resultado na minha morte — embora eu admita que disse apenas se tratar de um psiquiatra. Ainda que não concordássemos em muita coisa, ambos nunca assistíamos à televisão e ele quase com certeza cairia na mesma tagarelice em que caí.

A exemplo de mim, ele ingenuamente concordou em participar, mas dessa vez a surpresa se deu ao inverso. Pediram-lhe, enquanto estava sentado no meio da plateia, que desse a sua opinião sobre a relação entre esquizofrenia e assassinato. Ele ofereceu uma pequena palestra acadêmica sobre como não havia motivo para pânico, dizendo que o número e a proporção de assassinatos cometidos por esquizofrênicos não tinham aumentado, e que os pacientes psiquiátricos eram mais propensos a sofrer violência do que a perpetrá-la.

– Obrigado, professor – disse o apresentador, que então se virou para a mulher sentada ao lado e que tinha enviuvado na semana anterior, quando seu marido foi assassinado por um esquizofrênico.

12. Fungos psiquiátricos

Todo mundo é um paciente

Há aqueles que pensam que pacientes psiquiátricos jamais deveriam, sob nenhuma circunstância, ser tratados contra a vontade. Entre esses, estava o falecido Thomas Szasz, um psiquiatra norte-americano de origem húngara que era um polemista brilhante e um estilista em sua terceira língua, o inglês. Entre suas maiores conquistas, estava a publicação de um artigo hilário na Lancet[1], em geral não muito conhecida (desde o falecimento de seu primeiro editor, Thomas Wakley) pela leveza ou pelo senso de humor. Szasz sugeriu em seu artigo que, doravante, a felicidade devia ser considerada uma doença psiquiátrica, pois é rara, com frequência leva a más decisões e é raramente justificada por condições objetivas. Ela seria, portanto, delirante.

Ele chamava a atenção – corretamente, a meu ver – para a tendência de os diagnósticos psiquiátricos se espalharem como fungos sobre todas as experiências, emoções e condutas humanas. Todo mundo é um paciente e nada é uma manifestação apenas de si.

Além disso, como Szasz ressaltava, doenças psiquiátricas são muitas vezes desconectadas de qualquer patologia física discernível (análise laboratorial), e nenhuma de suas causas é conhecida. Em outras palavras

---

[1] The Lancet é uma revista inglesa com artigos médicos e científicos, publicada semanalmente desde 1823. (N.T.)

(de acordo com ele), seriam doenças somente em um sentido metafórico. Na realidade, seriam apenas padrões de comportamento, com frequência, socialmente desagradáveis ou desvantajosos, mas não doenças. Coagir pessoas a tratar um desses assim chamados padrões de comportamento seria algo tirânico ao extremo, nada diferente, em princípio, da coerção empregada pelos regimes totalitários. Na opinião dele, então, quando um louco comete um ato criminoso, ele deve ser punido exatamente como seria se fosse são, pois não está doente, é apenas mau. Tratamento para esse tipo de pessoa seria apenas policiamento medicamentoso e o que mais houvesse de pior sob esse véu de filantropia.

Um amigo nosso em comum, o economista desenvolvimentista Peter Bauer, também de origem húngara, disse que sempre quis nos ouvir discutindo essa matéria, e nos chamou para jantar certo dia em que Szasz passou por Londres. Szasz estava, então, com quase oitenta anos, mas ainda cheio de ardor para defender suas ideias.

Era o tipo de homem que não se encontra com muita frequência, capaz de levar as discordâncias com bom humor (é certo que, àquela altura, ele já tivesse bastante experiência com isso) e que não nutria qualquer animosidade contra os que discordavam dele.

Eu concordava com muito do que ele dizia, que a emoção ou o comportamento indesejado ou indesejável vinham sendo incontinentemente categorizados como doença. Mas não podia concordar que esse tipo de comportamento jamais pudesse ser considerado uma doença a menos ou até que se comprovasse que fosse consequência de uma patologia física.

Ainda não estamos na posição do inteligente Sr. Toad, que, como todos esses jovens de Oxford, "conhece tudo o que há para ser conhecido". Não é plausível que um comportamento antes atribuído a uma deficiência moral seja, na verdade, uma doença uma vez que uma causa física é descoberta, quando antes não era assim.

Pode muito bem ser verdade que não aceitar a clara dicotomia de Szasz – ou é patologia demonstrável ou não é doença – possa levar a um terreno escorregadio, mas, se o terreno de fato existir, ele não deveria ser posto de lado apenas porque sua existência torna mais difícil que evitemos abusos. A solução seria exercitar nosso discernimento, não negar a realidade.

E, então, elaborei o que era, em minha própria avaliação, um argumento decisivo oriundo de uma experiência real.

Aconteceu que, após passar uma noite de plantão, fui chamado de volta à penitenciária para ver um prisioneiro que tinha se despido por completo e tentava se conectar ao soquete da lâmpada. Ele falava coisas sem sentido, que ninguém conseguia entender, e estava em um mundo no qual nada que disséssemos penetraria. Ele também tinha tentado comer a lâmpada.

Sua loucura viera de maneira muito repentina, não havia registro anterior dela, e ele havia se comportado de modo perfeitamente normal até aquela noite. O mais provável era que tivesse tomado alguma droga. Certa vez, aprendi a pedir direções em turco – mas não a entender a resposta. Era o mesmo aqui: eu poderia perguntar, mas não entenderia a resposta.

E, uma vez que o prisioneiro se comportava de maneira perigosa para si mesmo, ordenei que fosse sedado, implicando que os agentes o segurassem à força enquanto eu injetava um tranquilizante.

Os agentes ficaram mais e mais nervosos por fazer uma coisa dessas, no caso de serem acusados de agressão, mas eu os assegurei que, como a ordem era minha, seria eu quem levaria a culpa. E confiaram que eu não lhes "chutaria bola nas costas", como o processo de colocar a culpa nos outros era chamado.

Na manhã seguinte, o homem tinha se recuperado por completo. Isso confirmou que o diagnóstico mais provável era uma aguda reação psicótica a algo que tivesse ingerido. Mas nunca poderíamos saber com certeza, exames estavam fora de questão e, de qualquer forma, seriam possivelmente inconclusivos.

– O que você teria feito nessa situação? – perguntei a Szasz.

Ele disse que não estaria nessa situação em primeiro lugar, qual seja a de ajudar o Estado em seu trabalho de repressão do crime.

Aquilo me pareceu uma tremenda evasiva. Szasz reconhecia a justeza do princípio da punição, o qual era, na verdade, uma pedra angular em sua filosofia de que o comportamento ilegal dos lunáticos devia ser tratado precisamente do mesmo modo que qualquer outro comportamento ilegal. Loucura só era doença metaforicamente falando, e, com efeito, lunáticos estavam apenas inventando desculpas para si mesmos, nas quais alguns eram ingênuos o bastante para acreditar.

Havia, no entanto, alguma coisa aqui e em muito do que Szasz dizia. Não era de modo algum estranho que um paciente psiquiátrico, ao ser preso, dissesse ao policial: "Você não pode me tocar, eu sou esquizofrênico". Mas, de novo, assim como em muito do que Szasz dizia, uma verdade parcial era pega do todo.

Eu admirava Szasz. As coisas não foram fáceis para ele. Foi difícil, quando chegou aos Estados Unidos, ser admitido na faculdade de medicina porque muitas universidades tinham um *numerus clausus*[2] contra judeus. Mas isso apenas incendiou a determinação de Szasz. O preconceito, desde que não seja universal ou legalmente aplicado, não é uma barreira insuperável para o avanço social ou outras formas de sucesso, e pode, na verdade, ser um estímulo para isso.

No fim das contas, saí do jantar com Szasz com a impressão de que ele era um homem que tinha se apaixonado por suas próprias ideias, originais e perspicazes como eram, e as transformou em uma chave para responder a todas as questões, mesmo até a consequência prática de negar atenção médica a prisioneiros.

Homens como ele são necessários, mas também perigosos, independentemente de sua admirável afabilidade. Era um bom princípio ser cauteloso quanto a tratar pessoas contra a vontade ou atribuir suas ações a uma loucura sobre a qual não têm controle – a tirania vai nesse sentido. Mas o extremo oposto também precisa ser vigiado.

Tivemos, certa vez, um prisioneiro que estava em prisão preventiva por homicídio e que conversava regularmente com a televisão em sua cela, estivesse ela ligada ou não. (Televisão é o "cassetete líquido" moderno. É usada para manter os prisioneiros quietos ou, ao menos, ocupados.) Suas conversas com a televisão eram em sua maioria raivosas, como se fosse um crítico excepcionalmente rígido do que era mostrado ali. Era impossível

---

[2] Latim, "número fechado". No caso, refere-se à quantidade máxima de pessoas pertencentes a determinado grupo (étnico ou religioso, por exemplo) que são aceitas em um lugar ou uma instituição. (N.T.)

distraí-lo de suas furiosas expostulações e, como outros pacientes nessa condição, estava claramente em um mundo só dele. As coisas que dizia não faziam sentido algum.

Era um homem grande, forte e desagradável, com um longo histórico de extrema violência contra os outros, mas também de loucura exacerbada pela tendência a tomar drogas conhecidas por causar ou exacerbar a loucura. Sua violência precedeu a loucura, da qual podia ser um pródromo[3] ou uma manifestação de sua natureza subjacente. Seus modos eram extremamente ameaçadores, e eu o tornei "três para abrir", ou seja, sua cela não deveria ser aberta a menos que houvesse no mínimo três agentes presentes.

Também telefonei e escrevi ao advogado dele para informar que, na minha opinião, seu cliente não era só incapaz de se defender, mas também de comparecer ao tribunal, e precisava ser admitido no hospital. Se ele algum dia seria apto a se defender ou ir ao tribunal, eu não poderia dizer.

O advogado, compreensivelmente, pediu a opinião do psiquiatra que tratara o homem no passado. O psiquiatra, homem decente e de boas maneiras, veio à prisão e preparou um relatório que me deixou estupefato.

Nele, afirmou que o homem era normal e que seu hábito de falar raivosamente com a televisão tinha a ver com sua formação cultural, que era (em uma geração anterior) jamaicana. Foi a primeira vez na vida que eu ouvi que os jamaicanos falam com seus aparelhos de TV.

Por razões compreensíveis, o advogado preferiu o relatório do meu colega. Afinal, o conhecimento dele a respeito do homem era maior e vinha de muito mais tempo que o meu. Eu nunca tinha me encontrado com o homem antes de seu presente encarceramento. E assim, no dia marcado, o prisioneiro foi levado – com dificuldade – ao tribunal para o começo de seu julgamento.

Por sorte, o banco dos réus nos dias de hoje, o lugar onde o acusado fica ou se senta, raramente é a pequena caixa aberta ao resto do

---

[3] Pródromo é um sintoma ou grupo de sintomas que podem indicar o início de uma doença antes que os sintomas específicos desta apareçam. (N.T.)

tribunal, mas um espaço lá atrás, separado por um vidro grosso à prova de balas, grande o bastante para manter vários acusados de uma vez (e os carcereiros), em casos de associação criminosa. Os procedimentos do tribunal e as palavras do acusado, além de algum testemunho formal em sua defesa que ele possa dar, são transmitidos de um lado a outro por microfones que podem ser desligados. Não há dúvida de que esse novo estilo de banco dos réus é, por si só, um testemunho implícito da violência crescente em nossa sociedade, mas, nesse caso, ele provou seu valor. Nos Estados Unidos, cujos julgamentos são em certos aspectos inferiores aos da Inglaterra, o acusado senta-se ao lado do advogado, como uma pessoa normal, o que torna a comunicação com ele mais fácil e flexível. A diferença é uma prova do que muitos relutam em acreditar, que a nossa sociedade é hoje mais violenta do que boa parte dos Estados Unidos.

A visão de policiais armados com semiautomáticas certamente se tornou mais frequente, se a minha carreira serve de testemunha. Nunca achei essa visão particularmente reconfortante no que concerne à minha própria segurança. Um policial louco com uma semiautomática poderia cometer uma chacina em um fórum onde centenas de pessoas trabalham. Certa vez, cheguei à unidade de tratamento intensivo do meu hospital para encontrar policiais armados de forma similar ao pé de dois leitos em lados opostos, cujos ocupantes pertenciam a gangues inimigas. Eles haviam atirado um no outro ao mesmo tempo, ferindo-se gravemente, mas não se matando. Para citar Hamlet, "mas chegar a isto!"[4]. Era uma cena impensável no começo da minha carreira.

Uma vez colocado no banco dos réus, o acusado naquele caso não tomou conhecimento dos procedimentos, mas andava ameaçadoramente de um lado a outro, feito um tigre enjaulado, murmurando sem parar consigo mesmo. No segundo dia, uma sexta-feira, o juiz interrompeu o julgamento e pediu a mim e ao meu colega que, excepcionalmente, fôssemos até lá no sábado pela manhã. Foi a única vez em que testemunhei um tribunal com o juiz não trajando sua parafernália.

---

[4] Em *Hamlet*, de William Shakespeare (ato 1, cena 2). (N.T.)

Meu testemunho foi direto. O homem era louco, era inapto para se defender e comparecer ao tribunal, e não se recuperaria nem mesmo se tratado. Ele devia ser admitido em um hospital.

Então, meu colega deu seu testemunho. Achei uma experiência dolorosa ouvi-lo. Primeiro, ele defendeu a tese de que o comportamento do homem era normal para alguém com sua formação cultural. Aos poucos, no entanto, diante da incredulidade do juiz, foi forçado a admitir que o comportamento talvez fosse um pouco incomum e tivesse mais a ver com seu estado psicótico anterior do que com a normalidade. Por fim, depois de mais idas e vindas, concordou que seria melhor para o homem ser admitido em um hospital.

Acho que ficou óbvio para todos no tribunal que seu diagnóstico inicial de normalidade foi inspirado pelo medo.

Eu suspeitara desde o início que meu colega era o que chamamos, de forma hipócrita, de culturalmente sensível, e que essa sensibilidade cultural estava sendo usada como desculpa para não tratar alguém que era tão difícil quanto perigoso. Era o tipo de homem que poderia destruir um quarto em um piscar de olhos, e não seria a ideia de um hóspede perfeito para ninguém. De fato, ele enchia meu coração de terror. Também era aquele tipo de louco que tem a força de dez homens. Mas isso não alterava o fato de que precisava de tratamento (que poderia não funcionar) e não era apto a encarar um julgamento.

Em sua última passagem pelo hospital, o homem tinha ferido gravemente dois enfermeiros, e eles, de modo compreensível, não o queriam de volta. O hospital não o processara, na base genérica de que "nós não processamos nossos pacientes". Se o tivessem feito, ele teria sido confinado em uma instituição de segurança máxima.

Em menos de meia hora, o paciente foi de não ter nada de errado para alguém tão perigoso que, como consequência de sua loucura, requeria tratamento em condições bem mais seguras do que seu psiquiatra poderia oferecer. Sem dúvida, era isso que o juiz tinha em mente desde o começo ao nos chamar ao tribunal, mas foi extremamente desagradável assistir à exposição da covardia do meu colega.

Não que eu jamais tenha sido culpado de covardia semelhante. Um negro em seus vinte anos foi admitido em nosso hospital depois de cortar os pulsos. Aqueles não eram os cortes delicados da automutilação deliberada (outra inovação da nossa era), mas rasgos de proporções e profundidade dignas de um Sêneca[5]. É um erro julgar a seriedade da intenção de se suicidar pela seriedade ou não da tentativa – pessoas podem morrer sem ter essa intenção e podem sobreviver (o que é mais frequente) quando intentam o contrário.

Nesse caso, contudo, não havia engano quanto à seriedade da tentativa. Ele não era conhecido por fazer gestos triviais e rasgou os pulsos de tal forma que exigiu reparo cirúrgico, perdeu tanto sangue que necessitou de transfusão e, acima de tudo, tinha se entrincheirado em casa para que ninguém o encontrasse. Foi preciso que a polícia arrombasse quando sua mãe suspeitou de que algo estava errado.

Ele ficou mudo enquanto permaneceu no leito hospitalar. A mãe, a princípio uma mulher amável e sensível, ofereceu um histórico inequívoco das alterações de humor, caráter e conduta sofridas por ele no decorrer das cerca de seis semanas anteriores. Antes disso, era um jovem estável e trabalhador, que se divertia com coisas normais e nada excepcionais, como jogar futebol e sair com os amigos. Gradualmente, contudo, tornou-se taciturno e pouco comunicativo, isolou-se dos outros e perdeu peso por não comer de forma apropriada. A mãe foi incapaz de atribuir essa mudança a qualquer coisa que soubesse da vida dele.

Não pude fazer nenhum diagnóstico de imediato, as possibilidades sendo inúmeras. Mas, pelo que a mãe dissera, era óbvio que ele devia ser mantido sob observação no hospital mesmo depois que estivesse fisicamente apto a sair. A princípio, ela estava de pleno acordo com a minha sugestão.

Infelizmente, um amigo do jovem, que alegava ser a pessoa mais próxima dele, apareceu no hospital. Quando ouviu da mãe que eu propusera manter o paciente sob observação, ficou logo agitado e furioso, pulando e agitando um dedo no ar, como se acusasse a atmosfera de alguma coisa.

---

[5] Lúcio Aneu Sêneca (c. 4 a.C.-65 d.C.) foi um orador, senador, filósofo estoico e escritor romano. Trabalhou como preceptor de Nero, de quem depois foi conselheiro. Em 65, acusado de tomar parte na Conspiração de Pisão para assassinar o imperador, foi condenado e obrigado a cortar os pulsos. (N.T.)

— É só porque ele é negro que você quer manter ele aqui — disse. — Só porque é negro. Você é um racista!

Tentei ser razoável, aparentando muito mais calma do que sentia interiormente.

Expliquei que fazia por ele apenas o que faria por qualquer outro paciente em situação semelhante, que era óbvio que havia alguma coisa muito errada e que ele precisava desesperadamente de diagnóstico e, possivelmente, tratamento. Mas, nesse caso, ao contrário do que diz a Bíblia[6], uma resposta branda não aplacava, mas aumentava a ira.

— É um racista — o amigo disse à mãe. — Só está dizendo que ele tem que ficar no hospital porque ele é negro. Se fosse branco, não ia querer manter ele no hospital.

Isso foi dito com tanta força e convicção, como se fosse uma verdade autoevidente, e além do mais com tamanha raiva, que a mãe não ousou contradizê-lo e foi de perfeitamente razoável a beligerante, como que para acalmá-lo. Achei que ela estava com medo.

Tentei trazê-la de lado, falar com ela sozinha, mas o outro não deixava, colocando-se fisicamente entre nós de maneira ameaçadora.

O que eu poderia fazer? Embora agressivo, ele não tinha feito nada de ilegal e eu não poderia pedir que fosse removido do local. Eu estava certo de que, se tentasse fazer isso, a mãe ficaria do lado dele. Afinal, ela só me encontraria por outras duas ou três vezes, e rapidamente, mas o rapaz ela encontrava constantemente, e ele estava em posição de transformar sua vida em um inferno. Pelos seus modos, pensei que provavelmente estava mais do que disposto a fazer isso. Mesmo assim, insisti por um tempo, mas ele ficou mais e mais agitado, assim como, agora, a mãe. Ele falou em trazer outros amigos ao hospital para libertar o paciente.

Antevi uma confusão no hospital, a qual seria culpado de provocar. Apenas a pessoa de autoridade no mundo moderno é tida como um agente moral, não as pessoas comuns.

Devia ter feito valer a minha posição, mas não o fiz.

---

[6] Em Provérbios 15, 1: "Resposta branda aplaca a ira, palavra ferina atiça a cólera". (N.T.)

– Tudo certo, então – disse. – Vou liberá-lo para ir embora, mas com algumas condições.

As condições eram que ele nunca devia ser deixado sozinho, que médicos e enfermeiras teriam permissão para visitá-lo regularmente, que eles dariam qualquer medicação conforme prescrita e que assinariam um papel não apenas concordando com essas condições, mas dizendo que eu aconselhara fortemente contra dar alta do hospital por haver um sério risco de suicídio – e que tinham me acusado de ser um racista ao sugerir que ele devia ser mantido ali.

Isso assinaram de boa vontade, e, no caso do amigo, desdenhosamente. Levaram o paciente para casa, embolando o pedaço de papel que assinaram e atirando-o no chão na saída do hospital, onde o encontrei. Cerca de quatro semanas depois, ouvi que o paciente se matou, sufocando-se no carro. Eles não respeitaram as condições, é claro; médicos e enfermeiros não tiveram permissão para vê-lo e não tentaram forçar a entrada.

Algum tempo depois, recebi uma carta do legista pedindo um relatório. Isso eu fiz, não sem um vergonhoso elemento de *Schadenfreude*[7] e, não obstante, a tragédia da morte de um jovem. Eu fora insultado e os fatos me deram razão.

A rigor, eu poderia ter desautorizado a mãe e o amigo (que não tinha posição legal na questão), e havia uma cláusula na lei para isso. Poderia ser considerado negligente por não a ter invocado. Mas enviei ao legista uma cópia das condições que eles assinaram, incluindo seu reconhecimento de que me insultaram.

O luto da mãe era sem dúvida merecedor de compaixão, mas não às minhas custas por falhar. Fui fraco ao colocar a prevenção de um tumulto em um lugar mais alto do que os interesses do paciente, mas ela fora similarmente fraca, e insultuosa ainda por cima, e não encontrei em meu coração motivos para sentir muita culpa.

Quanto ao "amigo", não suponho que sentisse muito arrependimento, quanto mais culpa. Vi que era capaz de incorporar sem problemas

---

[7] *Schadenfreude* é uma expressão alemã que designa o prazer que sentimos com a desgraça alheia. (N.T.)

cada casualidade, cada infortúnio, à sua visão paranoica, visão que lhe dava uma superioridade blindada em relação ao mundo. Isso fazia dele uma vítima independentemente de como se comportasse; livrava-o da necessidade de autorreflexão.

Seu erro não era que tivesse um preconceito (nesse caso, de que o racismo explica tudo o que acontece na sociedade). Porque todos temos preconceitos e não podemos viver sem eles quando saímos pelo mundo. Qualquer pessoa que ache que não tem preconceitos está se enganando.

O erro do jovem foi, antes, sua relutância em examinar seu preconceito à luz de um caso individual, relutância que levou, em última instância, a um fim desastroso. Mas uma visão de mundo é tão preciosa para um homem, assim como é tão frágil que é ameaçada por um único exemplo contrário, que ele está disposto a sacrificar a própria vida em seu altar.

13. Nenhuma boa ação...

Fui processado por negligência apenas uma vez, por um homem que depois matou a própria mãe. Não afirmo que os dois incidentes estejam de maneira alguma conectados. Mas o caso me ensinou uma lição.

O homem em questão foi tratado (não por mim) por psicose, em razão da qual era violento com outras pessoas, incluindo a mãe. O tratamento incluía fortes drogas tranquilizantes, cujos efeitos colaterais às vezes, ainda que raramente, podem ser fatais. Efeitos que seus médicos falharam em reconhecer nele até que fosse quase tarde demais. Ele passou várias semanas em uma unidade de tratamento intensivo e sobreviveu, mas poderia facilmente ter morrido.

Depois que deixou o hospital, eu não soube mais dele por muitos anos. Então, do nada, recebi uma carta de um advogado contratado por ele, pedindo um relatório médico.

O homem decidira processar os médicos por negligência, mas havia excedido o prazo-limite para entrar com a ação, a não ser que houvesse razões boas e suficientes para o atraso. Eu estaria preparado para escrever um relatório sobre se havia ou não tais razões? Não seria pago a não ser que o relatório fosse aceito pelo tribunal. O homem não tinha dinheiro e, me sentindo um grande filantropo, concordei em escrever o relatório a troco de nada. Li os registros médicos, que eram muito extensos, e escrevi um relatório de acordo com eles.

A lei diz que um homem que acredita ter sofrido negligência deve, em geral, iniciar os procedimentos em até três anos do que é chamado "conhecimento construído" acerca do erro cometido contra si. Conhecimento construído é aquele que razoavelmente se espera que a pessoa tenha em tais circunstâncias. O atraso nos procedimentos pode ocorrer porque o erro cometido talvez não se torne evidente de imediato ou a pessoa não esteja em condições de iniciar a ação mesmo que tenha conhecimento construído, por exemplo, se estiver paralisada. No caso em questão, o requerente esteve insano por um bom tempo por causa do erro cometido, o que explicava sua demora. Escrevi um relatório favorável ao seu caso (ou seja, havia uma boa razão para a demora em entrar com a ação, a qual eventualmente seria decidida com um acordo fora do tribunal).

De novo, não ouvi mais dele por dois ou três anos. Então, pelo correio, recebi um formulário preenchido de maneira beligerante indicando que ele exigia duzentas e cinquenta mil libras de indenização, pois achava que meu relatório omitira algo que pensava que devia ter sido incluído, mas que não faria a menor diferença para o desfecho do caso.

Fiquei inclinado a desconsiderar essa maluquice e jogá-la na lata de lixo, mas, pouco antes de fazer isso, pensei melhor e a enviei para a organização de defesa médica. Foi melhor assim, pois um advogado me disse que, se não tivesse respondido à alegação, a queixa correria à minha revelia e eu seria responsabilizado. Meu advogado apelou ao tribunal para que sumariamente indeferisse o caso e foi bem-sucedido.

Não fui o único objeto de suas tentativas de litígio. Ele tentou processar todo mundo com quem teve contato profissional ou de outro tipo. Muito antes de ser proibido de entrar com ações legais por aparentemente sofrer de *paranoia querulans*, um tipo de complexo de perseguição em que, como o nome sugere, uma pessoa procura constantemente reparação por erros insignificantes ou não existentes que ela pensa terem sido cometidos contra si. O caso me ensinou a não preparar relatórios *pro bono* porque, conforme o ditado hindu, "por que me odeia sendo que nunca tentei fazer nada por você?".

Embora estivesse satisfeito com a resolução relativamente célere do meu caso, vim a enxergar o sistema de indenização inglês – compensação por erros cometidos por uma pessoa física ou jurídica contra outra – como pesado e corruptor, senão propriamente corrupto. Um caso no qual testemunhei destilou para mim todas as falhas do sistema.

Um homem fora inadvertidamente exposto a algum gás nocivo no curso de seu trabalho. A quantidade foi pequena e, a princípio, ele não percebeu sequelas. Mas, uma vez que se descobriu que uma tubulação malconservada tinha vazado o gás, ele pesquisou os efeitos colaterais na internet e de pronto passou a sofrer deles. Isso não é uma mera suposição. Ficou conclusivamente provado no tribunal que aconteceu assim.

Entre os muitos sintomas sofridos pelo homem – ele quase se tornou um caso de manual, tendo, de fato, lido um –, estavam fortes dores de cabeça, fadiga contínua, enfraquecimento da memória, depressão e dificuldade de se concentrar. Alegava que, por uma coincidência infeliz, sua carreira estava prestes a decolar quando foi exposto ao gás, de tal modo que a perda financeira era enorme. Na verdade, não havia qualquer evidência de um iminente salto qualitativo em sua carreira antes da exposição. No entanto essa especulação era a base da reinvindicação de uma soma de dinheiro que o requerente jamais poderia acumular na vida, exceto se ganhasse na loteria. Ainda que esse absurdo inaceitável fosse divertido, ele não era nem um pouco meritório para o sistema legal inglês; ganhando ou perdendo, seus empregadores gastariam uma grande quantidade de dinheiro.

O homem encontrou especialistas em neuropsicologia cujos testes apontavam que sua inabilidade de se concentrar, etc. era causada por um dano cerebral orgânico, por sua vez provocado pela exposição ao gás. O dano, disseram, era permanente e irreversível. Ele jamais seria capaz de trabalhar outra vez, nem mesmo no serviço braçal em que, de fato, estivera empregado antes.

Meu testemunho era de que tudo isso era mentira. O homem tinha dado provas abundantes de sua capacidade de concentração desde a exposição e, a despeito das alegações de fadiga debilitadora, deu um jeito de, em um feriado, participar de um safári no Leste da África e, em outro, visitar as pirâmides do Egito. Em outras palavras, sem dizê-lo com todas as letras, eu o acusava de ser uma fraude.

O requerente subiu ao banco e testemunhou em sua própria defesa. Ficou ali por quase dois dias, a maior parte do tempo sob feroz interrogatório do outro advogado, um jovem que claramente se tornaria em breve um líder em sua profissão. Os arquivos do caso, que já se prolongava por três anos, tinham agora alguns milhares de páginas. O conhecimento deles pelo advogado de defesa era impressionante. Em um dado momento, ele podia se referir ao que, com efeito, estava na página 3119 dos arquivos, e ir direto até lá.

Mais importante, contudo, era que o requerente e agora testemunha também dominava os arquivos de forma impressionante, tudo isso desde o acidente que supostamente o privara por completo de seu poder de concentração. As únicas vezes em que hesitava era quando lhe faziam perguntas claramente embaraçosas para ele responder com honestidade. Então, recaía na amnésia causada pela lesão cerebral.

Eu disse ao advogado durante um recesso, depois de se ter mostrado conclusivamente que o requerente não tinha sofrido nenhum sintoma até o momento em que pesquisou na internet sobre os efeitos da exposição, "Estamos garantidos!". (Confesso que sentia desde o começo um forte desejo de que a justiça devia ser feita e o homem não recebesse nada, embora, é claro, como especialista, não estivesse do lado de ninguém.) Ingênuo!

– Não mesmo – disse o advogado sombriamente. – É bem ruim para nós.

Como poderia sê-lo? Eu mal podia acreditar nisso, pois ficou demonstrado que o gás não lhe fizera nenhum mal.

– Como assim? – perguntei.

– Vão dizer que, se ele não tivesse sido exposto ao gás em primeiro lugar, não teria procurado por seus efeitos na internet, e, assim, o que ele sofre é um efeito da exposição tanto quanto se fosse um resultado direto dela.

– Mas isso é um convite aberto para a fraude – eu disse.

– É a lei – disse ele, empurrando sua peruca para a parte de trás da cabeça (como muitos advogados fazem quando estão exasperados).

No fim, o juiz concedeu ao homem cerca de cinco por cento do que ele reivindicava.

Parecia-me um ultraje que ele recebesse qualquer coisa, e a concessão de qualquer valor representava um claro encorajamento para a mentira e o exagero. O empregador foi deixado com uma conta enorme, pois as custas do processo ficavam a seu cargo. Não só teve de pagar suas próprias custas legais, incluindo a minha remuneração (em comparação, uma picada de mosca), como também as do requerente. O total deve ter ficado em várias centenas de milhares de libras.

Na sentença, o juiz aceitou o testemunho dos neuropsicólogos em vez daquele oferecido pelos seus próprios olhos e ouvidos: de que o requerente, longe de sofrer qualquer falha de concentração, estava bem acima da média a esse respeito, e certamente não era um deficiente.

É claro que, se a lei estabelecia que pegar sintomas da internet era o mesmo que sintomas causados diretamente por uma injúria física, ele não tinha escolha a não ser acatar o pedido. Por fim, o juiz não pareceu concluir nada sobre o requerente a partir do fato de que ele pedia vinte vezes mais do que, segundo a sentença, era merecedor, uma disparidade grande demais para concluir outra coisa além de que era um mentiroso e oportunista, bem como um perjuro que devia ser processado e preso.

Eu me envolvi em casos nos quais requerentes ganharam milhões de hospitais e médicos que tinham agido com negligência e causado grandes danos, até certo ponto reparáveis pelo dinheiro. Mesmo aqui, no entanto, é o contribuinte, e não o malfeitor que é penalizado. Sem dúvida tudo isso é para o melhor. Todos cometemos erros e provavelmente quase todos somos negligentes vez por outra (mas a maioria não é pega por isso).

A vida seria impossível para os médicos se eles vivessem sob a ameaça de perder tudo o que têm a cada vez que atuam. Eles têm, assim, de estar assegurados e compartilhar os riscos com todos os colegas. Mas seguro não é justiça, e eu nunca soube de um caso no qual a pessoa responsável por um erro dispendioso foi quem pagou por ele. Com frequência, negligência não é culpa de uma só pessoa, mas uma concatenação de pequenas deficiências, nenhuma delas um crime digno da forca. A responsabilidade é difusa e não é menor entre aqueles que, espera-se, façam a repreenda.

Mesmo assim, não achei uma boa ideia que os diretores do meu hospital deixassem uma firma de advogados anunciar nas telas instaladas para entreter os pacientes enquanto eles esperavam ser atendidos. A firma, ou a agência publicitária que contrataram, criou um pequeno *jingle* inspirador:

> Lembre-se, onde há culpa,
> Há multa.

Podia ser que alguns pacientes entrassem em suas consultas torcendo por alguma espécie de negligência, séria o bastante para lhes garantir algum dinheiro, mas não séria o bastante para lhes arruinar a vida?

A humanidade é suficientemente heterogênea para que isso seja possível.

14. Prazeres ensurdecedores

Eu comparecia aos tribunais com bastante frequência. Um julgamento é uma façanha organizacional: reunir juiz, advogados e testemunhas não é uma tarefa fácil, e não invejo aqueles que precisam executá-la. Uma vez que julgamentos não têm *script*, é impossível predizer o instante em que uma testemunha "entrará", como se diz quando ela aparece no banco de testemunhas. Às vezes, há bastante espera do lado de fora até o momento em que se é chamado. Pessoalmente, eu não me importava. Com frequência, eu costumava escrever um artigo ou uma resenha de livro enquanto esperava. Além disso, também bisbilhotava as conversas do acusado com seus advogados pouco antes que entrassem no tribunal, o que me dava material para outro artigo; e, por fim, eu também era pago pelo tempo em que aguardava.

Em um caso, contudo, até mesmo eu fiquei um pouco cansado de esperar. Por três dias, disseram que seria chamado a qualquer momento. No quarto dia, reclamei com o advogado para cujo lado eu testemunharia.

— Quando é que vou entrar? — perguntei, sem dúvida com um ligeiro tom de aflição.

— Com o que você está preocupado? — o advogado respondeu, tão urbanamente que de imediato senti minha ingenuidade. — O taxímetro está rodando, não?

Não pude deixar de rir, é claro. Mas, ainda assim, eu me senti um pouco perturbado por ser comparado com um táxi esperando por um passageiro lá fora. Não consegui me livrar por completo da ideia de que essa atitude leviana para com os gastos públicos eventualmente nos levaria de mal a pior, ainda que, nesse meio tempo, eu me beneficiasse em menor grau.

Frédéric Bastiat, o grande jornalista econômico do século XIX (o único autor que escreve sobre economia e lhe faz gargalhar), disse que o Estado é o meio pelo qual todo mundo procura viver às custas de todo mundo. Qualquer que seja a verdade literal, ou não, dessa afirmação, vi muitas pilhagens dos cofres públicos, todas perfeitamente legais, até onde eu sei.

Certa vez, na penitenciária, havia um prisioneiro de Angola acusado de um crime violento, tão obviamente louco que era inapto para ser julgado. Ele era o que os agentes chamavam de "muito verbal", bem diferente de ser "bocudo" ou "abusado". As duas últimas expressões se referiam a uma insolência obstinada e eram, portanto, indesculpáveis; a outra significava loucura, sendo, assim, desculpável. No geral, os agentes eram conheciam essa diferença de modo excelente.

Liguei para o advogado para dizer que seu cliente era louco e inapto para ser julgado ou sequer aparecer no tribunal. Ele perguntou se eu escreveria um relatório dizendo isso e o quanto cobraria. Respondi que, como já conhecia bem o homem e o relatório praticamente não me daria trabalho, não cobraria nada.

Ele disse que de forma alguma eu devia fazer isso. Estabeleceria um precedente muito ruim, que diminuiria os custos para defender os clientes, o que seria desastroso e contrário aos princípios legais. Dei, então, um valor modesto que, no entanto, parecia generoso o bastante para mim – uma refeição para dois em um ótimo restaurante por cinco minutos de trabalho –, e ele concordou.

Pouco depois, recebi uma ligação do advogado me pedindo que desistisse de escrever o relatório. Naquele meio tempo, ele disse ter encontrado outra pessoa para fazer isso – a um custo quase nove vezes maior. É verdade que essa pessoa estava a uma hora de distância, mas não levaria mais do que cinco minutos para chegar à conclusão de que o prisioneiro era inapto para ir ao tribunal e ser julgado. Os honorários eram ultrajantes: custariam duas semanas de trabalho de dois trabalhadores qualificados para levantar impostos suficientes para pagá-los. O advogado, presumi, queria uma conta inflacionada do psiquiatra para fazer a sua própria parecer mais razoável.

Eu tinha o costume de me voluntariar para o trabalho no período do Natal. Fingia que era um sacrifício, uma manifestação de dolorosa devoção, mas, na verdade, era uma desculpa para não participar de sua alegria forçada que tanto me deprime. O inferno, para mim, não são os outros, mas os outros tendo o que chamam de bons momentos. Na Inglaterra, pelo menos, a alegria tem uma qualidade histérica, como se não pudesse existir sem a demonstração barulhenta de que alguém está se divertindo – sendo a pessoa mais barulhenta a que está se divertindo mais. A Inglaterra era um país que usufruía de seus prazeres tristemente; agora, é um país que usufrui de seus prazeres de forma ensurdecedora. Seria bem melhor se sofresse seus prazeres em silêncio.

Eu gostava do Natal na penitenciária. Havia uma grande árvore em seu coração panóptico-vitoriano, com alguns enfeites dependurados na estrutura grandiosa. Não se trocavam presentes, é claro, mas havia um enorme almoço natalino após o qual os prisioneiros dormiam feito bebês, exceto pelos roncos. Eu circulava pela ala hospitalar para desejar Feliz Natal aos pacientes – loucos, em sua maioria, ou pelo menos psicologicamente perturbados. Dava-lhes chocolates, que recebiam com a gratidão de um assassino sentenciado à morte.

Como de hábito, fui voluntário para o último Natal antes de me aposentar, oferta que, antes, era recebida com gratidão.

Mas, então, um administrador, especialista na nova rainha das ciências, gestão, foi contratado para dirigir o hospital; suspeitava-se que por um alto salário.

Uma palha no vento da crescente administratividade foi a maneira como equiparam a nova ala hospitalar. A única sala ou escritório no qual não havia telefone era a do médico, cujas ligações, alguém poderia supor, eram as mais intimamente ligadas ao ostensivo propósito do lugar. Agora, sempre que precisava fazer uma ligação sobre ou por causa dos pacientes, eu tinha que encontrar um telefone disponível em outro lugar, ao todo perdendo muitas horas fazendo isso.

O administrador era o tipo de pessoa, cada vez mais comum no serviço público, que não podia olhar nos seus olhos ao cruzar com você no corredor. Havia algo de furtivo nele, como se sempre estivesse ciente, em determinado nível da mente, de que era supérfluo, ainda que bem pago – seu trabalho não existia para valer, exceto como parte de um esquema de empregos criado por administradores como ele a fim de que recebessem um salário. Os responsáveis por esquemas desse tipo podiam, então, pensar que tinham resolvido um problema, qualquer que fosse, uma vez que gastaram dinheiro (dos outros) nisso.

Suponho, em retrospecto, que devia ter sentido pena dele, dada a miserável condição de má-fé em que vivia. Mas, na época, não senti. É errado pensar em homens mediante metáforas zoológicas, mas eu o via como o resultado do cruzamento de um verme e uma doninha.

De qualquer modo, três dias antes do Natal em questão, ele (que não andava, mas se arrastava) veio me dizer que meus serviços não seriam necessários nas festas, afinal, e que tinha feito arranjos alternativos para os próximos dez dias.

Os arranjos eram extraordinários sob qualquer ponto de vista racional. Ele achou um médico britânico que trabalhava na Alemanha e seria trazido de avião, instalado em um hotel cinco estrelas, com todas as refeições incluídas, e pago com um salário pelo menos quatro vezes maior que o meu (que era, admito, tão baixo que eu nunca o revelava aos colegas). O médico nunca tinha trabalhado em uma prisão antes e, ao que parecia, disseram a ele que não havia quase nada para fazer além da ocasional distribuição de uma aspirina.

O médico que trouxeram logo descobriu que as coisas não eram bem assim. Ele foi chamado para emergências médicas, cirúrgicas e psiquiátricas em seu primeiro dia, inclusive para atender um homem que tentou se enforcar. Pediu demissão e exigiu ser enviado de volta para a Alemanha. Fora enganado quanto ao trabalho e não se sentia seguro ali.

Assim, no dia de Natal recebi uma ligação algo envergonhada da diretora em exercício, uma mulher inteligente, bem-humorada e razoável que eu respeitava muito, e que perguntou se eu faria um favor à penitenciária e concordaria em trabalhar conforme previamente combinado.

Como acontece com frequência em casos assim, a pessoa responsável pela bagunça não era a mesma que tinha que limpá-la. Eu estava em uma posição de força. Era um requerimento legal – bastante correto – que a prisão devia ter cobertura médica o tempo todo. Poderia ter me queixado do administrador e exigido receber o triplo, mas apenas atendi ao pedido sem impor condições.

Não desejava fazer a diretora em exercício se contorcer ou implorar, e, em vez disso, deixei-me levar pelo delicioso pecado do orgulho, ou seja, pela minha própria decência e civilidade. Peguei o bastão derrubado pelo outro médico – que, a propósito, nunca conheci; o administrador achou desnecessária qualquer espécie de contato –, sem alarde.

Tentei, contudo, e tenho tentado desde então, pensar nas razões do administrador do hospital para fazer aquele arranjo estranho.

Por certo, não foi por necessidade financeira. Tampouco foi para melhorar o serviço, pois nem mesmo ele poderia supor que o emprego de uma pessoa não testada em uma posição para a qual não tinha experiência no lugar de outra de competência no mínimo adequada representaria uma melhora no serviço. Não consegui pensar em outra explicação que não fosse uma antipatia instintiva por mim (talvez gestores modernos tenham antenas altamente desenvolvidas para identificar aqueles que estão desapontados). Mas até mesmo essa razão eu rejeitei: quem pagaria quinze mil libras por algo sem sentido, envolvendo uma desavisada terceira parte? Devia haver uma razão administrativa, mas ela permanece insondável para mim até hoje. Em três meses, ele foi promovido para um nível elevado na administração penal, com várias penitenciárias agora sob a sua responsabilidade.

Frédéric Bastiat teria gostado de outra instância da gestão moderna.

Uma companhia de seguros enviou um jovem para que eu examinasse. Pouco antes, ele tinha feito um seguro contra doenças crônicas cujo prêmio – sendo um jovem saudável e em forma – era bem modesto. Aqui talvez valha a pena mencionar que os dois únicos assassinos que conheci que mataram pelo dinheiro do seguro tinham pouco antes induzido suas vítimas a aumentar o valor assegurado em dez vezes. Eles não esperaram por uma premiação maior, que cresceria proporcionalmente, é claro, antes de atacar. Isso daria uma pista até mesmo para o Dr. Watson.

Surpresa das surpresas, pouco depois de fazer o seguro, o jovem saudável e em forma foi acometido por uma doença conhecida como síndrome da fadiga crônica. Aqui, não é o lugar para digressionar sobre a causa da síndrome ou seu padrão de comportamento, que alguns pensam ser uma consequência crônica de uma oculta infecção viral e outros, uma forma moderna do que no século dezenove era chamado de neurastenia.

De qualquer forma, ela é caracterizada por fadiga extrema com o menor esforço e pode durar muitos anos ou mesmo o resto da vida. Não há testes de laboratório para a doença. Na verdade, encontrar uma causa física para a fadiga impede o diagnóstico, que pode ser feito só depois que ela perdurar por meses e quando não há nenhuma outra explicação médica aceitável.

A companhia na qual o jovem fez o seguro reconhecia a síndrome da fadiga crônica como uma doença como qualquer outra. Se devia ou não fazer isso – se, de fato, teria alguma escolha na questão – não vem ao caso. Ela o fez, e enviou o jovem para determinar se ele preenchia os critérios do diagnóstico.

Era uma questão de checagem: se quadradinhos suficientes fossem assinalados, ele sofria da doença e teria direito a receber o seguro, talvez pelo resto da vida, o que significaria por sessenta anos ou mais.

O jovem chegou ao hospital de camiseta e bermuda. Eu tinha lido sua ficha médica e notado que, três anos antes, ele fizera uma reivindicação similar para outra companhia de seguros, a qual foi recusada, de dor crônica nas costas, uma doença difícil de ser comprovada e que correlaciona doença e patologia física. Mas o fato de já ter feito uma reivindicação considerada inadmissível não significava que sua reivindicação atual fosse fraudulenta. Afinal, até mesmo o pior hipocondríaco adoece e morre – de outro modo, a hipocondria seria o elixir da vida.

O jovem devia ter pesquisado a suposta doença na internet, pois deu um histórico perfeito a seu respeito. Ele preparou a fundamentação muito bem e, de certo modo, diligentemente. Fora ao médico diversas vezes nos meses anteriores reclamando de fadiga extrema tornada instantaneamente pior com qualquer esforço, incluindo mental, e alegando que passava a maior parte do tempo na cama, incapaz de fazer qualquer coisa exceto descansar.

Ele colocou os bofes para fora ao vir me ver, sentindo tanta dificuldade, disse que considerou seriamente cancelar a consulta. Não pude encontrar razão para negar o diagnóstico, a não ser pela minha desconfiança fundamental em sua *bona fides*, e disse isso à companhia de seguros; no entanto liguei para o diretor médico dela para dizer que suspeitava de fraude.

Não pensei mais no caso até três meses depois, quando recebi um vídeo da companhia de seguros pelo correio, com uma carta em que perguntavam se o que as imagens mostravam era compatível com o que ele me dissera.

O vídeo mostrava o jovem – desde que eu o examinara – subindo em escadas e andaimes para pintar ou reformar casas. Claramente isso não era compatível com a alegação de que o menor esforço o exauria. Escrevi à companhia dizendo isso.

Também falei de novo com o diretor médico.

– Imagino que você vá processá-lo por fraude – disse.

– Não – disse ele. – Nós nunca fazemos isso.

– Por que não? – perguntei.

– Nossos clientes não gostariam.

– Seus clientes honestos gostariam.

– Bem, nós não fazemos isso.

Casos individuais de fraude dificilmente importavam para a companhia. Eles simplesmente repassavam os custos para os clientes, além de uma comissão, sem dúvida. A única limitação na escala de fraudes era imposta pela existência de outras companhias de seguro, com taxas competitivas de premiação. Com essa restrição cartelizada, apenas certo grau de vigilância contra fraudes era requerido, não uma tentativa de supressão ou mesmo de dissuasão.

A questão não terminou aqui. A essa altura, o jovem conhecia suas companhias de seguro muito bem.

Ele sabia que não seria processado, mas isso não era tudo. Também sabia que a associação comercial de seguradoras tinha uma regra de acordo com a qual um requerente podia apelar se fosse recusado, e, no meio tempo, a companhia pagava o que ele teria recebido se sua reinvindicação tivesse sido aceita, até o momento em que a queixa fosse resolvida. O dinheiro era irrecuperável pela empresa, mesmo se o requerente não ganhasse a apelação.

O jovem reclamou do meu relatório. Não a respeito do que continha e que, superficialmente, era favorável ao seu caso, mas porque eu o mantive esperando por quinze minutos no corredor fora da minha sala. A queixa era, é claro, inteiramente frívola e vexatória, mas ele era perspicaz. Sabia que a companhia de seguros tinha uma burocracia tão vasta quanto um departamento governamental, e que isso correria bem devagar. Demorariam vários meses até que sua queixa fosse resolvida, vários meses no decorrer dos quais ele receberia como se a reinvindicação tivesse sido aceita. De certa forma, era uma demonstração admirável de maquiavelismo em pequena escala.

O prêmio compensava o esquema?

Suspeito que, em casos assim, muito da recompensa não é monetária. É o sentimento de triunfar contra o mundo que importa, e, se pudesse ganhar dez vezes aquele montante de dinheiro gastando a mesma quantidade de esforço e engenhosidade, mas por meios honestos, ele rejeitaria a oportunidade. Há prazer em ser recompensado onde se é digno de punição.

É curioso que aqueles que recebem grandes somas como compensação são raramente observados para ver se suas doenças desaparecem como resultado. A mente humana é um instrumento um tanto complexo, em que a fraude pode facilmente se transformar em uma crença verdadeira (e vice-versa, e tudo o que houver entre uma coisa e outra). Desse modo, o dano pode se prolongar, mesmo que sua origem seja puramente psicológica, pois, se não se prolongar, a pessoa se revelará para si mesma como uma fraude.

Mesmo em uma era de desonestidade, as pessoas não gostam de pensar em si mesmas como desonestas. O grande profeta Falstaff disse: "Vou transformar minhas doenças em bens". Mas ele era um homem de excepcional autoconhecimento. A maioria das pessoas navega entre a fraude e a crença verdadeira sem jamais chegar à praia de nenhuma delas.

A nova doutrina legal de que as enfermidades e os transtornos psicológicos devem ser tratados da mesma forma que os físicos é, obviamente, outra incitação à fraude, para grande benefício das profissões legais e psiquiátricas. É verdade que o físico e o mental não podem ser completamente desembaraçados, e que uma doença capaz de derrubar um homem poderá ser tida como trivial por outro. Mas o fato de que o desembaraço não seja completo não significa que não possamos fazer um esforço nesse sentido.

Não há motivo para tratar traumatismo cervical (uma doença que, em sua forma crônica, só existe quando a compensação por ela é possível e quase automática) e tetraplegia como, em princípio, a mesma coisa — na verdade, é um tremendo insulto para os tetraplégicos fazer isso —, ainda que todos saibam que a grande maioria dos sintomas do traumatismo, quando não são falseados, tem origem psicológica.

Com frequência, os juízes parecem cegos e expressam credulidade diante de testes psicológicos. Eles às vezes os encaram com a reverência conferida ao Bezerro de Ouro. São fascinados por gráficos e conversas sobre desvios-padrão.

Lembro-me do caso de um homem de setenta anos que foi acusado de um crime sexual cometido quinze anos antes (não há agora prescrição para esse tipo de crime, sem dúvida por causa da histeria da mídia). A defesa alegou que o homem não estava apto para ser julgado e produziu relatórios psicológicos para demonstrar que ele era incapaz de fazer o que, na verdade, fazia todos os dias.

Argumentei, sem sucesso, que nada acontece sem que seja possível[1]. Ele levava uma vida normal, ainda que restrita, fazendo compras, orçamentos,

---

[1] Dalrymple cita o Princípio de Razão Suficiente enunciado pelo filósofo alemão Gottfried Wilhelm Leibniz (1646-1716), segundo o qual "nada se faz sem razão suficiente, isto é, nada acontece sem que seja possível àquele que conhecer bastante as coisas dar uma razão que baste para determinar porque é assim e não de outra maneira" (em "Princípios da Natureza da Graça Fundados em Razão". In: *Obras Escolhidas*. Trad.: Antônio Borges Coelho. Lisboa: Livros Horizontes, s. d., p. 33). (N.T.)

excursões e assim por diante. Sabia do que era acusado e tinha instruído os advogados com perfeita coerência. No entanto o juiz optou pelos gráficos e estatísticas que demonstravam que ele não podia fazer nenhuma daquelas coisas. Disso constatei algo que, embora achasse duvidoso ou mesmo desonesto, deixou-me bastante feliz.

A doutrina de que o psicológico ou mental não pode ser distinguido do físico provavelmente se baseia em um materialismo cruel e reducionista (materialismo no sentido antes filosófico que econômico, ainda que, aqui, eles coincidam em algum ponto). Ninguém pode viver ou experimentar a vida como se essa filosofia fosse em si verdadeira, ainda que se possa usá-la para reivindicar vantagens – exculpação, por exemplo – em certas ocasiões. A doutrina é um desastre para todos e a causa por si só de muita dificuldade e sofrimento, embora apenas à medida que haja recompensas por acreditar nela.

15. Uma simples advertência

Talvez eu tenha passado a impressão de detestar advogados e considerá-los todos picaretas, mas isso está bem longe da verdade. Com frequência, gostava deles e os admirava, do modesto advogado que comparece no meio da noite a uma delegacia para aconselhar um mísero bêbado sobre como responder, se tanto, ao interrogatório da polícia, ao grande, famoso e brilhante *Queen's Counsel*, que pode transformar branco em preto e preto em branco, tudo com extrema elegância intelectual e charme pessoal ou cortesia.

A advertência dada às pessoas presas antes que a polícia as interrogasse mudou no meu tempo, em minha opinião para pior. Originalmente, o aviso era muito simples, de que o suspeito não precisava dizer nada, mas que, se dissesse, isso seria registrado e poderia ser usado como prova contra ele. Isso mudou para algo mais complexo. O suspeito ainda era advertido de que não precisava dizer nada, mas, caso se recusasse a dizer para a polícia alguma coisa que posteriormente invocasse no tribunal, a corte poderia inferir algo de sua recusa.

Discuti a respeito disso com um amigo que é juiz na Suprema Corte. Ele achava que a mudança — a semirrevogação do direito de não se incriminar — era desimportante, pois, na prática, nenhum tribunal tirava quaisquer conclusões do silêncio de um suspeito durante o interrogatório policial. Ele pensava, ainda, que a nova advertência poderia agilizar a administração da justiça.

Eu não concordava. Primeiro, a nova advertência tinha um inequívoco tom de ameaça que não se via na antiga. Não há maneira melhor de obter uma falsa confissão de alguém do que amedrontá-lo com consequências danosas se ele não confessar: todo torturador lhe dirá o mesmo. E uma retratação nunca tem a mesma força que a confissão original.

Segundo, uma aparente (mas apenas aparente) contradição aqui é o fato de que nenhuma pessoa presa compreende por completo a nova advertência.

Li transcrições de muitos interrogatórios de suspeitos, e em nenhum deles o suspeito, quando perguntado, foi capaz de explicar à polícia, com suas próprias palavras, o que a advertência significava. Os policiais repetiam a advertência e perguntavam de novo, mas o resultado não era melhor do que da primeira vez. Por fim, colocavam as palavras em sua boca, para que ele fingisse ter compreendido.

Mas o tom de ameaça é compreendido muito bem, e a polícia, depois de começar com o pé esquerdo, deve ter consciência de que todas as respostas posteriores são ou poderiam ser obtidas sob uma coerção subliminar. É claro, a destruição da integridade pessoal é um dos objetivos não reconhecidos do estado administrativo. Pessoas sem integridade são mais obedientes e fáceis de manipular, fazem o que não deveriam sem oferecer resistência.

Em todos os casos nos quais me envolvi, nunca encontrei um advogado que julgasse desonesto, exceto por alguns que seguravam meus honorários por muito mais tempo do que estenderiam o crédito para seus clientes. Houve um ou dois que simplesmente não pagaram, não importando quantos lembretes enviei.

No entanto eles sempre faziam o melhor para seus clientes, com frequência mais do que tinham a obrigação e por uma remuneração que não era generosa. É verdade que me envolvi muito mais com os tribunais criminais do que com os cíveis, onde as oportunidades para corrupção legalizada são bem maiores, como ao manter um caso em andamento por muito tempo depois que se tornou claro que ele não tem mérito e nenhuma possibilidade de vitória. Com esse tipo de prática, eu tenho pouca experiência pessoal.

Tenho grande admiração pelos juízes, que me pareciam o último bastião do inglês cultivado e cujas decisões sobre questões do direito eram apresentadas com elegante clareza argumentativa e tal concisão que era como se as palavras, feito a comida, não devessem ser desperdiçadas. A acuidade com que apontavam erros lógicos ou sérias omissões no que os advogados diziam ou perguntavam era impressionante e, de certa forma, bela.

Eu adorava o cerimonial do tribunal, as reverências recíprocas do juiz e dos advogados. As becas e perucas, que com frequência são objetos de escárnio vazio, indicavam que algo solene e fora do comum, majestoso, acontecia. Elas indicavam que o juiz não estava agindo em seu próprio nome, mas no cumprimento de um profundo dever.

Um bom contrainterrogatório também era algo cheio de beleza para quem o acompanhava, ainda que a destruição de uma testemunha, particularmente um especialista, possa ser dolorosa de assistir, e mais ainda de vivenciar.

Há pouco tempo, por exemplo, assisti a um professor de medicina, homem importante em sua área, ser eviscerado no banco das testemunhas no caso de uma enfermeira que matara envenenados com insulina vários pacientes sob seus cuidados. O problema foi que o professor, chamado pela defesa, não recebeu toda a documentação de que necessitava dos que o instruíram e tampouco procurou se inteirar, e assim chegou a conclusões precipitadas e falsas, as quais teve de retificar, no banco de testemunhas, à luz das informações adicionais dadas pelo advogado da acusação. O contrainterrogatório foi preciso, brutal e devastador. Alguém poderia facilmente se imaginar no lugar do outro; quando terminou, dei comigo olhando para baixo.

Precisamente para evitar tal destruição no banco das testemunhas, aprendi a, sempre que possível, ser lapidar em minhas respostas, e nunca ir além do que pudesse estritamente sustentar. Pois advogados são mestres em farejar dúvida na fala de uma testemunha e perceber se ela cometeu um único deslize, não importa quão insignificante. *Falsus in unum, falsus in omnibus*, falso em uma coisa, falso em tudo, costumava ser uma regra legal, embora já não o seja mais. Mas ainda é de valor psicológico para um advogado tentando destruir a credibilidade de uma testemunha hostil.

Certa vez, dei uma palestra na Conferência Anual da Ordem dos Advogados sobre os perigos de ser uma testemunha especialista, entre os quais a tentação quase inevitável (no sistema antagônico) de se tornar um membro do time, seja da defesa, seja da acusação, pelo qual você é convocado, quando o testemunho de alguém se torna menos um depoimento desinteressado sobre a verdade da questão e mais um elemento importante, com frequência um elemento-chave, na construção de um caso. Uma vez que você aceitou a posição, a tentação é de se defender com unhas e dentes contra os testemunhos contrários usando cada vez mais argumentos obscuros e *ad hoc*.

Foi precisamente isso que fez o professor de medicina. Assumindo a visão de que havia outras possibilidades além do envenenamento para explicar as mortes dos pacientes, ele se viu forçado ou se permitiu recorrer às hipóteses mais extravagantes, até que elas se tornaram ridículas.

Um dos eventos na Conferência da Ordem era destinado a ensinar os jovens advogados em treinamento a contrainterrogar. O resumo de um caso de coma diabético, o qual tivera um desfecho catastrófico (obviamente baseado em uma ocorrência real), era entregue a um advogado júnior, cuja tarefa era defender o hospital da acusação de negligência. Sua testemunha era o falecido professor Harry Keen, um dos mais influentes diabetologistas do país, senão do mundo, cujo depoimento, conforme suscitado pelo advogado júnior – competentemente, até onde pude ver –, era de que o hospital não tinha falhado. O desfecho catastrófico era uma dessas coisas que eventualmente acontecem.

O eminente *Queen's Counsel*, que estava lá para mostrar como se fazia, então se levantou. Ele dificilmente abria a boca, para que todos soubessem o quanto era distinto. Com perfeita cortesia, sem levantar a voz, sem gestos extravagantes e sem empregar sarcasmo ou qualquer outro artifício retórico, ele conseguiu, em poucos minutos – não mais do que três, acredito –, fazer o professor Keen dizer exatamente o oposto do que afirmara em seu testemunho original. Aquilo era ao mesmo tempo magnífico e assustador de se assistir. Sentia-se que o QC conseguiria fazer qualquer testemunha dizer qualquer coisa. Se esse era o destino do professor Keen, um dos principais pesquisadores do diabetes na segunda metade do século passado, o que seria das testemunhas menos proeminentes? Minha esposa e eu decidimos que contrataríamos o QC como nosso advogado se alguma vez precisássemos de um.

Pode parecer, então, que os julgamentos no sistema inglês são uma batalha entre sofistas e sofismas: que o melhor sofista e o sofisma mais plausível vençam. E, de fato, é importante ter um bom sofista ao seu lado, ainda que o juiz possa recalibrar a balança se acontecer de o outro ter um mau sofista ao lado dele.

Assisti a um julgamento de homicídio quando era estudante, meu primeiro, no qual um homem respeitável era acusado de ter esfaqueado a mulher até a morte, depois do que colocou a própria cabeça no forno (a mudança do gás fatal de carvão tendo já acontecido). O advogado fazia as alegações finais para o júri, explicando a vida muito difícil do acusado, as dificuldades que tinha vivenciado como imigrante, sua batalha contra a pobreza, etc. Achei que ele fazia tempestade em um copo d'água quando o juiz se inclinou para a frente e disse:

— Eu pensava que o fato de que a mulher dele o esfaqueou primeiro seria uma justificativa suficiente.

— Sim, sim, milorde, eu já estava chegando nisso — ele disse. Mas obviamente não estava e tinha esquecido tudo a respeito. Deus nos livre de um advogado desses!

Sem dúvida, a incompetência brota desde sempre na mente humana, mas só conheci um advogado realmente incompetente, e, nesse caso, era por causa da bebida. Ele tremia pela manhã, sofria muito com uma gastrite, gotas de suor rolavam na testa e ia feito um foguete para o bar a cada recesso. Em menos de meia hora do que chamavam de "fim de jogo", ele consumia mais do que a maioria das pessoas bebe em uma semana. Se ele telefonasse a qualquer momento em que não estivesse no tribunal, você com certeza ouviria ruídos de *pub* ao fundo. Meu palpite era de que, embora tivesse humor negro, era o típico bêbado melancólico, aquele que encara o copo como se fosse uma bola de cristal.

Não era surpresa que ele não dominasse suas tarefas, e que, a cada adiamento, puxasse a peruca para trás em um gesto de exasperada perplexidade (e também, suspeito, para ventilar). Eu não conseguia desgostar dele, contudo. Ele tinha aquele ar de fracasso, a despeito da alta inteligência e do talento elevado, que acho mais atraentes do que o sucesso esmagador.

O caso com o qual estávamos envolvidos não ia bem: se ele tivesse processado o próprio Barba Azul, teria assegurado uma absolvição. Quando estava prestes a me chamar ao banco de testemunhas, caiu gravemente doente, provavelmente como resultado de suas bebedeiras, e o julgamento precisou ser abandonado. Houve um novo julgamento, dessa vez com um eminente QC na acusação. Aparentemente, o primeiro advogado fora escolhido pelo Ministério Público em uma tentativa de economizar dinheiro – exemplo adicional de uma lei da burocracia britânica, cujas tentativas de reduzir os gastos acabam por aumentá-los. Por um lado, fiquei satisfeito que o advogado tivesse sido dispensado; por outro, nutria uma simpatia pessoal por ele, pois aprendera a gostar de suas trapalhadas. Elas me tranquilizavam quanto às minhas próprias.

Claro que o abuso de bebida estava longe de ser incomum entre os advogados. Eu entendia isso muito bem. Após um dia no tribunal, eu também queria beber para relaxar da tensão pela concentração excessiva. Um advogado, já rotundo, de olhos baços e rubicundos, destinado a positivamente se tornar um Falstaff, perguntou-me durante um recesso se eu me importaria que ele me consultasse sobre uma questão médica.

– Claro que não – respondi, ligeiramente lisonjeado. – Vá em frente.

– É verdade, doutor – prosseguiu ele –, que ficou provado que o *whisky* cura resfriados e gripes?

– Quando consumido em quantidades adequadas – eu disse.

– Obrigado, doutor – disse ele. – Seguirei o seu conselho.

Barristers, termo já explicado, eram de vários tipos, é claro. Havia os espancadores e os detentores dos floretes, os sarcásticos e os envenenadores secretos. Eles podiam ser extremamente secos, indo direto ao ponto, ou cerimoniosamente polidos de tal maneira que raras vezes encontramos nos dias de hoje fora dos romances de Alexander McCall Smith[1].

---

[1] O britânico Alexander McCall Smith (1948) é um ex-professor de Direito Médico e Bioética da Universidade de Edinburgo, mais conhecido por ser um prolífico escritor de *best-sellers*, autor de uma série de romances detetivescos passados

Alguns tinham maneiras tão requintadas que alguém poderia se sentir envergonhado da própria vulgaridade. Suas palavras eram suaves e bem azeitadas sem que fossem untuosas. Alguns deles floresciam em um arco gracioso em vez de meramente se levantar. Se fizessem você se sentir inferior, é claro que sem ter a intenção, pois isso seria vulgar, a culpa era sua. E seria porque você é inferior. Eles eram corteses até mesmo com completos salafrários e mentirosos desprovidos de princípios. Mais do que exibir, eles exercitavam seu grande poder mental.

Lembro-me de um deles que defendeu um homem acusado de homicídio. Os fatos relativos ao caso não estavam em discussão. O acusado era um imigrante ilegal chinês que tinha cerca de trinta anos e não falava uma palavra de inglês. Ele claramente sofria de alguma espécie de distúrbio paranoico, era sem-teto e vagueava sem rumo pela cidade. Não há nada como estar cercado por multidões de pessoas cuja língua você desconhece para alimentar a paranoia. Cada pequena erupção de riso, cada olhar, cara sussurro parecem se referir a você, sendo, no melhor dos casos, condescendente, e, no pior, depreciativo ou ameaçador.

A paranoia do homem foi muito além da sensação de desconforto, contudo. Calhou de encontrar um estudante chinês na rua e, conversando com ele, contou que era sem-teto. O estudante, que era casado, sentiu pena e, sem dúvida por um senso de solidariedade para com um compatriota, ofereceu o quarto de hóspedes em seu apartamento. Esse ato decente e caridoso levou ao desastre, pois o hóspede logo incorporou seu benfeitor aos delírios e alucinações, acreditando que planejava matá-lo. Ele o ouviu, assim pensava, planejando isso.

O "planejamento" chegou ao clímax e, cerca de duas semanas depois de ter se mudado, ele pensou que o benfeitor o mataria naquele mesmo dia. Saiu correndo da casa e acenou para uma viatura. Claro que os policiais não conseguiram entender o que ele dizia em chinês e foram embora. Convencido agora de que não havia defesa contra seu benfeitor, retornou ao apartamento, armou-se com uma afiada faca de

---

em Botsuana, *The Nº. 1 Ladies' Detective Agency* (o autor nasceu e foi criado no Zimbábue, então uma colônia britânica). Sua obra ainda é inédita no Brasil. (N.T.)

cozinha e, quando o casal veio do quarto, esfaqueou o marido na frente da esposa. Ele, então, fugiu da casa, mas não demorou muito para que a polícia o encontrasse.

Quando foi trazido à penitenciária, estava desgrenhado e distraído. Não pude falar com ele até que encontrassem um intérprete, mas era óbvio que respondia a estímulos alucinatórios, provavelmente vozes. Ele não tentou se comunicar, nem mesmo por sinais, como se poderia esperar de alguém em seu juízo perfeito. Era outro prisioneiro em um mundo próprio, no qual o que chamamos de realidade não penetrava. Não melhorou muito com a chegada da intérprete: suas respostas eram tão fragmentadas e sem sentido que ela disse não saber como traduzi-las. Na maior parte do tempo, ele simplesmente a ignorava (e a mim). Era um fato sociologicamente curioso que precisássemos ligar para a intérprete sempre que queríamos falar com ele, pois, ainda que haja uma considerável população chinesa na cidade, não havia nenhum outro prisioneiro chinês entre os mil e quatrocentos detentos da prisão.

Encontraram um advogado fluente em chinês, que me enviou o resumo do caso, incluindo o fato de que não havia motivo aparente para o crime, como roubo. Concluí que era melhor não fazer um diagnóstico formal, mas tratá-lo como psicótico. Para minha surpresa, ele aceitou docilmente a medicação, talvez por uma obediência à autoridade profundamente inculcada.

Para meu espanto (e satisfação), ele era outro homem duas semanas depois. Comeu e ganhou peso, embora eu não achasse que a comida dali fosse agradá-lo. De qualquer modo, não pensou que estivesse envenenada. Ele sorria, era extremamente educado e ansioso para trabalhar em qualquer coisa que pudesse, por exemplo, varrendo o chão.

Ainda não conseguíamos nos comunicar, exceto por sinais, mas ele logo se tornou o predileto de todos. Era aquela criatura mítica, o prisioneiro-modelo, acredito que não por calculismo, mas pela própria natureza subjacente de sua personalidade e seu caráter. Ele nos contou por meio da intérprete que viera clandestinamente ao país contraindo uma dívida de dez mil libras, a qual deveria pagar com seus ganhos. Sua família o enviara à Inglaterra como um investimento.

Informei ao advogado de sua transformação, que significava, além de qualquer dúvida razoável, que o crime fora cometido em um estado de desarranjo mental. Sem dúvida, o advogado não precisava que eu lhe dissesse isso, mas era melhor ter certeza. Conheci um ou dois advogados que se esqueceram da loucura de seus clientes.

O caso era simples e levou apenas alguns meses para ir a julgamento. (Em média, o assassinato solucionado leva algo como vinte e cinco vezes mais tempo para chegar ao tribunal do que na Era Vitoriana. Não estou absolutamente convencido de que haja menos erros judiciais hoje do que então; não tenho estatísticas a esse respeito.)

O acusado deve ter achado a lei inglesa muito estranha e intrincada. Antes do julgamento de fato, ele foi brevemente ao tribunal por diversas vezes, quando se mantinha a prisão preventiva. Na segunda vez em que compareceu, tendo já recuperado a sanidade, tirou a camisa ao deixar o banco dos réus. Perguntado por que fizera isso, ele respondeu que achava que seria levado à esquina e fuzilado. Não poderia haver um testemunho mais eloquente da natureza da justiça chinesa atual.

Quando fui ao banco das testemunhas em seu julgamento, o acusado inclinou a cabeça para mim em reconhecimento, gesto que devolvi. Ele ainda não falava inglês, mas nos dávamos tão bem quanto possível como duas pessoas que, na maior parte do tempo, não têm meios de se comunicar.

Seu advogado, cuja movimentação parecia ser obra dos melhores rolamentos, fez-me perguntas com grande suavidade. Nenhuma questão foi minimamente constrangedora ou hostil, pois eu pedia que o acusassem de homicídio culposo em vez de doloso, o que a promotoria aceitou de imediato, meu testemunho não sendo contestado.

O advogado de defesa leu um pedido de desculpas do acusado à família do morto. Nenhum membro da família estava presente, e duvido muito que ficassem aliviados se estivessem ali.

O juiz agora encarava um dilema. Normalmente, um assassino louco era enviado para um hospital penitenciário, onde seria tratado até que se recuperasse e, então, solto gradualmente para o convívio com a sociedade, o que em geral significava alugar um pequeno apartamento onde, ao menos em teoria, teria um acompanhamento que tentasse assegurar que ele tomaria seus medicamentos e não beberia ou fumaria maconha. Conheci uma parte da cidade, outrora industrial, cuja principal atividade econômica mudou de fabricar coisas para cuidar de criminosos lunáticos.

É irônico que, na cidade, o fechamento dos velhos manicômios, agora convertidos em "apartamentos de luxo" (nenhum apartamento hoje em dia, não importa o quão pequeno, é menos que luxuoso), tenha criado a necessidade de construir hospitais penitenciários, na verdade prisões psiquiátricas, das quais, antes, apenas uma era necessária. Tudo parte da eterna luta do governo para maximizar os gastos enquanto alega estar reduzindo-os.

O problema com esse homem é que ele já se recuperara tanto quanto poderia e não tinha mais nada para ser tratado. O juiz me perguntou se ele precisaria tomar a medicação para sempre.

– Às vezes, em casos desse tipo – respondi –, o paciente não tem uma recaída se parar de tomar o remédio, mas esse não é um experimento que eu gostaria de tentar por um período muito longo nesse caso.

– E ele vai tomar conforme o ordenado? – o juiz perguntou.

– Ele não criou qualquer dificuldade enquanto esteve preso – eu disse. (O juiz era de uma instância inferior à Suprema Corte e assim era "Meritíssimo" em vez de "Milorde"; normalmente, são juízes da Suprema Corte que julgam assassinos, e alguns juízes de instâncias inferiores que têm os chamados "tíquetes para assassinato".)

– E ele vai tomar depois que sair da prisão? – perguntou ele.

– Isso depende, meritíssimo.

– Do quê?

– Do quão assiduamente será acompanhado.

O juiz me deu um sorriso invernal. Ele sabia perfeitamente o que eu tentava insinuar: que os serviços psiquiátricos são com frequência tão mal organizados ou frívolos que deixam de fazer o que há de mais importante. Quantos relatórios sobre assassinatos cometidos por loucos crônicos não descreveram a incompetência quase intencional dos serviços psiquiátricos, seguida pela garantia administrativa de que "as lições foram aprendidas" (elas nunca o são, é claro, exceto as erradas, como a criação de um novo formulário).

Assim como Pilatos não esperou pela verdade, não fiquei para a sentença, mas soube que o juiz deu ao homem três anos, o que significava que ele sairia em dezoito meses.

Isso não era muito por ter matado um homem, talvez, mas as circunstâncias foram excepcionais. No entanto eu podia imaginar muito bem a raiva e a incompreensão dos familiares da vítima ao saberem da sentença. É esse o valor que a justiça britânica dá para a vida do nosso filho? Tudo o que eles teriam seria a desculpa do perpetrador, que dispensariam como sem valor e dada facilmente, e talvez algum relato deturpado da doença dele, que desconsiderariam como uma fraude criada após o crime, uma mera tentativa de se esquivar da responsabilidade.

Mesmo assim, era um desfecho humano e, tudo sendo o que é, e não outra coisa (como o grande bispo Butler[2] disse), justiça é justiça e não, digamos, agradável ao público, mesmo que o público inclua os parentes da vítima.

Complementando a sentença, o juiz ordenou que o homem não devia ser deportado como, ao menos em tese, normalmente ocorreria, por ser um imigrante ilegal que cometeu um crime. O juiz determinou isso porque o homem sem dúvida seria sumariamente fuzilado ao retornar, tanto mais porque seu pai era um alto funcionário do Partido Comunista (e, é claro, não tinha outro filho). Os comunistas chineses não acreditavam na proibição da dupla penalização, a ideia de que ninguém pode ser julgado ou punido duas vezes pelo mesmo crime.

Não, é claro, que a Grã-Bretanha tenha ou queira ter uma consciência inteiramente tranquila nessa matéria. Desde a publicação do intelectualmente descuidado Relatório Macpherson, o princípio tem sido ab-rogado por causa de conveniências políticas.

A charlatanice governa o mundo.

---

[2] Joseph Butler (1692-1752) foi um bispo, teólogo e filósofo inglês, famoso por suas críticas ao deísmo, às ideias de Thomas Hobbes e John Locke. Ele influenciou muitos pensadores, como David Hume, Thomas Reid e Adam Smith. (N.T.)

16. Estresse de bêbado

Outra assassina que recebeu uma sentença muito curta, ainda que injusta, na minha opinião, foi uma mulher de quarenta e poucos anos que envenenou a própria filha.

Era uma alcoólatra um tanto ridícula que, aos trinta e tantos anos, começou a se relacionar com um homem, também alcoólatra, alguns anos mais velho. Inesperadamente, ela engravidou e teve uma criança. Eles não viviam juntos, mas ele continuou a vê-la e criou um profundo interesse pela filha. Na verdade, assumiu as responsabilidades paternais com tanta seriedade que parou de beber, coisa que ela não fez. O casal brigava por isso, pois ele achava que a desqualificava como mãe. Ele, assim, apelou aos tribunais pela custódia da filha. O dia marcado para a audiência se aproximava. Provou ser a sentença de morte da criança.

Mais bêbada do que o normal por causa do "estresse" – palavra que já encetou milhares de desculpas – da audiência iminente, ela decidiu se livrar da filha, suponho que porque soubesse, ou ao menos temesse, que provavelmente perderia o caso. Ela proferiu para si as palavras mais perigosas da língua, proferidas por milhares de assassinos ciumentos:

— Se não posso tê-la, ninguém mais terá.

Bêbada como estava, ainda teve autocontrole e coordenação suficientes para matar a filha de maneira elaborada. Dissolveu o próprio medicamento – completamente inútil no seu caso e que jamais deveria ter sido prescrito em primeiro lugar – em um xarope infantil para tosse, e deu o líquido resultante para a criança usando uma seringa e uma sonda enfiada em sua goela. A filha morreu e ela foi acusada de assassinato – não de infanticídio, pois a menina tinha bem mais que doze meses.

Claro, não devemos deixar nossas simpatias ou antagonismos turvar ou mesmo afetar nosso julgamento, mas eu a achei profundamente repulsiva, do tipo loba em pele de cordeiro, com uma autopiedade a la Tony Blair quando acusado de ter feito algo errado.

Embora alegasse não se lembrar dos eventos – ou ações melhor dizendo – que levaram à morte da filha, seu padrão de amnésia era típico dos que não querem se lembrar ou acham que não lembrar é prova de sua inocência. Sendo assim, eu fiz x, não consigo me lembrar de ter feito x, logo eu não poderia ter feito x. Às vezes, pessoas em prisão preventiva vinham me dizer: "Como posso ser culpado disso se eu não me lembro?". Ao que eu respondia que, "se não consegue se lembrar, você não está em uma boa posição para negar, está?", e os aconselhava a mudar a linha de defesa. Sua memória voltava e, então, era uma provocação que os levara a matar ou tinham agido em legítima defesa.

A acusada estava sóbria durante todo o julgamento, ou pelo menos na parte de que participei (e não acho que foi a minha presença que provocou sua sobriedade). De vez em quando, ela gemia "Fiona! Fiona!", o nome da filha.

Foi a *performance* mais irritante, e era uma *performance* da maneira mais óbvia – óbvia para mim, bem entendido. Antes, ela não era conhecida por chorar, mas, no tribunal, seu luto era por demais superficial para ficar em silêncio. Os testemunhos de todos eram interrompidos por seus soluços, apenas para lembrar o júri de que era uma mãe que perdera sua criança.

A tática funcionou porque ela foi considerada culpada por homicídio culposo em vez de doloso, com base no fato de que sofria de mau-caratismo, conhecido na linguagem psiquiátrica como "transtorno de personalidade". Foi sentenciada a três anos de prisão, o que me parece muito pouco, mesmo ridículo, por ter matado uma criança daquela forma.

Ao sentenciá-la a três anos de prisão, o juiz estava na verdade contando uma mentira, pois sabia que, como ela estivera presa por dezessete meses antes do julgamento e tinha "direito" à remissão de metade da sentença, a mulher seria libertada dali a um mês. Em outras palavras, a sentença era de dezoito meses de prisão. O júri não teria como saber disso e, em todo caso, seria incapaz de fazer qualquer coisa a respeito.

Com efeito, os juízes na Grã-Bretanha são coniventes com uma fraude perpetrada contra o público, assistidos na questão pela imprensa e pela mídia que zelosamente repetem que tais e tais criminosos foram sentenciados a tais e tais penas de prisão.

Se, nesse caso, o juiz tivesse expressamente sentenciado a assassina a dezoito meses, talvez houvesse um clamor contra tamanha leniência. E, de fato, desde então outros meios puramente administrativos de reduzir o tamanho das sentenças foram introduzidos, de tal modo que o tempo cumprido, ou servido, tem ainda menos relação com a sentença ostensiva do juiz, que é mais um exercício de relações públicas que de penologia.

É também muito estranho que um caráter mau ou fraco seja uma vantagem para o malfeitor quando chega a hora de ser sentenciado, ao menos se houver algum propósito utilitário na punição.

O argumento parece ser: uma pessoa com um caráter congenitamente mau ou fraco, tal como se falou que a mulher tinha, é moralmente menos responsável por seu ato do que seria uma mulher de caráter forte ou bom. Em outras palavras, ela foi mantida em um padrão de conduta mais baixo do que até mesmo alguém normal, que o dirá uma pessoa exemplar. Quanto pior você for no decorrer da vida, mais escusável será seu ato criminoso.

Agora, se se alega que há uma relação essencial e causal entre um crime e o caráter de quem o cometeu, como deve haver se o mau-caratismo é tido como circunstância atenuante, parece que a pessoa mau-caráter é um perigo ao público, à medida que seu mau-caratismo a leva a cometer um crime.

Vendo a questão por esse ângulo, uma pessoa que levou uma vida de crimes é menos repreensível e, portanto, repreendida do que alguém que se deixou levar por uma tentação momentânea e passional. Como argumentei antes, especulações sobre a conduta futura de alguém não devem ser determinantes na punição; mas é certamente perverso punir o criminoso contumaz com menos severidade do que aquele que teve uma única ideia brilhante na vida.

Talvez sejamos enganados ou iludidos, como Wittgenstein teria dito, por nossa linguagem. Psiquiatras e afins veem o caráter como algo que alguém tem em vez de algo que alguém é. É uma qualidade completamente externa à pessoa, para a qual ela não deu qualquer contribuição ativa por si mesma.

É esse uso errôneo da linguagem que permite à pessoa preservar uma visão favorável, mesmo imaculada, de si mesma, a despeito de seu comportamento repetidamente abjeto. Todos conservam uma essência preciosa e indestrutível pela mera conduta. Não há dúvida de que, em alguns casos, a crença na Virtude Original no lugar do Pecado Original serve para prolongar ou mesmo estender a má conduta, pois nada seria tão cruel quanto o comportamento de alguém macular a beleza primordial de sua alma. Daí se segue que não há qualquer necessidade de autocontrole.

Às vezes, os prisioneiros acreditam mesmo em sua Virtude Original, ainda que não coloquem bem dessa maneira. Lembro-me de um detento que, em um raivoso e ébrio acesso de ciúmes, jogou ácido no rosto de sua então namorada. Ele alegava não ter feito isso porque não se lembrava.

Fiz a minha pergunta habitual: – Como, então, você sabe que não fez?

– Porque eu não faço essas coisas.

Em outras palavras, ele sabia que não fizera porque não era o tipo de coisa que fazia, mesmo que não pudesse dizer exatamente o que estava fazendo no momento em questão.

Um pouco depois – demorei a perguntar isso para não levantar suspeitas sobre onde eu queria chegar –, perguntei se ele já estivera preso antes.

– Sim – ele respondeu.

– Pelo quê?

– Joguei amônia na cara de uma menina.

Quando ele disse que não fazia essas coisas, não acho que estivesse simplesmente mentindo. Nem que visse a distinção química entre ácido e amônia como moralmente relevante. Era mais que o "eu" que jogara ácido ou amônia não era o "eu" de seu jardim secreto, no qual nenhum comportamento que afetasse sua bondade intocável podia entrar.

Ele refletia o que eu poderia chamar, usando um neologismo feio, de psiquiatrização da condição humana. Pela minha experiência, contudo, precisamos mais do Dr. Johnson que do Dr. Freud.

O caso da mãe que envenenou a filha é instrutivo para mim e serve como um estímulo à reflexão. Aqueles que defendem a sentença leve poderiam argumentar como se segue. O ato dessa mulher se deu em circunstâncias particulares que muito dificilmente se repetiriam, até mesmo porque ela agora passou da idade de ter filhos. Além disso, seu luto, se era mesmo isso, por si só a impedirá de repetir o ato. Quanto à dissuasão de outros, é muito improvável que o fato de ela não ser punida pelo assassinato sirva para encorajar qualquer outra pessoa a fazer o mesmo, pois raríssimas pessoas deixam de matar seus filhos só por medo da punição. Consequentemente, uma sentença longa de prisão não serviria a nenhum propósito e incorreria em muitas despesas adicionais.

Vamos considerar, para efeitos argumentativos, todas as premissas apresentadas (ainda que eu não tenha certeza se a contrataria como babá, função que às vezes exerce para ganhar um pouco de dinheiro).

Não se conclui a partir delas que os assassinatos não deveriam ser punidos de forma alguma, que o dirá com longas sentenças? Afinal, as premissas poderiam avançar corretamente até o momento imediatamente posterior ao que ela matou a criança. Se, nesse caso, a punição não serve nem para corrigir, nem para dissuadir, qual seria a sua justificativa que não a primitiva sede de vingança?

Há filósofos, é claro, que argumentam precisamente isso, mas penso que a maioria das pessoas acharia muito errado que a mulher que matou a própria filha não pagasse nenhum preço por isso simplesmente porque ela não voltaria a fazê-lo. É uma consequência lógica de libertá-la nessas bases que todos nós devemos ter o "direito" de cometer pelo menos um crime atroz, contanto que possamos demonstrar que não o repetiremos. Uma vez que a guerra acabou, então, não faria sentido processar os líderes nazistas, pois não havia a menor chance de que eles repetissem seus crimes após a derrota, e a maioria das pessoas não acharia necessário enforcar

Ribbentrop[1] por cometer genocídio. Uma teoria puramente utilitarista da punição é insustentável.

Fraqueza ou maldade de caráter nem sempre funciona como atenuante em casos de assassinato, contudo. Funcionou no caso da matadora de criança porque há uma crença geral de que nenhuma mulher mataria sua própria filha se não estivesse em um estado de extrema angústia.

Esse é outro argumento circular, é claro. Ela devia estar angustiada para matar a criança, e a matou por causa da sua angústia. Os soluços, lágrimas e gemidos ajudaram seu caso porque vivemos em tempos que exigem demonstrações extravagantes de emoção como prova de que alguma emoção é sentida afinal.

Além disso, o mau-caratismo que ela mostrou no decorrer da vida era mais do tipo vira-latas que da variedade *pit-bull*. Um caráter incorrigível desde o nascimento – ela despertou a simpatia do júri de uma maneira que outro assassino, um homem grande, de cabeça raspada e com uma teia de aranha tatuada no pescoço e em um lado da cara, não conseguiu.

Ele também matou porque, "se não posso tê-la, ninguém mais terá": uma espécie de melodia-assinatura.

A mulher que ele matou vinha de uma classe social superior, mas fugira de seu próspero ambiente de classe média em busca de autenticidade proletária. Ela encontrou isso no cabeça-dura que foi um perfeito cavalheiro por algumas semanas, até ter certeza de que a enredara, a partir do que começaram os surtos de ciúmes, atos de violência e insultos cruéis, seguidos por breves períodos de arrependimento e promessas, sempre quebradas logo depois, de que nunca faria aquilo de novo.

Ele repetidamente inventava um *casus belli* para justificar a violência: ela falou com outro homem em um *pub* (ambos bebiam muito); ela olhou lascivamente para um homem na rua; ela usava maquiagem demais; sua

---

[1] Joachim von Ribbentrop (1893-1946) foi um político alemão, ministro das relações exteriores da Alemanha Nazista e uma das figuras mais proeminentes do Terceiro Reich. Foi preso pelos britânicos ao final da Segunda Guerra Mundial. Um dos réus nos Julgamentos de Nuremberg, Ribbentrop foi condenado e enforcado. (N.T.)

saia era muito curta, etc. Em situações desse tipo – muito comuns, como já mencionamos –, a mulher dedica sua vida mental para encontrar uma maneira de não provocar a violência do homem. Mas não existe tal maneira, já que a violência é o modo como ele a mantém ligada a si e a aparente irracionalidade representa a fonte de seu poder e efeito. A violência tem uma racionalidade ou, pelo menos, um propósito implícito, que é o de manter a mulher servil ao homem. Em nove entre dez casos, esse efeito não perdura indefinidamente. A larva se transforma – ou, nesse caso, é morta. O homem ciumento não ama a mulher que é objeto dos ciúmes. Ele ama a si mesmo ou, melhor dizendo, completa a si mesmo dominando a mulher. É essa sujeição que lhe assegura a sua própria significância ou importância. Eis a razão pela qual ele, com frequência, não lamenta por muito tempo o fim do "amor" quando a mulher o deixa. Ele avança para a mulher seguinte, a quem tratará exatamente da mesma forma.

A mulher que o deixa deve, para a sua própria segurança, romper por completo, ou os ciúmes dele (seu *amour propre* machucado) não esfriarão e serão o impulso para mais violência, às vezes, nesses casos, do tipo mais extremo. Infelizes das mulheres que têm um filho com alguém assim, pois a existência da criança servirá como pretexto para ele continuar a vê-la. A criança se torna ferramenta para mais dominação.

Desgraçadamente, a namorada daquele homem, tendo enfim compreendido que a violência jamais terminaria e que as promessas de mudança não valiam o fôlego em que eram proferidas, disse a ele que o deixaria na terça-feira seguinte. Foi a coisa mais perigosa que podia ter feito, exatamente o que alerto às minhas pacientes que têm amantes ciumentos a não fazer. É aí que o pensamento de que, "se eu não posso tê-la, ninguém mais terá" vem à cabeça.

Foi o que aconteceu nesse caso. Ela disse ao homem para deixar o lar (que incluía duas crianças de um amante ciumento anterior, provas vivas aos olhos do atual de que as afeições dela eram instáveis). Ele pareceu concordar e, na véspera do afastamento combinado, os dois, a pedido dele, saíram para um *drink* de despedida. No *pub*, ela riu e contou piadas com outros frequentadores. Isso o enfureceu. Os dois tiveram uma discussão raivosa e, ao chegar em casa, ele a estrangulou na cama.

Isso se deu de madrugada; as crianças estavam na casa de amigos e voltariam na manhã seguinte. O assassino tinha, assim, de se livrar do corpo, e rapidamente. Não era tarefa fácil em uma casa suburbana cercada por tantas outras. Enterrá-la no jardim estava fora de cogitação, pois chamaria a atenção dos vizinhos. Em vez disso, enrolou o corpo em um cobertor e, quando achou que o caminho estava livre, depositou-o no porta-malas do carro.

Pela manhã, foi buscar as crianças, que foram para casa sem saber que o corpo da mãe estava logo ali atrás. Disse a elas que a mãe tinha subitamente decidido tirar férias em um lugar distante. Sua imaginação falhou a partir desse ponto e ele não conseguiu pensar no que fazer com o cadáver. Foi à polícia e confessou.

Sua defesa era dupla: que, no momento em que a estrangulou, teve um grave surto psicótico, o qual reduziria sua responsabilidade pelas ações; e que sofria de um mau-caratismo congênito.

A defesa chamou três psiquiatras. Fui chamado depois, com o processo já em andamento, porque o psiquiatra anteriormente convocado pela acusação mudou de ideia no último momento e virou a casaca, como se diz, para a defesa.

Falei com o homem em uma das celas no andar inferior do tribunal, antes que ele fosse chamado, e escrevi um relatório preliminar desfavorável à defesa, passando o resto do dia lendo os volumosos arquivos do caso. Tendo feito isso, minha opinião não mudou e, no dia seguinte, fui chamado para refutar o testemunho do psiquiatra da defesa.

O advogado, como era de se esperar, criticou a rapidez com que produzi meu relatório. Mas eu me defendi dizendo que as condições sob as quais o preparei não foram de minha escolha e que não havia evidência de que minhas conclusões estivessem erradas. Disse que fora uma combinação dos ciúmes, das bebedeiras e da separação iminente que levara o acusado a matar, nenhum dos fatores individuais ou em conjunto sendo suficientes, em minha opinião, para justificar uma acusação menor que homicídio doloso – ainda que isso, é claro, seria decidido pelo tribunal.

Meus oponentes, se me permitem chamá-los assim, estavam, como eu, apenas ajudando o tribunal, depondo que o acusado sofria de uma mistura de transtornos psiquiátricos que mitigariam seu crime. Às vezes, ao testemunhar, eu tinha a sensação de que era questionado acerca de quantos anjos poderiam dançar na cabeça de um alfinete.

O advogado, mais uma vez correto à medida que defendia seu cliente, procurou a princípio questionar minha credibilidade como testemunha, insinuando que eu era um mercenário. Mas um bom advogado é, ao mesmo tempo, um estrategista e um tático, tentando primeiro colocar uma testemunha hostil em uma saia justa, mas sabendo que pode, no máximo, tentar fazer isso. Se forçar demais, o júri, que normalmente tem uma predileção pelos menos favorecidos, como o homem comum (para seu crédito) também tem, começa a simpatizar com a testemunha sob ataque *ad hominem*, e então a tentativa de desacreditá-la fracassa. Começa a parecer que a defesa não tem mais nada a dizer. Sem demora, portanto, o advogado foi obrigado a partir para questões mais substantivas.

— O senhor tem consciência — ele perguntou — de que o relacionamento deles era o que se chama de volátil, não tem?

— Sim — respondi —, mas ela está morta e ele, vivo.

"Volátil", nesse contexto, significa violento, e a violência só precisa estar em um lado do relacionamento para que seja qualificada dessa forma.

O advogado seguiu em frente, continuando a lista de perguntas que escrevera durante o meu interrogatório pela acusação. Ele precisava estabelecer que seu cliente era mentalmente anormal.

— Não foi racional da parte dele colocar o corpo no porta-malas do carro, foi?

— Bem — respondi —, eu mesmo nunca estive nessa posição, mas me parece que, naquelas circunstâncias, o que ele fez, dadas as alternativas, foi perfeitamente racional.

Seu contrainterrogatório não me "machucou", como às vezes se diz, e ele fez a última pergunta com o que me pareceu um misto de exasperação e ridículo.

— Eu afirmo — disse ele — que o senhor produziu seu relatório com rapidez e não acredita no que escreveu ali.

Era uma jogada bem fraca.

— Concordo com sua primeira proposição, mas não com a segunda — falei.

Foi um bom sinal que o promotor não me interrogou outra vez, como tinha o direito de fazê-lo, para desfazer ou reparar qualquer "dano" que o contrainterrogatório da defesa tivesse causado em meu testemunho. Não havia dano para reparar.

Deixei o tribunal no recesso subsequente. Enquanto descia as escadas do prédio, o pai da mulher assassinada, que tinha saído para fumar, disse "obrigado" de uma maneira bastante sincera. Eu sorri, mas não disse nada: não cairia bem ser visto falando com ele, pelo que eu poderia ser acusado de conluio.

Mesmo assim, eu me senti gratificado, pois obviamente parecia a ele que meu testemunho tinha destruído os da defesa. E assim aconteceu, pelo menos se nos fiarmos no veredito do júri – culpado de homicídio doloso. Fiquei satisfeito, pois aquele era um homem terrível, que por muito tempo causou sofrimento aos outros, especialmente, mas não só, para as mulheres.

Pensei na gratidão e no alívio do pai, e no quão terrível deve ter sido para ele escutar as desculpas patéticas oferecidas ao assassino da filha por psiquiatras que lhe pareciam indiferentes à morte dela. Mais doloroso do que as presas de uma serpente é ter uma filha assassinada, cuja morte é escusada porque ele é um homem mau e se comportou assim muitas vezes antes.

17. Personagens maus

"Uma acusaçãozinha besta de assassinato."

Meu depoimento estava longe de terminar (para mim) quando eu descia do banco de testemunhas. Eu o repassava muitas e muitas vezes, como sempre fazia, encontrando coisas que podia ter expressado melhor ou devia ter dito, mas não o fiz. L'*esprit d'escalier* devia mesmo ser l'*esprit du témoin*[1], pois tenho certeza de que toda testemunha se sente exatamente assim depois que seu depoimento termina. Às vezes, eu queria voltar correndo ao tribunal, forçar meu retorno ao banco de testemunhas e dizer: "Esqueci de mencionar...". Certa vez, de fato, telefonei ao advogado para informá-lo do que eu devia ter dito no lugar do que realmente dissera: ainda que seja verdade que muitos assassinatos são cometidos por homens ciumentos, a maioria dos homens ciumentos não mata; mas, quando matam, seu motivo geralmente é o ciúme. Eu não tinha deixado isso tão claro quanto gostaria. Não que todos concordem que assassinato é algo sério. Certa vez, perguntei a um homem por que estava em prisão preventiva e ele respondeu:

---

[1] L'*esprit d'escalier* é uma expressão francesa que significa literalmente "o espírito das escadas" e se refere a uma resposta perspicaz ou esperta que só nos ocorre tarde demais (depois, por exemplo, que já nos ausentamos de uma discussão). L'*esprit du témoin*, outra expressão francesa, traduz-se como "o espírito da testemunha". (N.T.)

– Só uma acusaçãozinha besta de assassinato.

Em outra ocasião, tive o apreço de um homem acusado de homicídio culposo por negligência, e isso me deixou bastante satisfeito. Três policiais, um deles um sargento de custódia, foram assim acusados.

Um bando de viciados em heroína saiu assaltando casas e furtando lojas em uma cidade a vários quilômetros de onde viviam. Nos depoimentos, um deles disse: "A gente saiu pra trabalhar...". De fato, aquilo era mesmo como um trabalho para eles, pois normalmente deixavam suas casas às oito e meia da manhã e, em geral, retornavam após as cinco da tarde, terminado o "trabalho". Era mais meio período do que integral, pois só faziam isso três ou quatro vezes por semana, esquadrinhando as casas e lojas em um raio de dezoito quilômetros de suas residências.

Que eles "trabalhem" dessa forma sugere que viciados não são incapazes de um emprego lucrativo, como muitas vezes se supõe, e "precisam" cometer crimes para pagar pelas drogas. Arrombar e roubar regularmente requer perspicácia, energia e determinação, qualidades admiráveis em outros contextos, além de habilidade comercial para vender o que se adquiriu de forma ilícita, uma vez que raramente roubavam dinheiro. Em uma pesquisa que conduzi na penitenciária, confirmei o que já se sabia, que a maioria dos viciados presos tinha longas fichas criminais *antes* de começar a usar heroína. Sem dúvida, o vício lhes deu um incentivo adicional para infringir a lei, mas não estava na origem de sua criminalidade.

Um prisioneiro, incendiário profissional que queimava propriedades por encomenda, certa vez me explicou a diferença entre o que chamava de "trabalhador" e "ganhador".

– Os trabalhadores – disse ele – ficam no escritório das nove às cinco. Os ganhadores saem assaltando e roubando.

Aquela gangue parecia combinar o melhor, ou pior, dos dois mundos. Na ocasião, um dos membros foi pego furtando em uma loja e levado à delegacia, onde disse ao sargento de custódia que era viciado em drogas – mas não que tivesse tomado uma overdose de estimulantes às vezes dados a pacientes psiquiátricos (coisa que não era) para conter os efeitos colaterais de outro medicamento. Há um nicho de mercado para o abuso dessa droga.

A princípio, a ladra foi agressiva e abusiva para com a polícia, e o sargento, um homem cuja folha de serviço era imaculada, muito apropriadamente chamou um médico para examiná-la. Quando o médico chegou, ela estava mais calma e ele não achou nada de errado. Tendo preenchido o boletim de ocorrência, o sargento decidiu liberá-la.

O sargento não era legalmente obrigado a fazer nada além de mandá-la embora da delegacia, mas ela estava sem dinheiro e ele ordenou a dois de seus homens que a levassem de viatura até o limite da área que patrulhavam, a meio caminho da casa dela. Ele pensou que ela poderia andar o resto do caminho ou pegar uma carona. O ar fresco lhe faria bem.

Os policiais fizeram conforme o ordenado. O limite da área que patrulhavam era na zona rural. Foi ali que a deixaram.

O sargento pensou que lhe fazia um favor quando, na realidade, assinava a sua sentença de morte. Sem que eles soubessem, ela estava em um silencioso estado de confusão causado pela overdose. Em vez de seguir pela estrada quando os policiais a deixaram, ela se embrenhou no campo, onde morreu por exposição ao frio. Seu corpo só foi encontrado vários meses depois.

Exames mostraram que ela havia tomado uma grande quantidade de pílulas, mas não puderam estabelecer quando. Os policiais foram processados.

Dei meu testemunho, ao fim do qual pensei que pudesse dizer com certeza que o caso da acusação tinha desmoronado. A variabilidade das reações às pílulas e a instabilidade do comportamento dos viciados, da agressão à bajulação e à taciturnidade e de volta à agressão, tornavam difícil avaliar seu estado mental, e a conduta dela quando foi liberada não dava qualquer indicação de que estivesse confusa. O fato de que o sargento chamou um médico e este não notou nada de errado significava que ele, o sargento, não era apenas cavalheiresco.

Quando desci do banco de testemunhas, o caso da acusação estava arruinado. O juiz ordenou um recesso; e, quando passei pelo sargento, claramente um homem decente (seus dois homens eram ingênuos, mas não maliciosos), ele veio até mim e disse: "Obrigado, doutor". Eu o tinha libertado, praticamente, de meses de agonia e da possibilidade de ser preso. Desnecessário dizer que a sina de um policial na prisão não é das mais felizes, e, caso se torne sabido entre os outros prisioneiros que se trata de um policial, ele tem poucas opções a não ser buscar proteção na companhia de criminosos sexuais.

Seu alívio era óbvio, assim como o da família, sem dúvida, mas não pude fazer nada para reconhecer o agradecimento, embora quisesse, e apenas acenei com a cabeça.

Minha simpatia por acusados não era inteiramente restrita aos inocentes. Lembro-me de um sikh[2] de meia-idade que tinha esfaqueado a mulher até a morte na frente dos filhos. Era uma coisa terrível, mas a história era trágica, e não apenas sórdida.

Aos olhos da lei, o homem era culpado e nada além de culpado. O assassinato foi seu primeiro e único crime.

Ele viera para a Inglaterra do Punjabe no final da adolescência e trabalhava em uma fábrica como metalúrgico. Um casamento foi arranjado para ele e a noiva, uma sikh nascida na Inglaterra, assentiu.

É importante distinguir entre um casamento arranjado e um casamento à força. O primeiro é, em parte, um sistema excelente, baseado na apreciação realista da natureza humana; o último é puramente monstruoso.

Um jovem prisioneiro paquistanês certa vez se queixou de graves sintomas gastrintestinais que não pareciam muito verossímeis e para os quais não havia explicação óbvia.

Perguntei: – Tem alguma coisa te preocupando?

A prática da medicina é sempre afetada pelas circunstâncias; isso é ainda mais verdadeiro em se tratando da medicina prisional.

– Não – disse ele.

– Tem certeza?

Então, ele me contou que vinha sendo ameaçado por outros prisioneiros de ascendência paquistanesa, dos quais havia um número cada vez maior (desproporcional ao seu quinhão populacional).

---

[2] O sikhismo é uma religião monoteísta surgida em fins do século XV no Punjabe, região hoje dividida entre o Paquistão e a Índia. Fundada pelo Guru Nanak (1469-1539), mistura elementos do hinduísmo e do sufismo. (N.T.)

Havia pouco tempo, ele fora testemunha de acusação em um caso de assassinato "por honra", no qual um homem e seu filho foram acusados de matar sua filha e irmã porque ela se recusara a aceitar um casamento à força com um primo em primeiro grau de sua "terra". Seu testemunho fora crucial no caso e encarado por outros jovens de seu círculo como pior do que apenas decepcionante. Mais do que isso, era deslealdade ou traição – uma ameaça a todo um sistema do qual eram beneficiários.

Para esses jovens, os casamentos eram "arranjados", mas, para as moças, eram forçados. Os homens aprovavam o sistema porque lhes permitia levar uma vida ocidentalizada na rua (ou seja, de frequente depravação) enquanto desfrutavam da conveniência de uma parceira sexual e empregada doméstica em casa.

Isso era ao mesmo tempo conveniente e gratificante, e algo de que se achavam merecedores. Era um sistema que necessitava de vigilância para que a mulher não se libertasse. Sendo tudo ou nada, meu paciente era um traidor e uma ameaça e tinha que ser punido, como, aliás, fora a vítima de assassinato. Crimes de honra deviam continuar a ocorrer sem que fossem comprometidos por alguém de dentro. Cuidei para que o jovem fosse transferido para outra prisão onde ninguém o conhecia.

Lamentavelmente, no caso do casamento arranjado entre os *sikhs*, marido e mulher se mostraram incompatíveis, não no sentido de que brigassem, mas quanto às suas ambições fundamentais na vida, sem dúvida como resultado de suas formações distintas. Ele estava contente em trabalhar duro, comprar uma pequena casa e viver em paz, atingindo qualquer ambição social que por ventura tivesse por meio dos filhos. Seria a plataforma de lançamento deles, por assim dizer, assegurando um lar estável e confortável, encorajando-os a ir bem na escola de tal forma que viessem a ter boas profissões.

Era uma ambição nobre e discretamente heroica. Mas não era o bastante para a esposa, que sonhava com uma existência mais vívida e excitante que a de uma dona de casa e mãe de duas crianças, independentemente do quão bem-sucedidas elas se tornassem no futuro. Ela sonhava, em vez disso, com luxo e, metaforicamente, com banhos em leite de burra.

Ela não queria um carrinho para andar por aí, mas um novo BMW, que ele conseguiu comprar da única maneira que conhecia: fazendo horas extras. Enquanto isso, um homem bonito, de origem exótica, mudou-se para a vizinhança, uma ou duas casas abaixo, e logo ele e ela se tornaram amantes. O marido, cujas horas extras facilitaram o caminho para o amor ilícito, descobriu. Houve uma discussão terrível, mas ele a perdoou quando ela disse que o caso estava encerrado e jamais seria retomado.

Mas ela continuou como antes. Passou do desejo, agora satisfeito, por um BMW novo para um jardim de inverno. Mais horas extras eram requeridas para pagar por isso. Mas, certo dia, ao voltar mais cedo do que o previsto para casa, um dos filhos lhe disse, com a inocência das crianças, que ele por pouco se desencontrara do vizinho, o qual estivera deitado com a mãe. Isso foi demais para ele: as comportas se romperam.

Ele correu até a cozinha, onde a mulher preparava um pouco de chá. Contou o que a criança falara. Ela não pôde negar e disse que não o amava, que ele era tedioso, que precisava de mais coisas do que ele podia oferecer. Ele pegou uma faca e, infelizmente para o que depois alegaria como defesa, esfaqueou a mulher muitas e muitas vezes. A criança viu tudo desde a porta da cozinha. É uma benção que as memórias da infância sejam com frequência fragmentadas, e só podemos torcer por uma amnésia nesse caso.

Em seu primeiro depoimento à polícia, ele disse ter agido em legítima defesa. Ainda era o que alegava quando fui vê-lo. Sua mulher o atacara primeiro.

Embora não tivesse a obrigação de fazer isso, eu o aconselhei contra essa defesa, que era insustentável. A única faca encontrada na cena do crime tinha as impressões digitais dele e de ninguém mais. Apenas o sangue da esposa estava na faca; ele, diferentemente dela, não tinha ferimentos que sugerissem legítima defesa. E, de qualquer forma, era uma mulher pequena e ele, um homem forte que poderia facilmente tê-la subjugado sem infligir tantos ferimentos.

Infelizmente, o fato de mentir no primeiro interrogatório deporia contra ele por mostrar uma mente culpada. Mas – porque senti alguma simpatia – não consegui evitar de especular sobre quem entre nós teria contado a verdade pura em uma situação dessas.

Talvez ele se mantivesse em silêncio se tivessem lhe dado a advertência mais direta em vez daquela intrincada e ameaçadora, daria o "sem comentários", como dizem os criminosos mais experientes. Mas agora ele era um mentiroso e, também, um assassino.

A propósito, o "sem comentários" não é de forma alguma tão fácil quanto parece. Há sempre a tentação de responder ao menos uma pergunta, o que, em geral, é o começo da ladeira escorregadia que leva à completa, e às vezes transbordante, confissão. O criminoso realmente experiente, ao contrário dos "casos isolados", recusa-se, assim, a responder até mesmo às questões mais anódinas, como a dizer o próprio nome. Ficam mudos por malícia em vez de mudos pela visitação de Deus, como se diz.

O marido teria se dado melhor se tivesse alegado incitação em vez de legítima defesa, ainda que a primeira seja apenas uma atenuante, e não uma exoneração completa, como a última. Mas, para que a alegação de incitação funcionasse, ele teria de demonstrar que ela fora imediata e de tal modo que qualquer pessoa teria reagido da mesma maneira. Aqui, a incitação foi prolongada, o fato de que pegou a faca em vez de já tê-la na mão, mas as repetidas estocadas estavam contra ele.

Que a lei sobre incitação é psicologicamente realista talvez seja duvidoso. Mas lei e psicologia são coisas diferentes, e a lei em si afeta a psicologia. As pessoas têm diferentes reações psicológicas sob leis diferentes. Quando era jovem, a lei contra dirigir embriagado não era definida com tanto rigor nem aplicada tão rigidamente como hoje, e nós não encarávamos beber e dirigir como um crime grave, era mais o tipo de coisa que todo mundo fazia de vez em quando. Agora, é o único pecado sobre cuja imoralidade praticamente todos concordam. A condenação do ato de beber e dirigir é o fio moral que mantém nossa sociedade unida.

O acusado apareceu no banco dos réus como o próprio modelo de homem respeitável. Seu terno azul-escuro era surpreendentemente bem cortado e ele usava uma gravata vermelha, com o nó apropriado, que lhe caía bem. Usava o terno como se estivesse acostumado com isso, diferentemente da maioria dos assassinos nos dias de hoje, que, ao vestirem um terno na tentativa de parecerem mais respeitáveis do que são (ainda que a maioria não se importe com isso), parecem tão pouco à vontade como se usassem uma roupa de balé.

O acusado foi extremamente respeitoso para com o tribunal. Mas, de algum modo, isso parecia depor contra ele, como se – ao contrário do que eu acreditava – tentasse passar uma falsa impressão. Ele chorou no banco das testemunhas e, em contraste com a mulher que matou a filha, achei sua emoção genuína. Estava cheio de remorso, pois amava a esposa com uma paixão não correspondida, e a ideia de que talvez nunca mais fosse ver os filhos lhe causava grande angústia.

O juiz, no entanto, pensava de forma diferente. Anos depois, soube por um dos advogados do caso que, ao deixar a bancada para um recesso, ouviram-no resmungar: "Ele já parou de choramingar?". Em outras palavras, onde eu via emoção genuína, o tribunal via algo fajuto, e o que o tribunal achava genuíno eu achava fajuto. Inevitavelmente, o acusado foi considerado culpado por assassinato.

O caso me impressionou mais pelo que tinha de trágico, e não apenas sórdido. O assassino não era um homem mau, se por homem mau queremos dizer alguém que habitualmente faz o mal. Ele se viu esmagado pela emoção, ou melhor, pelas emoções: humilhação e desespero. Quanto à vítima, era uma Madame Bovary moderna. O assassinato foi o desfecho de uma história que começou com a incompatibilidade de um casal que queria coisas diferentes da vida. Ele conservou o desejo, comum à primeira geração de imigrantes, de que seus filhos fossem bem-sucedidos, e ela nutria a ânsia, típica da segunda geração, pelo próprio sucesso.

Pouco tempo depois, houve um caso com certas similaridades em relação a esse. De vez em quando, enviavam um estudante de medicina que deveria passar duas semanas comigo como uma espécie de aprendiz. Um novo estudante chegou à penitenciária e, tão logo eu o cumprimentei e perguntei seu nome, a polícia também chegou acompanhando um jovem negro cujas roupas estavam cobertas com o sangue de outra pessoa.

Os policiais queriam saber se ele estava apto a ser interrogado. Não queriam que a defesa dissesse que seu depoimento fora conduzido de forma imprópria.

Eu o levei com o estudante para a minha sala, a polícia primeiro se certificando de que não conseguiria escapar de lá. Era um jovem ganês, imigrante ilegal. O fato de que era um ganês me predispôs a seu favor. Sempre achei os ganeses muito agradáveis. Ele cheirava a sangue seco, contudo, um cheiro inconfundível para os familiarizados.

Era o sangue da namorada – ou falecida namorada. Ele a conhecera algumas semanas antes, em Londres, onde tinha encontrado trabalho e um lugar para ficar, o que não é fácil. Ela era de ascendência jamaicana, e eles se conheceram em um *pub*. Uma coisa levou à outra e a moça o convidou para morar com ela em nossa cidade (só estava em Londres de passagem).

Então já apaixonado, ele concordou, jogando tudo para o alto. Mas, depois de algumas semanas, ela se cansou dele e decidiu que queria reatar com um ex-amante, com o qual comparava o ganês desfavoravelmente e para quem ligava na frente deste, zombando de suas habilidades sexuais inferiores.

Então, na manhã em que seria morta, ela disse a ele que deixasse o apartamento de imediato. Ele implorou por mais tempo. Não tinha trabalho, nem para onde ir. Tinha pouco dinheiro. Era um estranho na cidade. Mas ela foi inflexível e se mostrou indiferente. Ele precisava ir de imediato porque o antigo amante se mudaria de volta naquele dia. Ao contrário dele, o outro a satisfaria.

Como o outro assassino, ele pegou uma faca de cozinha – algum dia uma boa alma pedirá que essas facas sejam banidas – e a esfaqueou, ainda que não em um ataque desenfreado. Assim que terminou, chamou a polícia.

Estava horrorizado e atônito com o que fizera. Ela havia brincado com ele, tratado como um brinquedo, e não deu a mínima para a precariedade de sua situação. Vinha muito bem, de maneira modesta, até conhecê-la, e então ela o jogou fora como se não passasse de um lenço usado. Ele não mencionou sua sensação de humilhação diretamente, pois fazê-lo significaria ser humilhado outra vez. Mas sabia que tinha feito algo terrível, e olhava, pasmo, para o chão.

Embora tivesse matado havia menos de uma hora, ele tinha maneiras gentis, falava suavemente e com polidez, suspeito que por um hábito arraigado mais do que por qualquer desejo de agradar. Em outras circunstâncias, seria alguém adorável de conhecer.

Eu disse aos policiais que ele estava apto para ser interrogado e eles o levaram. O estudante, um herdeiro de cara limpa da classe média, estava silencioso e pensativo. Era sua primeira imersão na dimensão trágica da vida humana. Podia vê-lo amadurecer diante dos meus olhos.

Depois daquela entrevista, ele não era mais o jovem ingênuo de antes. Havia profundezas da existência humana de que não suspeitava antes. Nos dizeres modernos, aquilo foi uma verdadeira "experiência de aprendizado". Ele crescera em uma hora.

Um problema relativo ao interrogatório policial inadequado surgiu em outro caso. Um estudante tinha sido preso do lado de fora de um clube noturno – uma dessas enormes cavernas em que o conformismo social da juventude se disfarça de rebeldia – e se descobriu que tinha mais anfetaminas (3,4-metilenodioximetanfetamina, MDMA ou *ecstasy*) do que poderia querer para uso pessoal. A polícia, assim, autuou-o por posse com a intenção de distribuir, um traficante, e não um mero usuário, o que ele admitiu no depoimento logo após ser preso.

Posteriormente, declarou-se inocente sob o pretexto de que sua admissão ocorrera enquanto ainda estava sob efeito da droga, admissão que agora retirava. A acusação enviou as gravações do depoimento e me perguntou se havia qualquer coisa nelas que sugerisse que ele estivesse intoxicado com anfetaminas ou qualquer outra droga.

O depoimento também foi enviado para um especialista contratado pela defesa, um médico que, vim a saber depois, era um ativista proeminente pela completa legalização de certas drogas. Seu relatório afirmou que não havia nada no depoimento que excluísse a possibilidade de que o jovem estivesse sob efeito de drogas naquele momento.

Como poderia haver?

Eu disse o contrário: não havia nada que sugerisse que ele estava sob efeito de drogas naquele momento. Suas respostas a todas as perguntas foram lentas, ponderadas e objetivas. Não havia nada que sugerisse excitação ou desinibição. Em vez disso, estava de certo modo subjugado, como deveria estar considerando a situação.

Antes que a audiência começasse, conversei amigavelmente com meu oponente. Talvez a defesa tivesse colocado a questão de maneira diferente para ele do que a acusação colocou para mim. Ele fora perguntado se havia qualquer coisa que excluísse a intoxicação, ao passo que eu fui perguntado se havia qualquer coisa que a indicasse. Mas aqui cabia à defesa provar o seu caso.

No entanto essa questão interessante jamais foi resolvida porque o estudante mudou, na última hora, sua alegação para culpado. Seu advogado provavelmente o persuadiu de que não poderia vencer essa discussão obscura, que, de qualquer modo, era irrelevante: com ou sem depoimento, o tribunal não acreditaria que ele tinha tanta droga apenas para uso pessoal.

Tive a forte impressão de que meu colega-oponente ficou desapontado. Sendo um ideólogo, o caso para ele não era realmente uma questão de saber se o desafortunado estudante era ou não traficante, mas uma oportunidade para confirmar ou estabelecer seu direito de lidar com o que todos deveriam ter a permissão de consumir.

18. Atenuantes maníacas
Os 37,9%

Às vezes, julgamentos têm reviravoltas por causa de comentários aparentemente triviais. Eu não estava indo muito bem no banco de testemunhas durante o julgamento de um jovem por assassinato. Era um caso sórdido até mesmo para os altos padrões desse tipo de caso em geral, em especial para a cidade onde se deu. O acusado era um michê que tinha esfaqueado até a morte um velho com quem passava a noite. Fui chamado pela acusação, negando que ele tivesse qualquer problema mental que atenuasse o crime ou reduzisse sua responsabilidade.

O advogado de defesa começou me questionando longamente sobre uma omissão em meu relatório. Havia um detalhe que omiti e devia ter mencionado, ainda que, se o tivesse feito, não afetaria em nada a minha conclusão. No entanto o júri não tinha como saber disso, e por um tempo devo ter parecido, na melhor das hipóteses, incompetente, e, na pior delas, desonesto.

Minha boca secou e minha voz ficou rouca; tive de me servir generosamente da água colocada à frente. Minha língua quase ficou presa no palato.

De qualquer modo, o advogado teve de seguir em frente, uma vez que julgou ter feito tudo o que podia com a tal omissão. Ele, então, apresentou seu cliente como um homem de intelecto e vontade tão débeis que não passava de massa de modelar nas mãos dos outros.

Isso era absurdo, tendo em vista sua história de vida. A cada ponto da exposição, apontei para provas em contrário. A decisão de se prostituir fora só dele, por exemplo – o que exigia alguma coragem. Mas, para ilustrar o caráter patético de seu cliente, o advogado disse que ele não conseguia ir sozinho à noite para casa e sempre pedia que alguém o acompanhasse. E, além do mais, acrescentou, a cidade não era uma zona de guerra.

– Ah, não – disse eu –, é bem pior que isso.

O tribunal, incluindo o juiz, mas não o advogado de defesa, caiu na gargalhada. Por estranho que pareça, o último nunca recuperou a iniciativa.

Eu agora respondia às perguntas com firmeza, não mais recorrendo à agua a minha frente. Foi ele quem passou a precisar de água. Se foi ou não a minha piada que fez isso eu não posso dizer, mas, ao final, o júri preferiu o meu testemunho aos de três dos meus colegas e condenou o jovem por homicídio. (Humor deve ser usado com parcimônia no banco de testemunhas – Oscar Wilde não gostou disso –, e, ademais, minha piada não foi inteiramente frívola.)

Houve outro julgamento por assassinato pouco depois na mesma cidade, para o qual também fui convocado pela acusação. Ela, a cidade, era quase comicamente terrível, e me afeiçoei a isso. A familiaridade alimenta tanto a afeição quanto o desprezo.

Era uma das muitas cidades britânicas desanimadoras, outrora industriais, cujos centros grandiloquentes foram destruídos pelo empobrecimento e pelos urbanistas, sobretudo pelos últimos. Eles atenciosamente proveram várias passagens subterrâneas para a conveniência dos assaltantes e estupradores, bem como daqueles de bexiga cheia depois de ficarem "chapados", "mamados", "no grau", "com o rabo cheio", "encachaçados", "de cara cheia" (os esquimós podem ter sessenta e sete palavras para neve, nós temos esse número para dizer "completamente bêbado"). Era o tipo de cidade na qual os passageiros "fazem o corre" – fugiam sem pagar – dos táxis e onde os táxis são decorados com avisos alertando contra distratar os motoristas e sobre a multa a ser paga se o passageiro vomitar ali dentro (o valor relativo da multa sendo um indicativo do estado da economia local). Os motoristas planejavam suas rotas conforme a proximidade de delegacias, para o caso de terem problemas; e os jovens e alegres foliões "vidravam" uns aos outros, isto é, metiam pedaços de vidro quebrado no rosto alheio se acontecesse de alguém encará-los.

Um michê tinha boas razões para não caminhar sozinho à noite pelas ruas – como, aliás, a maioria das pessoas.

Tive de comparecer ao julgamento por uma semana e fiquei em um hotel particularmente lúgubre, um bloco de concreto que teria alegrado o coração de Ceaușescu[1] e no qual trabalhavam ingleses desleixados, nenhum deles muito limpo, envergonhados dos uniformes que subvertiam aqui e ali: nós de gravatas desfeitos, sapatos inapropriados, crachás tortos, botões abertos na altura da barriga (em geral saliente), e por aí afora. A desatenção aos detalhes era total e completa, se isso não for um paradoxo. As portas de vidro não eram limpas por semanas, tornando-se um parque nacional de preservação das impressões digitais; avisos eram pregados em todo e qualquer lugar, criando um efeito visual de pesadelo, a maioria sobre agressões aos funcionários e tentativas de evitar o pagamento das diárias. Sofás cobertos com plásticos, muitos daquele laranja vívido tão apreciado nos anos 1960 e 70, eram marcados com queimaduras de cigarro, a varíola do mobiliário; a entrada do bar, com suas televisões competindo em volume, tinha vários avisos alertando contra o uso de palavrões, violência, bonés de beisebol e shorts.

No primeiro andar, no assim chamado salão de festas – um espaço enorme, mas de teto baixo, no qual os azulejos de poliestireno prestes a cair revelavam os encanamentos e as vísceras da fiação do hotel –, acontecia várias noites por semana uma missa para imigrantes ou visitantes nigerianos. Em uma dessas noites, ouviam-se preces altas para "Deus Bai". A congregação, de cerca de cem pessoas, era composta por gente charmosa e amigável que me convidou para entrar, mas eu não quis transparecer que não compartilhava de suas crenças, e minha aceitação poderia levar a um mal-entendido quanto a isso. Lembrei-me de uma igreja que vi na Nigéria, cujo nome conservei na memória: "A Ordem Sagrada e Eterna

---

[1] Nicolai Ceaușescu (1918-1989) foi um líder comunista e ditador da Romênia de 1965 a 1989, quando foi executado como consequência da revolução que depôs seu regime totalitário. (N.T.)

dos Querubins e Serafins". Diferentemente da Igreja Anglicana, usavam o Livro de Oração Comum.

E, então, havia o desjejum: um festival do bufê inglês no que ele tem de mais espetacular e hilariantemente pior. Embora fosse *self-service*, havia uma garçonete presente, cujo papel era ambíguo. Ela sempre parecia como se tivesse acabado de chegar ao trabalho depois de escapar por pouco de um agressor atravessando uma amoreira-preta (coisa que seu cabelo lembrava muito). Quanto à comida – descreverei apenas os ovos fritos. Eles eram preparados com bastante antecedência em relação a qualquer possibilidade de consumo. Não eram tão sólidos quanto vulcanizados. Eram cobertos por uma membrana de qualquer que fosse a gordura em que os fritavam e, quando transferidos da chapa para o prato, escorregavam por ele feito um patinador no gelo, evitando os esforços do garfo perseguidor para espetá-los. Obtive muito prazer inocente com esses ovos fritos.

Escolhi o hotel porque era barato e minha estadia seria paga pelos contribuintes. Mas eu também queria a experiência completa, por assim dizer. E, por mais estranho que pareça, eu adorei. Não havia nenhuma pretensão a ser mantida lá. Ele soltava as rédeas do desleixo interior de cada um.

O julgamento era de uma mulher que matara outra em uma discussão, inflamada por bebida e maconha, sobre praticamente nada. Hume disse que nenhum homem ameaçou tirar a vida enquanto ela era digna de ser vivida[2], mas, qualquer que seja a verdade dessa afirmação (eu certamente não acredito nela), uma enorme quantidade de gente tirou a vida de outras pessoas enquanto ela era digna de ser vivida.

Não havia dúvida de que a acusada tinha matado. A única questão era, mais uma vez, se havia qualquer coisa em seu estado mental que atenuasse o crime o suficiente para um veredito mais leve do que homicídio doloso.

---

[2] O filósofo escocês David Hume (1711-1776) é um dos principais nomes do empirismo britânico. A citação feita por Dalrymple é do ensaio "Do Suicídio". No Brasil, ele pode ser encontrado no volume *Da Imortalidade da Alma e Outros Textos Póstumos* (Trad.: Daniel S. Murialdo, Davi de Souza e Jaimir Conte. Ijuí: Editora Unijuí, 2006). A afirmação de Hume está na página 44. (N.T.)

À época do julgamento, a lei ainda dizia que intoxicação voluntária não era atenuante. Um homem não poderia usar a própria embriaguez – "Eu não sabia o que estava fazendo" – como desculpa, a menos que ela fosse considerada involuntária ou ele não tivesse controle a partir do primeiro gole. Esta era uma distinção largamente acadêmica. Na prática, nunca era arguida ou aceita – e com toda a razão.

De novo, eu me vi diante de três colegas que chegaram a uma conclusão diferente da minha. Eu disse que, se não fosse pelo álcool e pela maconha, ela não teria matado. Meus colegas argumentaram que ela tinha um caráter subjacente que reduzia as responsabilidades por suas ações. Mais uma vez, o argumento de que, se o seu mau comportamento continuar por tempo suficiente, ele servirá como atenuante para a sua próxima má ação.

Era uma espécie de transtorno de personalidade que parecia se tornar mais frequente com o passar dos anos. O DSM-5 dá uma incidência de em até 5,9 por cento na população adulta. Se a incidência de todos os transtornos de personalidade for calculada, então até 37,9 por cento de nós podemos "ter" um. De acordo com a atual lei inglesa sobre homicídios doloso e culposo, então, mais de um terço da população pode ter uma atenuante preexistente para matar, pois agora diz-se que uma doença mental só precisa contribuir de forma significativa ou não trivial para a perpetração do ato para que a acusação menor seja aplicável. E, quase por definição, um transtorno de personalidade deve fazer tal contribuição, pois[3]:

"Um transtorno de personalidade é um padrão persistente de experiência interna e comportamento que se desvia acentuadamente das expectativas da cultura do indivíduo, é difuso e inflexível, começa na adolescência ou no início da fase adulta, é estável ao longo do tempo e leva a sofrimento ou prejuízo."

---

[3] Dalrymple transcreve a definição de *transtorno de personalidade* que consta na pág. 645 do *Manual Diagnóstico e Estatístico de Transtornos Mentais – DSM-5*. 5. ed. da American Psychiatric Association (Trad.: Maria Inês Corrêa Nascimento e outros. Porto Alegre: Artmed, 2014). (N.T.)

Não é fácil (ainda que eu o tenha feito) argumentar não que uma pessoa que matou tenha um transtorno de personalidade, mas que seu transtorno de personalidade não deu qualquer contribuição significativa para o ato de matar.

Foi o transtorno de personalidade do qual disseram que essa paciente sofria descoberto ou inventado? Em se tratando de diagnósticos, há modas como as barras das saias que costumavam aumentar ou diminuir. São como os direitos humanos, criados por decreto, mas reivindicados como se sempre tivessem existido.

Um dos psiquiatras chamados pela defesa, o primeiro dos três, era na intimidade um homem muito agradável, mas um pesadelo no banco de testemunhas. Ele sempre começava bem, mas então, aquecido pelo tema, acelerava a fala e se tornava mais e mais verborrágico, até que todos no tribunal ficassem tontos. Ele começava explicando e louvando a forma como os psiquiatras forenses chegavam às suas conclusões – não acessível para as castas inferiores –, emitia uma série de afirmações complicadas por meio de orações subordinadas, inclusive contraditórias, e, então, listava diagnósticos alternativos e adicionais. Após uma hora disso, as cabeças de todos giravam e, quando ele afinal terminava, deixava todos se sentindo completamente confusos. Os dois outros psiquiatras chamados pela defesa no caso deram o diagnóstico que alegavam ser a causa do ato da acusada e deixaram o banco de testemunhas tão logo o fizeram. A essa altura, todos estavam cheios de explicações psiquiátricas.

Fui chamado para refutá-los. Eu disse mais uma vez que, se não fosse pelo álcool e pela maconha, ela não teria matado.

O advogado de defesa era mais um espancador do que um esgrimista. Seu método era forçar o caminho até a resposta que queria.

Não se pode argumentar filosoficamente em um tribunal, por exemplo, acerca das deficiências teóricas ou dos absurdos do *DSM-5*. Nesse caso, de qualquer forma, não precisei fazer isso porque, mesmo pelos padrões extremamente frouxos daquela definição de transtorno de personalidade, a acusada não tinha um.

Para fazer justiça ao advogado, ele tinha muito pouco além do diagnóstico para usar em defesa de sua cliente. Defender casos sem esperança deve ser tão desanimador quanto tentar ensinar crianças que não querem aprender. Era um homem pletórico, magro e colérico que, por estranho que pareça, aparentava menos idade do que tinha. O juiz decidiu fazer uma pausa para o almoço antes que meu contrainterrogatório começasse. Durante o intervalo, alguém me passou um artigo sobre a doença que, segundo os especialistas chamados pela defesa, acometia a acusada. Ele sintetizava tudo o que se sabia, ou que se supunha saber, sobre a tal condição. Tudo o que dizia era ortodoxo (mas nem por isso verdadeiro).

Após o almoço, o advogado se levantou para me inquirir.

– O senhor leu o artigo que lhe enviei? – perguntou.

– Sim – respondi.

– O senhor já o tinha lido antes?

– Não.

– Não? – ele se virou de forma teatral para o júri, seu tom claramente indicando que eu era ignorante e preguiçoso.

– Não – falei. – Não reivindico ter lido de tudo. Mas o artigo não me disse nada que eu não soubesse.

Não havia mais nada a ganhar com essa linha de abordagem, então ele prosseguiu:

– O artigo lista os fatores associados à doença, certo?

– Sim – respondi docilmente, feliz com a direção que ele tomava. Eu sabia que o tinha nas mãos.

– Diz aqui... – e então, um por um, ele leu os assim chamados "fatores de risco" para o desenvolvimento da doença, perguntando, a cada vez, se ela por acaso apresentava aquele fator, e a cada vez eu concordava que ela apresentava.

– E, mesmo assim – ele disse ao terminar, jogando o artigo no chão com uma raiva dissimulada –, o senhor diz que ela não sofre dessa doença?

Eu estava pronto para isso: meu coração saltou de alegria, a qual fui cuidadoso para não demonstrar.

– Com todo o respeito – disse eu –, o senhor é o tipo de homem que vê alguém fumando e conclui que a pessoa tem câncer no pulmão.

O advogado da acusação sentou-se à mesa e sorriu. O rosto do advogado de defesa ficou vermelho, quase púrpura. O contraste com sua peruca era esplêndido. Os olhos pareciam prestes a saltar. Sua raiva agora era real.

— Mas ela apresentava todos os fatores de risco, não?

— Sinto muito por ter de me repetir. Mas o senhor está entendendo tudo exatamente ao contrário. O senhor está cometendo um erro de lógica. Um homem com câncer no pulmão tem a doença porque fuma; um homem que fuma não tem necessariamente câncer no pulmão.

O sorriso no rosto do advogado de acusação cresceu ainda mais. O advogado de defesa parecia incapaz, ou talvez não quisesse, compreender o ponto. Ele não tinha mais nada a dizer e se sentou com um raivoso "Humpf!", como se fosse eu o insensato.

Os parentes da vítima estavam lá fora, nos degraus, quando saí. Um deles murmurou "brilhante!" quando passei, e confesso que me congratulei em triunfo. De novo, fiquei impressionado pelo que deve ser a agonia de ouvir desculpas pedestres pelo assassinato de um parente próximo.

Mas, depois, vim a saber que o advogado de defesa tinha sucumbido a um ataque cardíaco e morrido algumas semanas mais tarde. Fiquei triste ao ouvir isso, e senti uma ligeira pontada de culpa.

Pediram que eu visse um homem de seus quarenta e tantos anos que também tinha, sem dúvida, matado. A questão, como antes, era se havia atenuantes do ponto de vista psiquiátrico.

Ele era um entre quatro desempregados e bêbados contumazes que formavam uma espécie de clube no qual os membros escalonavam os dias em que recebiam o seguro social, de tal forma que pudessem beber durante toda a semana. Mas essa camaradagem só se baseava na bebida; um deles tolamente pediu mais dez libras emprestadas. Empréstimo que não pagou, mesmo depois de muitas cobranças, e então, certo dia, os outros três decidiram receber dele à força.

Os três foram à sórdida moradia do colega. Ele os deixou entrar e eles exigiram o pagamento das dez libras. Ele não tinha. Dois deles levaram-no para o quarto, onde passaram a surrá-lo. Mas não se consegue espremer libras de um bêbado.

O homem a quem me pediram para examinar não tomou parte do espancamento, mas, quando seus colegas voltaram do quarto, o outro gritou por socorro. Ele, então, foi vê-lo. Estava coberto de sangue, uma bagunça assustadora. "Me ajuda! Me ajuda!", gemia.

Todos estavam, como de hábito, bêbados, incluindo o homem que examinei. Ele interpretou o pedido de ajuda como um pedido de eutanásia, a única ajuda que conseguiu pensar em oferecer. Achou uma toalha, que molhou sob a torneira da pia, e estrangulou o outro porque pensou que esse era o seu desejo.

> Não sejas usurário nem pedinte:
> Emprestando há o perigo de perderes
> O dinheiro e o amigo [...][4]

Não havia muito mais que se pudesse dizer em defesa da conduta do acusado, mas fiquei surpreso com o quanto gostei dele. Havia alguns meses que estava detido e a prisão lhe fizera maravilhas. Era um caso no qual o "Ele Verdadeiro", se fosse mais real sem o álcool, emergiu. Ele era inteligente, bem-apessoado, bem-humorado e razoavelmente feliz.

No entanto não era torturado por nenhuma sensação de culpa, talvez porque assassino e assassinado poderiam ter facilmente trocado de lugar. Sua vida fora um catálogo de desgraças e delitos; a mãe era uma prostituta bêbada e ele nunca conheceu o pai.

Eu adoraria encontrar uma desculpa para ele, mas não consegui.

---

[4] O trecho citado é de uma fala de Polônio em *Hamlet* (ato 1, cena 3). (N.T.)

A arrogância precede...

À s vezes, como mencionei, os advogados não percebem que seus clientes são loucos. Com bastante frequência, ficavam surpresos quando eu ligava da penitenciária para lhes dizer que seu cliente era insano. Isso não se dava porque fossem desinteressados ou negligentes – às vezes, a loucura era bem disfarçada. Alegra-me dizer que nunca encontrei advogados que fossem simplesmente indiferentes aos interesses dos clientes, embora muitos destes estivessem insatisfeitos, frustrados com a morosidade da lei e (talvez compreensivelmente) nunca pareciam entender que seus advogados pudessem ter outros clientes além deles.

Em uma ocasião, foi um juiz astuto e humano quem interrompeu um julgamento e pediu que examinassem a acusada, uma mulher negra de quase quarenta anos, respeitável e frequentadora da igreja, que nem a defesa nem a acusação suspeitavam que fosse louca. O juiz, contudo, suspeitou, e estava certo.

A mulher era acusada de agredir gravemente o próprio filho, que beirava os quinze anos de idade. Bateu nele com uma barra de ferro, cegando-o de um olho e deixando-o surdo de um ouvido. Ela não tinha ficha criminal e era, de fato, um modelo de correção e seriedade. O juiz supôs que aquele ato incaracterístico não viera do nada. A fria complacência com que a mulher reconheceu o que fizera, sem qualquer consciência aparente do quão chocante fora, levantou suas suspeitas.

Eu a encontrei no escritório do advogado. Ela foi cortês e mesmo sorriu, ainda que de forma meio desconcertada, dada a situação. Na maior parte do tempo, era prática e ia direto ao assunto, como alguém que dissesse: "Para que esse alvoroço todo?".

Ela admitiu que talvez tivesse ido um pouco longe demais com o castigo, mas o garoto não a obedecia nem queria fazer o dever de casa, ao menos para a satisfação dela. Não parecia se angustiar por ter perdido seus direitos de mãe. Ainda acreditava em disciplina e que o filho tinha que ser colocado no caminho certo, precisava aprender a obedecer, trabalhar duro, e assim por diante. Quanto à perda do olho: bom, ele ainda podia ver com o outro, e a pessoa aprende com a adversidade.

Ainda que isso fosse muito estranho — talvez no extremo de algum espectro de opinião —, não era loucura no sentido que o juiz e eu suspeitamos. Após duas horas, embora achasse que havia algumas ideias malucas se escondendo em seu cérebro, eu não consegui trazê-las à tona. Desisti e me despedi.

Ela se levantou para ir embora. Quando caminhava na direção da porta, virou-se e me abençoou em nome do Espírito Santo.

— Então você tem o poder de me abençoar? — perguntei.

E aquilo abriu as comportas de uma torrente de delírios religiosos. Quando bateu e cegou o filho, ela o fizera para arrancar o demônio de dentro dele. Surgiu uma história terrível sobre como o demônio fixara residência no garoto e de lá não sairia, a despeito dos castigos que se prolongaram por anos. O filho deve ter sofrido de forma terrível, física e mentalmente, ouvindo os sermões, ouvindo que era a cria do demônio, dia após dia, semana após semana, mês após mês, sem conseguir contar para ninguém o que acontecia, tanto por medo de uma retaliação quanto por lealdade. Ele vivia em uma Coreia do Norte doméstica, em que a loucura era a normalidade. Pobre garoto! Seres humanos podem ser fortes e resilientes se assim os permitirem, mas também podem ficar fragilizados pela vida. Do que o garoto se lembraria dali a alguns anos? O Estado, forçado a tirá-lo da mãe, proporcionaria um abrigo frio e precário, como acontece com frequência, ou encontraria uma alma compassiva para cuidar dele? Eu sei no que apostaria. Além disso, nem tudo pode ser curado ou apagado pela compaixão.

Quanto à mãe, embora tivesse feito algo terrível, senti pena dela. No seu caso, a loucura era uma verdadeira intrusão, uma força estranha que tomara o controle, como se estivesse possuída. Penso que, sem isso, ela seria uma boa pessoa, com muitas boas qualidades.

Vi em seu júbilo religioso – ela acreditava ser uma profetisa que apenas levara a cabo as instruções do Senhor ao destruir o olho do filho – os contornos de uma vida inteira de sofrimento. Fiz o relatório para o juiz, que com certeza ficou satisfeito com a própria acuidade, e ele a enviou ao hospital para tratamento. Se bem-sucedido, o tratamento a curaria de seu delírio e ela ficaria como a mulher que cegou o próprio filho por causa de crenças malucas e arruinou a infância dele. Compreensão, nesse caso, seria a compreensão da devastação que causou e de sua própria crueldade exultante. Seu retorno à sanidade, se fosse obtido, teria de ser tratado com tato e de maneira mais instintiva que estereotipada: precisamente as qualidades que nossos serviços são concebidos para extinguir.

A pobre mulher seria tratada por uma longa sucessão de "trabalhadores da saúde mental", cada um dos quais pediria a ela para repassar o que fizera, mais por curiosidade doentia ou mesmo sadismo do que por qualquer desejo ou competência para ajudá-la. Sua crença de que Deus lhe dava instruções diretamente seria para sempre motivo de condescendência, no melhor dos casos, ou de escárnio, no pior.

Lembro-me de visitar um homem de meia-idade em sua residência, relativamente confortável, alguém que antes tivera uma carreira promissora. Lamentavelmente, ele desenvolveu delírios paranoicos e por anos acreditou estar no centro de uma conspiração mundial. Estava constantemente sob vigilância das potências mundiais, e desde o começo vivia sob uma espécie de sentença de morte.

Sobre a lareira, havia a fotografia de uma mulher bonita em seus trinta anos e duas lindas garotas.

– Quem são? – perguntei.

– São minha mulher e minhas filhas. Não as vejo há quinze anos.

Sua loucura as afastara. A mulher o deixou para se proteger e pelo bem das crianças. Provável que tivesse se casado outra vez. Alguém poderia culpá-la, suponho, por abandonar tão completamente um homem por causa de uma doença que ele não inventara. Mas, talvez, manter contato teria apenas prolongado e aprofundado o sofrimento de todos eles.

– É melhor assim – ele disse. – Elas estariam em perigo se tivessem qualquer contato comigo.

Quem quer que estivesse no encalço dele também estaria atrás delas, e ele as amava demais para arriscar que tivessem tal destino. Elas se fixaram em sua mente com a aparência e as idades com que apareciam na fotografia. Assim, estavam para ele em um estado de felicidade permanente e imutável, e isso, por sua vez, o fazia feliz – exceto pela terrível conspiração contra ele. Até mesmo isso lhe dava alguma satisfação. Alguém deve ser importante para que valha a pena ser perseguido, *a fortiori* era de grande importância se as potências mundiais estavam fazendo isso.

Decidi não o tratar. O que seria dele sem seus delírios, mesmo supondo que pudesse se livrar deles, o que era duvidoso (os efeitos colaterais das drogas eram mais certos). Sem os delírios, ele seria um louco de meia-idade que destruíra a própria família com suas ideias malucas, alguém que irreparavelmente desperdiçara o que tinha com absurdos.

Talvez todos façamos isso em alguma medida. Quem de nós vive inteiramente sem ilusões ou mesmo delírios, sem os quais a vida não tem sentido? Não podemos suportar realidade demais.

Uma das ilusões (ou delírios) de pessoas como eu é de que são indispensáveis. O mundo, ou ao menos as instituições em que trabalhamos, ruirão sem nós. Para o nosso grande pesar, isso nunca acontece. Elas seguem em frente. A pessoa é uma pedra atirada em um lago, faz uma pequena onda e já era. "Aqui jaz alguém cujo nome foi escrito na água": se Keats[1] disse a verdade, o que será de nós?

Eu adorava que dependessem de mim – sim, sendo importante também – na penitenciária. Adorava que os agentes sentissem que podiam me pedir para ver um prisioneiro – "ele está se comportando meio esquisito, doutor" – e que eu nunca me recusaria ou ignoraria as preocupações

---

[1] John Keats (1795-1821) foi um dos grandes poetas do romantismo inglês. A frase citada por Dalrymple é o epitáfio redigido pelo próprio Keats e gravado em seu túmulo no Cemitério Protestante de Roma. (N.T.)

deles, as quais eram geralmente justificadas, mesmo que no meio da noite. Eu praguejava por ter de me levantar, mas sempre fiquei satisfeito por fazê-lo. Adorava a responsabilidade, a sensação de que, se as coisas dessem errado, a culpa era minha, o que se alinhava com a liberdade (dentro dos limites razoáveis, é claro) para agir como eu achasse melhor. Adorava tirar coelhos da cartola na frente dos agentes.

Certo dia, um agente veio até mim e disse: – O senhor poderia dar uma olhada no Smith lá no segundo, doutor? Ele está ficando meio desbocado – "no segundo" significava que ele estava no segundo andar.

Encontrei um homem que estava agitado sem motivo aparente. Não conseguia ficar parado, falava como uma metralhadora cospe balas, embora o que ele dizia, ainda que muito redundante (assim como noventa por cento da fala humana), fazia todo o sentido. Percebi que ele tinha um ligeiro tremor e que perdera bastante peso recentemente. Pensei que fosse hipertireoidismo (hiperatividade da glândula tireoide) e pedi alguns exames de sangue. Pedi aos agentes que não o acusassem com uma falta disciplinar, ainda que tivesse sido repetidamente insubordinado.

Meu diagnóstico estava correto e voltei triunfante até o prisioneiro. Ele não estava impressionado. Falei que precisava de tratamento, mas ele disse: "Não vou fazer". Falei dos perigos em não o fazer, mas ele estava irredutível. "Me sinto bem", disse. Supliquei e propus enviá-lo ao hospital, caso não confiasse em mim. Continuou recusando. "Não vou tomar nenhuma porcaria de pílula", respondeu. Fui vê-lo nos dias subsequentes para checar se não mudara de ideia, sendo bastante claro para ele que tinha o direito de recusar o tratamento. Fui derrotado: "A arrogância precede a ruína, e o espírito altivo, a queda"[2].

O prisioneiro foi transferido para outra penitenciária e, assim, eu o perdi de vista. Hipertireoidismo às vezes se cura espontaneamente, e nesse caso ele estaria certo e se lembraria de mim como um incompetente que tentou forçá-lo a fazer um tratamento desnecessário. De maneira imprópria, sem dúvida, torci para que a remissão não ocorresse, porque queria estar certo e por achar que não faria bem ao caráter dele.

---

[2] Provérbios 16,18. (N.T.)

Todas as carreiras chegam ao fim, e eu podia ver que o aumento do controle administrativo privaria meu trabalho dos seus prazeres e que seria mais sensato ir antes que a amargura se instalasse.

A penitenciária melhorou em muitos aspectos desde a minha chegada (não reivindico nenhuma participação na melhora) e algumas de suas cerimônias mais absurdas foram abandonadas, como a minha assinatura afixada no cardápio diário na cozinha. O que eu certificava? Que a dieta era saudável (não era, embora generosa), que não continha venenos, que fora cozinhada de forma higiênica? Ninguém nunca me explicou, mas eu assinava mesmo assim.

Embora o número de pessoas empregadas nos serviços de saúde tenha aumentado, especialmente na administração, parece-me que eles pioraram. Quanto mais médicos, mais difícil se tornou para os prisioneiros verem um.

Após minha aposentadoria da prisão, enviaram-me alguns casos nos quais prisioneiros foram negligenciados até morrer, embora estivessem cercados por um aparato relativamente enorme para assisti-los. Agora estava fora de questão um prisioneiro ser atendido por um médico à noite, mudança desastrosa para muitos casos que chegaram ao meu conhecimento.

Em um fim de tarde, certa vez, pediram que eu fosse ver um prisioneiro que reclamava de uma dor de cabeça repentina e grave. Ele não era do tipo que reclamava (não que queixas frequentes e injustificadas protejam contra a devastação das doenças graves, muito pelo contrário), e era um jovem educado que me disse que a dor tinha começado com o que parecia uma pancada na parte de trás da cabeça. Era um caso clássico, e, ao examiná-lo, encontrei sinais inequívocos de que ele tivera uma hemorragia subaracnoidea. Eu o mandei direto para o hospital.

O médico novato que o examinou desconsiderou meu diagnóstico e o enviou de volta à prisão. Ele receitou um analgésico que não precisava de prescrição. Fiquei insatisfeito, para dizer pouco. Eu o examinei outra vez e o mandei de volta ao hospital, com a exigência de que fosse visto pelo neurocirurgião de plantão. Este diagnosticou hemorragia subaracnoidea e fez uma cirurgia que muito possivelmente salvou a vida do rapaz.

Três semanas depois, o oficial médico sênior me chamou ao seu escritório e mostrou uma carta que o rapaz lhe endereçara. Ele agradecia pelo profissionalismo da equipe que, afirmou, salvou-lhe a vida; e prometeu ao oficial que, uma vez solto da prisão, jamais voltaria. Sua quase morte o fizera repensar sobre si mesmo.

Minha mãe costumava dizer que o contato com prisioneiros me tornou cínico. Mas eu não era tão cínico para não acreditar no que o jovem dizia em sua carta, que não voltaria à prisão. Não sei com certeza se ele nunca o fez, mas eu apostaria que não. Às vezes, a morte dá um significado para a vida onde antes não havia nenhum. De vez em quando, penso que me deixarão sair do inferno por um dia a cada um milhão de anos por ter ajudado a redimir esse rapaz.

Você pode interessar-se também por:

Com esta antologia de ensaios escritos entre 2005 e 2009 para o *New English Review*, Theodore Dalrymple propõe aos leitores uma pausa para a reflexão sobre o apodrecimento moral da cultura moderna e o efeito pernicioso do politicamente correto na sociedade.

facebook.com/erealizacoeseditora   twitter.com/erealizacoes   instagram.com/erealizacoes   youtube.com/editorae

issuu.com/e   erealizacoes.   atendimento   zacoes.com.br